プロのイギリス人ライターに学ぶ
英文の基本ルールから書き方のコツまで

ライティング・パートナー
The Complete Book of Writing

クリスファー・ベルトン 著
渡辺順子 訳

コスモピア

はじめに

　文章を書くときは、ほかの創造的な行為と同じように、たくさんの要素を慎重に組み立てなければなりません。たとえばジグソーパズルやプラモデルを組み立てるときのように。すべての部品を手元に集め、規則に注意深く従いさえすれば、完成した作品は誰に見せても恥ずかしくない立派なものになることでしょう。でも、部品のいくつかを見落としたり規則を無視したりすれば、不完全な作品になってしまい、それを見た人が「うーん、これはちょっと……」と、とまどいの表情を浮かべることにもなりかねません。

　本書のおもな目的は、あなたの頭のなかにあるさまざまな要素を英語でどのように組み立てればよいか、その方法を説明することです。本書は、すでに英文法の実際的な知識を身につけている読者を対象としています。随所で文法に触れてはいますが、詳しい説明は、日本人が英文を書くときによく見られる文法上の誤りを示すときだけにとどめ、文法の総括的な説明はしていません。とはいえ、みなさんは創作に必要なレベルの文法は、すでに学校で教わっているわけですから、この本があれば、英文を書くために必要な武器はすべて手にしているといえるでしょう。

本書は2部に分かれています。英文を書く目的によって、文章のスタイルは大きく異なりますが、すべてに共通する要素もあります。そこで第1部では、これらの共通した要素を扱いました。各ジャンルに進む前に、ここで基本的なルールとテクニックをしっかり頭に入れておきましょう。

　第2部では、ジャンル別に英文の書き方を説明しています。グリーティング・カードや日記の書き方から、スピーチやプレゼンテーションの原稿の書き方まで、日常生活のあらゆる場面で用いられるさまざまなスタイルを網羅しています。

　今回もまた、翻訳者の渡辺順子さん、そしてコスモピアの編集者とスタッフの方々に心から感謝をささげます。

2007年1月
クリストファー・ベルトン

The Complete Book of Writing

CONTENTS

はじめに　2

第1部　英文ライティングのルールとテクニック

1. 基本のルールとテクニック ……………………………………… 10
　文章を計画的に構成する ……………………………………………………… 10
　　　トーンを決める　11
　　　文章の構想〈導入部〉〈本体〉〈結論部〉を練る　15
　より洗練された文を書くためのテクニック ………………………………… 28
　　　さまざまな長さの文をバランスよく並べる　28
　　　複数の文をまとめてひとつの文にする　29
　　　　(1)等位接続詞　30　(2)従位接続詞　32　(3)相関接続詞　34
　　　　(4)副詞的接続詞　35　(5)関係詞　37
　　　その他の文を推敲するときの注意点　40
　　　　(1)代名詞や形容詞を用いて一文にまとめる　40
　　　　(2)同じ語、同じニュアンスの語のダブリに注意する　41
　レイアウト ……………………………………………………………………… 42
　バランスを整える ……………………………………………………………… 45
　　　文書レベルのバランス　45
　　　文レベルのバランス　50
　　　段落レベルのバランス　52
　適語を選ぶ ……………………………………………………………………… 56
　　　綴りをチェックする　56
　　　和製英語に注意　58
　　　慣用句を英語に直訳しない　62
　文章を推敲するためのふたつのポイント …………………………………… 64
　　　全体のスタイルの修正　64
　　　　(1)内容はまとまっているか　65

　　　　(2)情報が盛り込まれすぎてはいないか　69
　　　　(3)文章の意図は明確になっているか　72
　　個々の要素の修正　74
　　　　(1)考えではなく、意見を述べる　74
　　　　(2)同じ語を繰り返さない　79

2. 間違いやすい項目 ……………………………………………… 82
　冠詞 ……………………………………………………………… 82
　副詞 ……………………………………………………………… 88
　　　　動詞を修飾する副詞　88
　　　　形容詞を修飾する副詞　90
　　　　副詞を修飾する副詞　91
　　　　副詞の比較変化　92
　動名詞と不定詞 ………………………………………………… 93
　　　　「動詞＋動名詞」の場合　93
　　　　「動詞＋不定詞」の場合　94
　　　　「動詞＋[動名詞／不定詞]」の場合　96
　代名詞 …………………………………………………………… 97
　　　　人称代名詞　97　　指示代名詞　102　　不定代名詞　103
　　　　疑問代名詞　104　　強意代名詞　105　　再帰代名詞　105
　現在分詞と過去分詞 …………………………………………… 106
　主語と動詞の一致 ……………………………………………… 110
　文中の数の書き方 ……………………………………………… 114

3. パンクチュエーション・ルール ……………………………… 120
　大文字の使用 …………………………………………………… 120
　ピリオド ………………………………………………………… 122
　コンマ …………………………………………………………… 123
　疑問符（クエスチョン・マーク）……………………………… 127
　感嘆符（エクスクラメーション・マーク）…………………… 127
　コロン …………………………………………………………… 128
　セミコロン ……………………………………………………… 129
　カッコ …………………………………………………………… 130
　ダッシュ ………………………………………………………… 132
　引用符（クォーテーション・マーク）………………………… 132
　ハイフン ………………………………………………………… 133

アポストロフィ ……………………………………………………… 135
省略記号 …………………………………………………………… 136
[コラム] パンクチュエーションの曖昧さ ……………………… 138

4. よく使われる略語 ……………………………………………… 140

第2部 ジャンル別書き方のテクニック

1. スケジュールと日記の書き方 …………………………………… 150
スケジュールをつける ……………………………………………… 150
日記をつける ………………………………………………………… 163
　　日記をつける目的　163
　　日記を長続きさせるコツ　166
　　日記の書き方　170

2. メモと伝言の書き方 ……………………………………………… 178
メモを取る …………………………………………………………… 178
伝言を書く …………………………………………………………… 183
　　(1) あなたから相手への伝言　183
　　(2) 職場の誰かからほかの誰かへの伝言　187
　　(3) ほかの誰かへの電話の伝言　189

3. グリーティング・カードの書き方 ……………………………… 192
クリスマスカード、誕生日カードなど …………………………… 192
カードの書き方の例 ………………………………………………… 196
通知のカード(結婚、誕生、死亡など) …………………………… 203
招待状(結婚式、パーティーなど) ………………………………… 206
　　フォーマルな招待状　200
　　インフォーマルな招待状　210

4. ビジネスレターと個人的な手紙の書き方 ……… 212
共通の要素 ……… 212
　　レイアウト　212
　　礼辞と結辞の関係　218
　　封筒の書き方　221
ビジネスレターの書き方 ……… 225
個人的な手紙の書き方 ……… 243

5. eメールの書き方 ……… 258
レターとeメールの共通の要素 ……… 258
　　（1）適切な件名にする　259
　　（2）メッセージの冒頭に、もし知っていれば相手の名前を書く　261
　　（3）自分の身元を明らかにする　261
　　（4）単語やフレーズ全体を大文字で書かない　262
　　（5）各段落を短くする　263
　　（6）メッセージは簡潔に　264
　　（7）eメールでは書式に沿って体裁を整えることはない　264
　　（8）海外にeメールを送るときは全角文字を使わない　265
　　（9）ファイルを添付するときはよく考えてから　265
　　（10）eメールには重要な個人情報を書かない　266
　　（11）返事をせかさない　266
ビジネスのeメールとフォーマルなeメール ……… 267
　　ビジネスレターからビジネスeメールへ　268
　　顔文字、略語、頭字語　276
　　eメールよく使うイディオム　280
インフォーマルなeメール ……… 285
　　eメールの約束事のいろいろ　285
　　（1）礼辞と結辞　287
　　（2）頭字語　290
　　（3）縮約語　291
　　（4）顔文字　292
　　- 自分でeメールを書いてみる　301

6. スピーチの書き方（乾杯の辞からフォーマルなスピーチまで）……… 304
スピーチ・モジュールとキューカード ……… 305
即興のスピーチ ……… 319

　　　　乾杯の辞　319
　　　　自己紹介　324
　　　　イベントでのスピーチ　325
　　フォーマルなスピーチ ……………………………………………… 330
　　　　スピーチを組み立てる　331
　　　　スピーチにユーモアを取り入れる　337

7. ビジネス・プレゼンテーションの原稿の書き方 …………… 342
　　プレゼンテーションの計画を立てる ……………………………… 342
　　　　プレゼンテーションの構成　345 ………………………………
　　　　プレゼンテーションの構成　357
　　質問を受ける ……………………………………………………… 367
　　視覚補助資料を用いる …………………………………………… 372
　　ボディ・ランゲージ ……………………………………………… 375

　　　　[コラム]
　　　　ライティングのためのヒント

　　1 when よりも if を　63
　　2 not...or... のかわりに neither...nor...を
　　　 both を使って変化を　113
　　3 節や句の順番をひっくり返す　148
　　4 but を使わずに文をふたつに分ける場合　177
　　5 センセーショナルなニュースには believe or not を　255
　　6 五感を表すことばと like　303

【第1部】
英文ライティングの ルールとテクニック

1. 基本のルールとテクニック
2. 間違いやすい項目
3. パンクチュエーション・ルール
4. よく使われる略語

Basic Rules and Techniques

1 基本のルールとテクニック

文章を計画的に構成する

　英語で文章を書くときに何よりもまず心にとめておきたいことは、長い文章や難しい文章を書く必要はない、ということです。自分の英語力に見合った文章を書くように心がければ、伝えたい内容が相手にずっとよく伝わるものです。もっとおもしろい文章にしようとして背伸びをすれば、たいていは間違いだらけになるのがオチで、メッセージが伝わらないだけでなく、相手を混乱させてしまうことになるでしょう。文章を書く目的は、自分の考えや意見を相手に伝えることなのですから、それを短くシンプルな文章で伝えることこそ、最も効果的な方法なのです。

　それではまず、文章を書きはじめる前に注意しなければならないことを考えてみましょう。

　話し言葉の英語と書き言葉の英語には大きな違いがあります。もしもネイティブ・スピーカーのインタビューの録音を聞いたことがあるならば、文法的な間違いが多く、文が尻切れトンボになっていることがよくあることに気づくでしょう。これは、話し手が聞き手の表情や身ぶりに反応しているからです。相手が自分の言おうとしていることを理解してくれたとわかると、話し手はその話を終えないうちに、次の話に移っていくのです。話し手は、自分もまた顔の表情や身ぶりを用いて感情を表そうとしますから、メッセージを伝えるのに、形容詞や副詞などに力を注ぐ必要はありません。しかしながら、書き言葉との最大の違いは、何を話すか事前に計画を立てたりはしないという点にあります。つまり、話し言葉では、内容の一貫性や文の完全さは犠牲にして、自分の考えを伝えることに主眼が置かれるのです。

　一方、文章を書くときは、**その内容や、フォーマル度や喜怒哀楽といった感情のトーンが一貫していること、文ができる限り完璧に近いこと**が望まれます。文法の間違いは避けるべきですし、文を途中で終わらせるわけにはいきません。身ぶりや表情のようなボディランゲージも言葉によって描写しなければなりません。言い換えれば、事前の計画と入念なチェックが欠かせないのです。英語のネイティブ・スピーカーがノン・ネイティブの人に比べて、自分の書いた文章の文法や内容をチェックする際に有利であるのは明らかです。けれども、時

間を少し余分にかけるつもりさえあれば、能力の不足を不利と思う必要はありません。内容をふくらませて文章にしていく過程を小分けにし、ひとつひとつ吟味していけば、ついには自分の目指している状態にたどりつけるはずです。

　文章のスタイルと内容の計画を立てることは、ライティングにおいて最も重要な過程のひとつです。書きたいことがすでに決まっている場合は、こうして計画を立てることが時間の無駄のように思えるかもしれませんが、長い目で見ればそれこそが、文章のトーンを一貫したものにし、文を完全なものにする助けとなるでしょう。

■トーンを決める

　これから書こうとする文章の計画を立てるとき、最初に決めなくてはならないのは、そのトーンです。手紙などのように、特定の読み手に直接宛てて文章を書くときは、とくにそれが当てはまります。なぜ最初にトーンを決めておかなければならないかというと、書いていくうちに途中でトーンが変わってしまうことがよくあるからです。つまり、調子がいいと、だんだん会話的でノリのいい文章になっていきますし、なかなか調子が出ないときは、型にはまった堅苦しい文章になりがちなのです。そして、書き上がった文章を推敲しても、なかなかこれに気づきません。推敲するときはたいてい、文章レベルの問題に注意が向いてしまい、まとまりとして見た文書レベルにまで注意が至らないのです。あらかじめ決めておいたトーンに合わせて書くように心がければ、全体の仕上がりにぐっと差がつくことでしょう。

　文章のトーンは、おもにふたつの要素によって決定されます。ひとつはフォーマル度、もうひとつは感情のレベルです。フォーマル度は相手の社会的地位によって変化し、これを決定することによってスタイルや使う語彙が定まります。フォーマル度の違いは次のとおりです。

フォーマル度		
↑		自分より社会的地位が高い人や自分と距離がある人（たとえば会社の社長や、よい印象を与えたいと思う相手など）に宛てて書くときのスタイル。
		最も一般的なレベル。友人、知人、親戚、同僚に宛てて書くときのスタイル。
↓		一般に、子どもや、遠慮なく自分の意見が言えるごく親しい友人に宛てて書くときのスタイル。

これらのスタイルの違いは、それほどはっきりしない場合も多いのですが、一般に、フォーマル度が低いときは、口語的でセンセーショナルな調子。フォーマル度が中ぐらいのときは、やや口語的で直接的ではあるものの、読み手への配慮がうかがわれます。フォーマル度が高くなると、相手の社会的立場が自分よりも高いことを明確にするために、修飾的な語やフレーズが多くなります。

　日本語の文章を書くときにもまったく同じことが言えますから、この点についてあまり詳しく書くつもりはありませんが、参考までに、少しだけ例をあげておきましょう。

フォーマル度

高 I would be extremely grateful if you would allow me to visit you at three o'clock tomorrow afternoon.
明日午後3時にそちらにうかがわせていただければ、たいへんありがたく存じます。

中 If you don't mind, I will visit you at three PM tomorrow.
もし差し支えなければ、明日午後3時にうかがいます。

低 I'll be there at three tomorrow afternoon.
明日午後3時にそっちに行くよ。

　〈低〉では用件をそのままズバリと述べ、相手が書き手の来訪を断る余地を残していません。一方、〈中〉と〈高〉の場合は、もし相手が書き手に会いたくないと思っているとすれば断ることもできるように、配慮がなされています。相手から断りの連絡がなければ、訪ねていってかまわないということになるでしょう。〈中〉と〈高〉の違いは、〈中〉が if you don't mindというフレーズを用いて相手に配慮しているのに対し、〈高〉では、extremely gratefulというフレーズで書き手の感情を表していることです。〈高〉には、「あなたはご親切な方ですから、わたしの心からの願いを拒否なさることはないだろうと存じております」という含みがあります。

フォーマル度

高 I have taken the liberty of including a photograph with this letter.
まことに勝手ながら、写真を同封させていただきました。

中 In case you are interested, I have enclosed a photograph.
興味がおありかと思い、写真を同封しました。

低 What do you think of the photograph?
この写真、どう？

〈低〉では、「写真を同封した」ということには触れていません。封筒を開ければすぐにわかるからです。〈中〉では、そのわかりきったことを述べ、もしも興味がなければわざわざ写真を見なくてもいい、と言っています。〈高〉でも「同封した」ということを述べていますが、「私的な写真のようなつまらないものを送りつけるのが無作法な行為であることは承知のうえですが」という含みを持たせています。

高 You will be delighted to hear that I have a dog.
わたしが犬を飼いはじめたことをお聞きになれば、喜んでくださることと存じます。

中 Did I mention that I have a dog?
わたしが犬を飼いはじめたことは、お話ししましたっけ？

低 Guess what! I have a dog!
ねえ、聞いて！ 犬を飼いはじめたんだよ！

フォーマル度

〈低〉では、この情報を重大ニュースとして扱っています。そこで感嘆符（！）を用い、その重大さを非常に口語的な言葉づかいで強調しています。一方、〈中〉では、書き手はそれが大して重大な情報ではないことを承知していますが、それでもとにかく相手に伝えたいと思っています。そこで、相手がきまりの悪い思いをしないように、疑問文の形で述べているのです。〈高〉で使われている you will be delighted というフレーズには、「あなたはご親切な方ですから、このような取るに足りないニュースさえも喜んでくださるでしょう」という含みがあります。

前述のように、フォーマルさのレベルが重要となるのは、ふつうは私的な手紙やメールを書くときだけです。それ以外の種類の文章ならば、たいていは自動的に〈中〉を選べばいいでしょう。また、フォーマル度を〈中〉にするか〈高〉にするか迷うときや、〈高〉の文章を書くだけの英語力があるかどうか自信がないときは、〈中〉にしておくのが無難です。〈中〉であれば、誰に対しても失礼にあたることは決してありません。

感情のレベルは、自分の文章に込める態度を決定します。選択肢は、〈親しみ〉〈好意的〉〈いらだち〉〈怒り〉の4つに分けられます。もちろんこのレベルは、フォーマルさのレベルを決めれば自動的に決まってくるのがふつうですが、フォーマル度は〈中〉でありながら怒りのこもった手紙を書くこともできないわけではありません。ですから、フォーマルさのレベルと感情のレベルは別のものとして考え、それぞれ決めたほうがいいでしょう（とはいえ、ふつうは組

み合わせが決まっていますが）。感情のレベルによる文章のスタイルの違いは、おもに動詞、形容詞、副詞の選択にあります。それぞれのレベルを簡単に説明しましょう。

親しみ フォーマル度は〈低〉と〈中〉のあいだで、縮約形（isn't や can't など）をよく使います。amazing や get back to など、流行の語やフレーズがよく使われます。

好意的 あらたまったトーンであることが多く、フォーマル度〈中〉と同等。縮約形は用いず、語を省略することもありません。

いらだち フォーマルさのレベル〈中〉と同等ですが、ネガティブなことを伝えようとしているため、ポジティブな動詞、形容詞、副詞に not や never などのネガティブな語を組み合わせて使うことがよくあります。

怒り フォーマル度は〈中〉または〈低〉。outraged、disgusted など、ネガティブな語が使われるのが特徴です。

以下に、同じコンセプトを感情のレベル別に書き分けてみました。

親しみ I can't wait to see his presentation.
彼のプレゼンテーションが待ち遠しい。

好意的 I am looking forward to attending his presentation.
彼のプレゼンテーションを楽しみにしています。

いらだち I am not happy about having to attend his presentation.
彼のプレゼンテーションに出席しなければならないが、あまり気が進まない。

怒り I think it is an outrage that I must attend his presentation.
彼のプレゼンテーションに出席しなくちゃならないなんて腹立たしい。

親しみ The quality of your product is truly amazing.
貴社の製品の品質は本当にすばらしいですね。

好意的 I must admit to being delighted with the quality of your product.
貴社の製品の品質には満足していると申し上げずにはいられません。

いらだち I am surprised that you would allow a product of such inferior quality to be marketed.
このような質の悪い製品を市場に出しておられることに驚きました。

怒り I am absolutely disgusted with the quality of your product.
貴社の製品の品質には、心底、あきれかえりました。

| 親しみ | I hope you can get back to me soon.
早めにお返事をくださいね。
| 好意的 | I eagerly await your reply.
お返事を心よりお待ちしております。
| いらだち | I would appreciate your prompt reply.
至急、お返事いただければ幸いです。
| 怒り | I demand that you reply at your earliest convenience.
とにかく一刻も早く返事をください。

■文章の構想〈導入部〉〈本体〉〈結論部〉を練る

　短いメッセージやメモを除けば、どんなジャンルの文章も、構成を無視して書くわけにはいきません。つまり、文章にはすべて、〈導入部〉〈本体〉〈結論部〉が不可欠なのです。文章の構成の計画を立てるために、まずこの3つの部分について説明することにしましょう。
　その前に、英語の文章を書くときに決して忘れてはならない重要なルールを、ここで確認しておきたいと思います。それは、文章の主旨は必ず冒頭に提示するということです。
　つまり、その文章が伝えようと意図していることを、必ず〈導入部〉に、センセーショナルにと言ってもいいほど、単刀直入に書かなければなりません。続いて〈本体〉では、読み手が背景を十分理解できるように、冒頭で提示した主旨に情報を加えます。そして〈結論部〉では、それまでに出てきた情報をまとめ、提案をしたり、自分の意見を述べたり、読み手の助言を求めたりして、文章を締めくくります。
　これをしっかりと頭に入れたら、自分が書こうとしている文章の〈導入部〉〈本体〉〈結論部〉について計画を立ててみましょう。そのためには、**3つのキーワードまたは短い文を書き出してみる**のが効果的です。そしてそれに、少しずつキーワードや文を加えていくのです。この段階では、長い文や文法的に正しい文を書く必要はありません。要点のみの短い文が必要なのです。
　たとえば、結婚式に招待したいと友人に伝えるeメールを書く場合は、次のような下書きになるでしょう。

| 導入部 | Getting married & invite　　結婚の報告と式への招待【←主旨】
| 本体 | Details on meeting bride　　新婦との出会い　　　　　【←情報】
| 結論部 | Details on invitation　　招待状について　　　　　　　【←まとめ】

これらの要点が決まったら、内容をふくらませるために、下記のようにほかのキーワードや短い文を書き加えます。

Getting married & invite 結婚の報告と式への招待	■ When　いつ ■ Where　どこで ■ To whom　誰と
Details on meeting bride 新婦との出会い	■ Where I met her　出会った場所 ■ Length of time together　知り合ってからの期間 ■ Character　彼女の性格 ■ Where we intend to live　どこに住むつもりか
Details on invitation 招待状について	■ When it will be sent　いつ送るか ■ Details on acceptance method 　招待状を受け取ってからのこと

　この段階に達したら、次は実際に下のように文を書いて肉づけします。

Introduction [導入部]	■ I am getting married and want you to come to the wedding. 今度、結婚することになったので、結婚式に出席してもらえないか。 ■ The wedding will be held at three o'clock on Saturday May 25th. 式は5月25日（土）3時から。 ■ It will be held at St. Peter's Church in Hounslow. 場所はハウンズローの聖ペテロ教会。 ■ My fiancée's name is Fiona Jameson. 婚約者の名前はフィオナ・ジェイムソン。
Main Body [本体]	■ Fiona and I work for the same company. フィオナと僕は同じ会社で働いている。 ■ We have known each other for three years. 僕たちは3年前に知り合った。 ■ She is a very pleasant girl with a great sense of humor. 彼女はユーモアのセンス抜群の楽しい女の子だ。 ■ After we are married, we will live in a flat in Chelsea. 結婚したらチェルシーのフラットに住むつもりだ。

Conclusion [結論部]	■ I will send you an official invitation soon. 近いうちに正式な招待状を送る。 ■ Make sure you fill in the attached card and return it. 同封のハガキに記入のうえ返送するのを忘れずに。

こうして、次のようなeメールが完成しました。

[修正前]

To: Mike Smith
From: Julian Peters
Date: January 16th
Subject: Marriage

Hi, Mike

I am getting married and want you to come to the wedding. The wedding will be held at three o'clock on Saturday May 25th. It will be held at St. Peter's Church in Hounslow. My fiancée's name is Fiona Jameson.

Fiona and I work for the same company. We have known each other for three years. She is a very pleasant girl with a great sense of humor. After we are married, we will live in a flat in Chelsea.

I will send you an official invitation soon. Make sure you fill in the attached card and return it.

Cheers, Julian

【訳】
こんにちは、マイク。
今度、結婚することになったので、結婚式に出席してもらえませんか。式は5月25日（土）3時からです。場所はハウンズローの聖ペテロ教会。婚約者の名前はフィオナ・ジェイムソンです。
フィオナと僕は同じ会社で働いています。僕たちは3年前に知り合いました。彼女はユーモアのセンス抜群の楽しい女の子です。結婚したらチェルシーのフラットに住むつもりです。
近いうちに正式な招待状を送ります。同封のハガキに記入のうえ、返送するのを忘れないようにしてください。
それでは。　　ジュリアン

このメッセージはよくまとまっていて、ある意味では申し分ないのですが、感情もこもっていなければ流れも悪いことに気づくのではないでしょうか。ただ事実を述べているだけで、最初に Hi, Mike、最後に Cheers, Julian と書いてあることを除けば、このふたりが友人同士であるとはなかなか気づきません。こんなときは、文をつなげて流れをよくしたり、書き手の感情を表す短いコメントをいくつか加えるなど、少し手直ししてみるといいでしょう。複数の文のつなぎ方については p.29 以降で説明しますので、ここでは詳しく述べませんが、前ページの文章の分析と、それをよりよくするためのアドバイスを、以下に記しておきます。

導入部

[修正前]

> I am getting married and want you to come to the wedding. The wedding will be held at three o'clock on Saturday May 25th. It will be held at St. Peter's Church in Hounslow. My fiancée's name is Fiona Jameson.

先ほど、英語の文書ではふつう冒頭で主旨を述べると書きましたが、この段落にはセンセーショナルな要素が欠けています。書き手と受取人が親しい間柄であることを考えると、ことの重大さからいって、書き手は相手の興味を引きつけるために、おそらく感嘆符を用いるでしょう。書き出しは次のようなフレーズになるのではないでしょうか。

- **You'll never guess what!**
  こんなこと、思いも寄らないだろうけど〔まあ、聞いてくれ〕！
- **You'll never believe it!**
  信じられないだろうけど〔まあ、聞いてくれよ〕！
- **I have some amazing news!**
  あっと驚くニュースだよ！
- **I have a big surprise for you!**
  聞いてびっくりの知らせがあるんだ！

これらの書き出しによって、このメールの文章のトーンは、フォーマル度〈低〉に設定されます。もしもこのトーンがあらかじめ決めてあったトーンに

合致しているなら、上記のフレーズのどれを使ってもいいでしょう。こうして、導入部は次のようになりました。

[1回目の修正]

> You'll never guess what! I am getting married and want you to come to the wedding. The wedding will be held at three o'clock on Saturday May 25th. It will be held at St. Peter's Church in Hounslow. My fiancée's name is Fiona Jameson.

　次に気になるのは、ふたつめの文の最後と3つめの文の最初に、まったく同じ語（wedding）が使われていることです。そこで、3つめの文の最初のweddingは、反復を避けるためにitに替えることにしましょう。また、「いつ」という情報と「どこで」という情報がふたつの文に分かれてしまっています。このままでも間違いではないのですが、このふたつの情報は似通っているので、ひとつにまとめて流れをよくするといいでしょう。これはただ、主語（It）を削り、前の文と重複する部分（will be held）を削るだけでいいのです。さて、導入部は次のようになりました。

[2回目の修正]

> You'll never guess what! I am getting married and want you to come to the wedding. It will be held at three o'clock on Saturday May 25th at St. Peter's Church in Hounslow. My fiancée's name is Fiona Jameson.

　最後に、このままでは婚約者の名前が、〈導入部〉の末尾に、これといった目的もなくぶら下がっているように見えます。そこで、あまり目立ちすぎないように、この部分を〈導入部〉から〈本体〉に移すか、〈導入部〉のほかの場所に移すかという選択をすることができるでしょう。個人的には、〈本体〉に移すのがいいと思いますが、今回、わたしたちはこれを導入部に含めると決めているので、第二の選択をすることにします。つまり、この部分を主旨の一部とするのです。主旨は〈導入部〉のふたつめの文で述べられていますから、そこに——具体的にいえばmarriedとandのあいだに——この部分を挿入することにします。したがって、〈導入部〉の最終的な下書きは次ページのようになりました。

[最終的に修正した導入部——下線が変更した個所]

> <u>You'll never guess what!</u> I am getting married <u>to a girl named Fiona Jameson</u> and want you to come to the wedding. <u>It</u> will be held <u>at three o'clock on Saturday May 25th at St. Peter's Church in Hounslow.</u>

【訳】信じられないだろうけど、今度、フィオナ・ジェイムソンという子と結婚することになった！ 結婚式に出席してもらえないかな。式は5月25日（土）3時から、ハウンズローの聖ペテロ教会で挙げるんだ。

本 体

[修正前]

> Fiona and I work for the same company. We have known each other for three years. She is a very pleasant girl with a great sense of humor. After we are married, we will live in a flat in Chelsea.

　これらの文を何個所かつないだり、いくつか感嘆符を加えたりすることも可能ではありますが、実のところ、このままで十分なように思います。すでに〈導入部〉で全体のトーンが決定されていることからいっても、もう何も直す必要はありません。しかし、〈本体〉の目的は主旨の背景を説明することですから、ここでちょっとある工夫をしてみましょう。もしも書き手がeメールの受取人と直接会って、コーヒーでも飲みながら、ここに書いたようなことを話すとすれば、相手はどんな質問をしてくるでしょうか。その質問を想像して書き出してみましょう。そして、その質問への答えを書いてみれば、〈本体〉にどのような情報を付け加えればいいかがわかってきます。

- **Fiona and I work for the same company.**
  フィオナと僕は同じ会社で働いている。
  > Q: **In the same office?**
  > 同じ部署で？
  > A: **No, she works in the purchasing department.**
  > いや、彼女は仕入部なんだ。

- **We have known each other for three years.**
  僕たちは3年前に知り合った。

Q: Did you first meet her in the company?
　最初に会ったのは会社で？
A: Yes.
　そうだよ。
Q: How long have you been dating?
　交際期間は？
A: For the past eighteen months.
　1年半だね。

- She is a very pleasant girl with a great sense of humor.
  彼女はユーモアのセンス抜群の楽しい子だ。

  Q: Is she the same age as you?
  　おまえと同じ歳？
  A: No, she is two years younger.
  　いや、彼女のほうが2歳年下だ。

- After we are married, we will live in a flat in Chelsea.
  結婚したら、チェルシーのフラットに住むつもりだ。

  Q: Have you already arranged that?
  　もう決めたの？
  A: Yes.
  　ああ。
  Q: What sort of flat is it?
  　どんなフラット？
  A: A small and inexpensive flat with one bedroom.
  　ベッドルームがひとつの、小さな安いフラットだよ。

これらの情報を書きとめた今、相手が知りたがりそうな情報をすべて盛り込んで、〈本体〉の部分を書き直してみましょう。それは次のようになるはずです。

- Fiona and I work for the same company.
  ➡ Fiona works in the purchasing department of my company.
  フィオナは僕と同じ会社の仕入部で働いている。

- We have known each other for three years.
  ➡ I first met her three years ago at work, and we have been dating for eighteen months.
  僕は3年前に彼女と職場で知り合い、1年半前から交際している。

- She is a very pleasant girl with a great sense of humor.
  ➡ She is two years younger than me, and is very pleasant with a great sense of humor.
  彼女は僕より２歳年下で、ユーモアのセンス抜群の楽しい子だ。

- After we are married, we will live in a flat in Chelsea.
  ➡ We have already arranged a small, inexpensive one-bedroom flat in Chelsea for after we are married.
  結婚後の住まいとして、僕たちはチェルシーにワン・ベッドルームの小さな安いフラットを借りた。

こうして、〈本体〉の最終的な下書きは次のようになりました。

［最終的に修正した本体 ➡ 全面書き換え］

> Fiona works in the purchasing department of my company. I first met her three years ago at work, and we have been dating for eighteen months. She is two years younger than me, and is very pleasant with a great sense of humor. We have already arranged a small, inexpensive one-bedroom flat in Chelsea for after we are married.

【訳】
フィオナは同じ会社の仕入部で働いている。3年前に知り合って、1年半つきあったんだ。彼女は僕より2歳年下で、ユーモアのセンス抜群の楽しい子だよ。結婚後の住まいとして、僕たちはチェルシーにワン・ベッドルームの小さな安いフラットを借りた。

結論部

［修正前］

> I will send you an official invitation soon. Make sure you fill in the attached card and return it.

この段落には必要なことがみな書かれてはいますが、あまりにも事務的で、親しみが感じられません。また、〈結論部〉はふつうそれまでに書いたことのまとめとして用いられるのに、これではちょっとお粗末な感じがします。とはいえ、このような短いメッセージのなかで、〈導入部〉に書いたことをもう一

度繰り返すのでは、くどい感じがするだけです。そこで、この段落の冒頭に、このメッセージの目的を相手に思い出させるための短い文を入れてみてはどうでしょうか。たとえば、次のような文が使えます。

- **Anyway, that's the news.**
  まあとにかく、これがニュースってわけ。
- **And so, I'll soon be a married man.**
  というわけで、僕はもうすぐ妻帯者になるんだ。
- **I bet that's surprised you, hasn't it?**
  驚いただろう？
- **As you can imagine, I'm quite excited.**
  想像がつくだろうけど、そんなわけで僕はすごく興奮している。
- **I must admit, I can't wait to be a married man.**
  実際、結婚するのが待ちきれない。

これらの文を加えると、〈結論部〉は次のようになります。

[修正後]

> <u>Anyway, that's the news.</u> I will send you an official invitation soon. Make sure you fill in the attached card and return it.

これでだいぶよくなったのですが、ふたりが友人同士であることを考えると、ぜひ結婚式に出席してほしいという短いコメントを加えたほうがいいでしょう。そこで、ぜったい必要というわけではありませんが、ふたつめと3つめの文のあいだに I do hope you can come.（ぜひ出席してほしい）などの文を加えます。

[最終的に修正した結論部──下線が変更した個所]

> <u>Anyway, that's the news.</u> I will send you an official invitation soon. <u>I do hope you can come.</u> Make sure you fill in the attached card and return it.

【訳】
まあとにかく、これがニュースってわけ。近いうちに正式な招待状を送るよ。どうかぜひ出席してほしい。同封のハガキに記入して、返送するのを忘れずに。

さて、これでeメールのメッセージが完成しました。以下が改訂版です。

[完成したeメールのメッセージ]

To:　　　Mike Smith
From:　　Julian Peters
Date:　　January 16th
Subject:　Marriage

Hi, Mike

You'll never guess what! I am getting married to a girl named Fiona Jameson and want you to come to the wedding. It will be held at three o'clock on Saturday May 25th at St. Peter's Church in Hounslow.

Fiona works in the purchasing department of my company. I first met her three years ago at work, and we have been dating for eighteen months. She is two years younger than me, and is very pleasant with a great sense of humor. We have already arranged a small, inexpensive one-bedroom flat in Chelsea for after we are married.

Anyway, that's the news. I will send you an official invitation soon. I do hope you can come. Make sure you fill in the attached card and return it.

Cheers, Julian

【訳】
やあ、マイク。
信じられないだろうけど、今度、フィオナ・ジェイムソンという子と結婚することになった！　結婚式に出席してもらえないかな。式は5月25日（土）3時から、ハウンズローの聖ペテロ教会で挙げるんだ。

フィオナは同じ会社の仕入部で働いている。3年前に知り合って、1年半つきあったんだ。彼女は僕より2歳年下で、ユーモアのセンス抜群の楽しい子だよ。結婚後の住まいとして、僕たちはチェルシーにワン・ベッドルームの小さな安いフラットを借りた。

まあとにかく、これがニュースってわけ。近いうちに正式な招待状を送るよ。どうかぜひ出席してほしい。同封のハガキに記入して、返送するのを忘れずに。
じゃあな。　　　ジュリアン

これなら完璧です。トーンは全体を通じて一貫していますし、文は短くシンプル。まとまりがあるし、相手が知りたいと思うようなすべてのことがちゃんと書いてあります。参考までに、同じメッセージをフォーマル度〈高〉と〈中〉でも書いてみました。

[フォーマル度〈中〉：会社の同僚宛て]

To:　　　Mike Smith
From:　　Julian Peters
Date:　　January 16th
Subject:　Marriage

Dear Mike

I thought you might be interested in hearing my latest news. I am getting married to a girl named Fiona Jameson and would like to invite you to the wedding. It will be held at three o'clock on Saturday May 25th at St. Peter's Church in Hounslow.

Fiona works in the purchasing department of my company. I first met her three years ago at work, and we have been seeing each other for eighteen months. She is two years younger than me, and is very pleasant with a great sense of humor. After we are married, we intend to live in a small, inexpensive one-bedroom flat in Chelsea that we have rented.

As you can imagine, I am quite excited about this. I will send you an official invitation soon. I do hope you can come. When you receive it, please fill in the attached card and return it to me.

Regards, Julian

【訳】
マイク様
興味があるかどうかわかりませんが、僕の近況を報告します。今度、フィオナ・ジェイムソンという女の子と結婚することになったので、結婚式に出席していただけませんか。式は５月25日（土）３時から、ハウンズローの聖ペテロ教会で挙げる予定です。

フィオナは同じ会社の仕入部で働いています。３年前に知り合い、１年半つきあいました。彼女は僕より２歳年下で、ユーモアのセンス抜群の楽しい子です。結婚後の住まいとして、僕たちはチェルシーにワン・ベッドルームの小さな安いフラットを借りました。

想像がつくでしょうが、そんなわけでとても興奮しています。近いうちに正式な招待状を送ります。どうかぜひ出席してください。招待状を受け取ったら、同封のハガキに記入のうえ返送してください。
どうぞよろしく。　　　ジュリアン

［フォーマル度〈高〉：大学時代の恩師宛て］

To:　　　Mike Smith
From:　　Julian Peters
Date:　　January 16th
Subject:　Marriage

Dear Mr. Smith

Please excuse my presumption in contacting you, but I have some news. I will be marrying a young lady named Fiona Jameson and would be delighted if you would consider attending the wedding. It will be held at three o'clock on Saturday May 25th at St. Peter's Church in Hounslow.

Fiona works in the purchasing department of my company. I first met her three years ago at work, and we have enjoyed a close relationship for the past eighteen months. She is two years younger than me, and is very pleasant with a great sense of humor. Once we are married, it is our intention to live in a small, inexpensive one-bedroom flat in Chelsea that we have rented.

I apologize for contacting you so abruptly, but the wedding would not be the same without you. I will send you an official invitation soon. I do hope you will consider attending. When you receive it, I would be extremely grateful if you would fill in the attached card and return it to me at your earliest convenience.

Sincerely yours, Julian

> 【訳】
> 拝啓スミス先生
> 厚かましくも連絡を取らせていただき恐縮ですが、先生にご報告したいことがあります。このたびわたしは、フィオナ・ジェイムソンという若い女性と結婚することになりました。結婚式にご出席いただければ幸いです。式は5月25日（土）3時から、ハウンズローの聖ペテロ教会で挙げる予定です。
>
> フィオナは同じ会社の仕入部で働いています。3年前に知り合い、1年半交際しました。彼女はわたしより2歳年下で、ユーモアのセンスに富んだ明るい女性です。チェルシーにあるワン・ベッドルームの小さな安いフラットを借りましたので、結婚後はそこに住むつもりです。
>
> 突然、メールを差し上げて申し訳ありませんが、先生にはぜひ式にご出席いただきたいと思ったのです。近いうちに正式な招待状をお送りします。どうかぜひご検討ください。招待状を受け取られたら、同封のハガキに記入のうえ返送していただければ幸いです。
> 敬具　ジュリアン

　ここで説明したように、トーンを一定にし、〈導入部〉〈本体〉〈結論部〉の内容を吟味していく過程は、時間がかかりすぎるように思えるかもしれません。しかし、メッセージのトーンは、ふつうはほんの一瞬で決められるはずです。また、書くことに慣れてくれば、構想は頭のなかで練ることができるようになるでしょう。つまり、慣れれば慣れるほど、この過程は容易で時間のかからないものになるのです。

より洗練された文を書くためのテクニック

英語の基礎を学んだ人なら誰でも、文の組み立て方を知っているはずです。ですから、ここでは文を書くうえでの基本的なポイントと、より洗練された文を書くために知っておきたいテクニックにしぼって解説します。

■ さまざまな長さの文をバランスよく並べる

みなさんは学校で英語を学びはじめたとき、「文は主語と動詞から成る」と習ったのではないでしょうか。たとえば、dogという語は主語にはなりえますが、動詞を含んでいないので、この語ひとつだけでは文とはいえません。ところが、ここに動詞のrunを加えてDogs run.とすれば、たった2語ではあっても、完全な文になります。たしかにこれは重要なルールと言えるでしょう。

けれども、このルールを守らなくてもれっきとした文を作ることができるということを見落としてはなりません。たとえば、1語から成る文——"Stop!" "Go!" "Quick!" "Now!" "What?" など——も会話ではよく使われますし、複数の語から成る動詞を含まない文——たとえば "The large one." "On his own." "With Suzie." など——も、これだけで成り立つちゃんとした文なのです。書き言葉は話し言葉とはだいぶ異なりますが、それでも、読み手にはっきりと意味が伝わることが確かなら、このような文を書き言葉に使って、文章に変化をつけることができます。

つまり、すべての文を長く複雑に書く必要はないのです。**短い文と中ぐらいの長さの文と長い文をバランスよく並べる**ことができれば、文章に洗練された印象が加わり、読んで快いものになるでしょう。

たとえば、下請け会社から来るはずの担当者がミーティングに遅れてきたという苦情を、その会社に伝える手紙を書いていると想定しましょう。あなたが書いた文は、次のようなものになるのではないでしょうか。

- **He finally arrived at 11:50, which is ten minutes before we broke up for lunch.**
  彼は11時50分にやっと現れました。昼休みの10分前のことです。

上記の文にはなんの誤りもなく、このまま使ってもまったく差し支えないのですが、もっと短い文を使った書き方も考えてみましょう。このほうが、いらだちがよく表現できます。

- He did finally arrive. At 11:50! Ten minutes before lunch!
  彼はやっとのことで現れました。11時50分になって！　昼休みの10分前ですよ！

　上記のふたつめの文にも３つめの文にも、動詞は使われていません。しかし、それでも伝えたい情報はちゃんと含まれています。「文は主語と動詞から成る」というルール以上に、「ひとつの文は少なくともひとつ以上の情報を含む」ことこそ大切なのです。では、次の例を考えてみましょう。あなたは友人の結婚式のスピーチを頼まれたとします。その原稿は次のようなものになるのではないでしょうか。

- I first met Michael when he was very drunk at a Christmas party, and when I asked him his name, he said "blah-blah-blah-blah-blah" as if he'd forgotten.
  わたしがマイケルと初めて会ったのは、彼がクリスマス・パーティーで酔っ払っていたときのことです。名前をたずねると、彼はまるで自分の名前を忘れてしまったかのように、「なんとかかんとか」と答えました。

　この文もまた、なんの誤りもありません。でも、もっとおもしろくして聞き手を楽しませようとするなら、次のようにしてはどうでしょうか。

- I first met Michael at a Christmas party. Drunk! I asked him his name. His response? "Blah-blah-blah-blah-blah." He'd forgotten!
  わたしがマイケルと初めて会ったのは、クリスマス・パーティーのときのことでした。なんと、酔っているではありませんか！　わたしは彼に名前をたずねました。その答えは？　「なんとかかんとか」。彼は自分の名前を忘れてしまっていたのです。

　もちろん、この例はちょっと大げさなので、どんなジャンルの文章にもふさわしいわけではありません。とはいえ、メッセージを伝えるのに長い文を書く必要はない、ということはわかりましたね？　文章を書くときは、全体のバランスに気を配りましょう。何よりも、時と場合に応じた柔軟性を忘れずに！

■ 複数の文をまとめてひとつの文にする

　先ほど「ひとつの文は少なくともひとつ以上の情報を含まなければならない」と書きましたが、ということは、ひとつの文にはふたつ以上の情報が含まれることもあるわけです。いくつかの情報をひとつの文にまとめる最良の方法を知ることは、読み応えのある文章を書くための第一歩ですが、どんなときにひと

つにまとめ、どんなときに別々のままにしておくかについても、理解しておく必要があります。

ふつうは、ふたつ（またはそれ以上）の文の内容がどれだけ関連しあっているかをみて、ひとつの文にまとめるかどうかを決めるわけですが、バランスやインパクトなど、ほかの要素も考慮に入れなければなりません。バランスやインパクトの問題は、内容の関連性の問題に比べて曖昧なことが多く、文書の目的やスタイルによって違ってきますので、本書のなかで少しずつ説明していくことになります。今のところはまず、単純な文から複雑な文を作る方法を考えてみましょう。

語やフレーズ、節をつなぐには、接続詞が必要です。みなさんはおそらく、学校で接続詞についてひととおり学んでいると思いますが、たとえ記憶を呼び覚ますだけにしても、もう一度ここでその復習をしておくことにしましょう。

接続詞には、等位接続詞、従位接続詞、相関接続詞、副詞的接続詞の4種類があります。ではこれから、それぞれの用法を説明していきましょう。

接続詞の数は膨大なので、ここにすべてを載せて説明することはできません。したがって、よく使われる代表的なものだけをあげています。

(1) 等位接続詞

| and | but | or | nor | so | yet | for |

等位接続詞は、それぞれに情報をもつ、対等の関係にある語と語、フレーズとフレーズ、節と節を結びつけるのに使われます。たとえば、これから書く文章の計画を立てているときに、次のようなキーセンテンスを書き留めたとすれば、ふさわしい等位接続詞を用いて、それらをひとつにまとめることができます。

- I like apples + I like bananas
  = I like apples *and* bananas.
  わたしはりんごが好きです＋わたしはバナナが好きです
  　＝わたしはりんごとバナナが好きです。

- I like apples + I don't like bananas
  = I like apples *but* I don't like bananas.

わたしはりんごが好きです＋わたしはバナナが好きではありません
　　＝わたしはりんごは好きですが、バナナは好きではありません。

- I don't like apples + I don't like bananas
  = I don't like apples *or* bananas.
  わたしはりんごが好きではありません＋わたしはバナナが好きではありません
  　　＝わたしはりんごやバナナが好きではありません。

- I don't like apples + I don't like bananas
  = I like neither apples *nor* bananas.[1]
  わたしはりんごが好きではありません＋わたしはバナナが好きではありません
  　　＝わたしはりんごもバナナも好きではありません。

- I like apples + I bought some
  = I like apples *so* I bought some.
  わたしはりんごが好きです＋わたしはいくつか買いました
  　　＝わたしはりんごが好きなので、いくつか買いました。

- I like apples + They are not sold here
  = I like apples *yet* they are not sold here.
  わたしはりんごが好きです＋それはここでは売られていません
  　　＝わたしはりんごが好きなのですが、ここでは売られていません。

- I like apples + They are good for your health
  = I like apples *for* they are good for the health.[2]
  わたしはりんごが好きです＋それは健康にいい
  　　＝りんごは健康にいいので、わたしは好きです。

---

1) norは常にneitherと組みあわせて使われるため、形からすれば相関接続詞なのですが、機能のうえでは等位接続詞ですから、このカテゴリーに入れました。
2) このforはbecauseと同じ意味で使われている接続詞ですが、やや古めかしく、あまり一般的ではありません。したがって、forを等位接続詞として用いるのはできるだけ避けたほうがいいでしょう。

(2) 従位接続詞

after	although	as	because	before	for
if	once	since	so	than	that
though	till	until	unless	when	whenever
where	whereas	wherever	whether	while	

　従位接続詞は、従節を主節に結びつけるのに使われます。言い換えれば、文の中心となる主節は従節がなくても単独で成り立ちますが、接続詞で導かれる従節は文法的には独立していても、意味的には主節を修飾します。たとえば、

- I went shopping *after* I finished work.

という文の場合、前半部分 I went shopping は単独で成り立ちますが（主節）、後半部分 I finished work は、文法的には正しく、それなりの情報を提供しているものの、それは話者が最終的に伝えたい中心になるメッセージではないのです（従節）。なぜなら、書き手は「彼がいつ買い物に行ったか」が伝えたいのであって、「彼が仕事を終えた」ことを伝えようとしているのではないからです。
　このように従位接続詞は、読み手や聞き手が事情をよく理解できるように、文に情報をつけ加えるときに使われるのです。従位接続詞が導く従節には、副詞節、名詞節があるため、従位接続詞もそれに応じてふたつのタイプに分けられます。

① 副詞節を導く従位接続詞

　副詞節は前半部分（主節）について、「いつ？」「なぜ？」という疑問に答えます。

- She visited Hawaii for the first time *when* she was in high school.
  彼女は高校時代に初めてハワイに行った。
- I always eat breakfast *before* I leave for work.
  わたしは出勤前に必ず朝食をとる。
- I filled my car with gasoline *because* the tank was nearly empty.
  タンクがほとんど空になっていたので、わたしは車にガソリンを入れた。

② 名詞節を導く従位接続詞

　名詞節は、たとえば He said で始まる文ならば、その話した内容にあたる部分です。この場合、従位接続詞 that のあとに、彼の話した内容が続きます。

- He said *that* it was time to have lunch.
  そろそろ昼食にしようと彼は言った。
- We decided *that* we would buy tickets to the concert.
  わたしたちはコンサートのチケットを買うことに決めた。
- She asked me *if* it was time to leave.
  彼女はわたしに、もうここを出る時間かとたずねた。
- He wondered *whether* they should delay the meeting.
  ミーティングを遅らせるべきだろうかと彼は考えた。

　以下の例文では、接続詞の前の部分がそれ自体で成り立つのに対して、接続詞のあとの部分は前の部分に情報を補っているだけであることを確認しましょう。

- I have planned to meet John *after* the baseball game.
  野球の試合後にジョンと会う計画を立てた。
- He wants to buy a car *although* he can't really afford it.
  彼は車を買いたがっている。本当はそんな余裕はないのだが。
- I need a new television *as* my old one has broken.
  古いテレビが壊れたので、新しいテレビが必要だ。
- I have to go home now *because* it is getting late.
  もう時間が遅いので、家に帰らなければならない。
- She always cleans her teeth *before* going to bed.
  彼女はいつも寝る前に歯を磨く。
- I will tell you tomorrow *if* you call me.
  もし電話をくれれば、明日話します。
- I will consider signing the contract *once* I have read it.
  読んでから契約書にサインするかどうか考えます。
- I had better wear a suit *since* the president will be there.
  社長がそこにいるだろうから、スーツを着たほうがいい。
- I couldn't hear him properly *so* asked him to speak up.
  彼の話がよく聞こえなかったので、大きな声で話してくれるように頼んだ。

注：従位接続詞には、2語以上が集まってひとつの接続詞の働きをするものもあります。よく使われるものとしては、in case...（……の場合に備えて）、as long as...（……する限りは）、as much as...（……と同じ程度に）、as soon as...（……するとすぐに）、now that...（今はもう……だから）、as though...（まるで……であるかのように）、even if...（たとえ……でも）、 even though...（たとえ……でも）、so that...（……できるように）、if only...（ただ……でさえあればいいのに）など。

- His company is more prosperous *than* mine.
  彼の会社はわたしの会社より羽振りがいい。
- She asked *that* we all keep quiet.
  静かにするようにと彼女はわたしたちに言った。
- I had to work overtime *though* I didn't want to.
  わたしは残業しなければならなかった。したくはなかったのだが。
- He will live at home *till* his mother gets better.
  彼は母親の具合がよくなるまで実家に住む。
- I won't leave the office *until* I hear from you.
  ご連絡をいただくまで、わたしはオフィスを離れません。
- I should be there by midday *unless* the train is delayed.
  列車が遅れなければ、正午までにはそこに着くだろう。
- I will take you out to dinner *when* I get paid.
  給料をもらったら、ディナーにつれていってあげるよ。
- I am ready to leave *whenever* you are.
  君さえ準備ができれば、僕はいつでも出かけられるよ。
- I parked my car *where* I can't find it.
  わたしは見つけられなくなるような場所に車を停めてしまった。
- I prefer Italian food *whereas* Sheila prefers French food.
  シーラはフランス料理が好きだが、わたしはイタリア料理が好きだ。
- He takes his laptop computer *wherever* he goes.
  彼はどこにでもノートパソコンを持っていく。
- My boss will decide *whether* we attend the seminar.
  わたしたちがセミナーに参加するかどうかは上司が決めるだろう。
- I had some coffee *while* she finished off her work.
  彼女が仕事を片づけているあいだ、わたしはコーヒーを飲んだ。

(3) 相関接続詞

both/and	either/or	neither/nor	not only/but also	whether/or

相関接続詞は機能のうえでは等位接続詞とまったく同じです。ただし、いくつかの語が組になって使われます。

- Our tour itinerary allows us to visit *both* Paris *and* Rome.
  わたしたちの旅行日程ではパリにもローマにも行ける。
- The meeting will be postponed to *either* Thursday *or* Friday.
  ミーティングは木曜日か金曜日に延期されるだろう。

- I will be at *neither* the wedding ceremony *nor* the post-wedding reception.
  わたしは結婚式にも披露宴にも出席しないつもりだ。
- She wanted me to *not only* work overtime *but also* work on the weekend.
  彼女はわたしに残業させるだけではなく週末にも仕事をさせたがった。
- It is difficult to say *whether* she is a Leo *or* a Virgo.
  彼女が獅子座なのか乙女座なのか、言い当てるのはむずかしい。

(4) 副詞的接続詞

accordingly	besides	consequently	furthermore	
hence	however	likewise	moreover	so
nevertheless	therefore	still	thus	

　副詞的接続詞は等位接続詞と同じく、対等の関係にある節と節をつなぐ働きをします。等位接続詞との外見上のおもな違いは、ふたつの節のあいだにセミコロン（;）を打つことです。

- [accordingly: そんなわけで] My telephone was out of order; *accordingly* it was impossible to contact you.
  うちの電話が故障した。**そんなわけで**、あなたと連絡が取れなかった。
- [besides: そのうえ] I don't like caviar; *besides* it is too expensive.
  わたしはキャビアが好きではない。**そのうえ**値段が高すぎる。
- [consequently: そのため] I left my umbrella at home; *consequently* I got wet in the rain.
  傘を家に置いてきた。**そのため**雨にぬれてしまった。
- [furthermore: それどころか] I do not like people who are rude; *furthermore* I will not tolerate them.
  わたしは無礼な人が好きではない。**それどころか**我慢がならない。
- [hence: それどころか] She got up late this morning; *hence* she missed the meeting.
  彼女は今朝、寝坊した。**それで**ミーティングに出られなかったのだ。
- [however: それなのに] I don't like tomatoes in salads; *however* I love them in pizza.
  サラダに入ったトマトは嫌い。**それなのに**ピザに入ったトマトは好き。

- [likewise: 同じように] I take at least one business trip every month; *likewise* everybody in my department does.
  わたしは毎月、少なくとも1度は出張する。**同じように**、わたしの部署の人もみな1度は出かける。
- [moreover: それに] These shoes are far too expensive for me; *moreover* I don't like the color.
  この靴はわたしには値段が高すぎる。**それに**色が気に入らない。
- [so: だから] She speaks about him all the time; *so* we think they are dating.
  彼女はいつも彼のことを話している。**だから**ふたりはつきあっているのではないかと思う。
- [nevertheless: それでもやっぱり] I am not looking forward to tomorrow's meeting; *nevertheless* I will be there.
  明日のミーティングは気が進まない。**それでもやっぱり**出席するだろう。
- [therefore: だから] I have an appointment with the dentist tomorrow; *therefore* I will be leaving the office early.
  明日は歯医者に予約を入れてある。**だから**早めにオフィスを出ることになるだろう。
- [still: とはいえ] I can't understand why he likes playing soccer so much; *still* I suppose that is his decision.
  彼がなぜあんなにサッカーが好きなのか、わたしには理解できない。**とはいえ**、それが彼のやろうと決めたことなのだろう。
- [thus: そんなわけで] We had a power-cut this morning; *thus* my train was delayed.
  今朝、停電があった。**そんなわけで**わたしの乗った電車が遅れた。

　副詞的接続詞についての問題点は、使いすぎると滑稽に見えるということです。よほど長文の場合か、なにか特別な理由でもないかぎり、ひとつの文書にひとつぐらいにとどめておくのが妥当でしょう。もしも上にあげた副詞的接続詞のどれかを使う必要があるときは、これよりもっと一般的な使い方があります。これらをふつうの副詞として扱い、等位接続詞でつなぐのです。その例を先の例文を用いていくつかあげておきましょう。

- My telephone was out of order; *accordingly* it was impossible to contact you.
  ➡ My telephone was out of order <u>and *accordingly*</u> it was impossible to contact you.
- I left my umbrella at home; *consequently* I got wet in the rain.
  ➡ I left my umbrella at home <u>and *consequently*</u> got wet in the rain.

- I am not looking forward to tomorrow's meeting; *nevertheless* I will be there.
  ➡ I am not looking forward to tomorrow's meeting, <u>but *nevertheless*</u> I will be there.
- I have an appointment with the dentist tomorrow; *therefore* I will be leaving the office early.
  ➡ I have an appointment with the dentist tomorrow <u>and *therefore*</u> will be leaving the office early.

(5) 関係詞

　which、when、whereなどの関係詞は文の中で節を導きます。関係詞で導かれる節は名詞（先行詞）の意味を特定したり、情報を追加する目的で、主文の中に組み込まれます。この関係詞で導かれる節（関係詞節）は、それだけでは完全な概念を表すことはできないので、意味的にも機能的にも単独の文としては成立しません。

　関係詞節であるためには次の3つの条件が必要です。

1) 主語と動詞を含む（関係詞が主語となる場合も含む）
2) 関係代名詞（who、whom、whose、that、which）または関係副詞（when、where、why）を含む
3) 形容詞として機能する*

　関係詞で導かれる節には次のようなふたつのパターンがあります。

① 関係代名詞／関係副詞 ＋ 主語 ＋ 動詞
- …which I take to school everyday.
- …where I ordered a big plate of spaghetti.
- …when Jennifer was still a baby.

② 主語として機能する関係代名詞 ＋ 動詞
- …that doesn't fade when washed.
- …who knows how to operate computers.

　このように、関係詞節はそれのみでは成り立たず、名詞を描写したり、情報を追加するために使われますが、すべての関係詞節が描写する名詞のすぐあと

注：whatで導かれる節のように、先行詞を含み、主語や目的語、補語の役割を果たし、名詞節として扱われるようなものもあります。　例）I can't believe what he said. (what = things which)

に続くとはかぎらないので注意してください。先の例に主節をつけると次のようになります。

- My mother bought me a new fountain pen, which I take to school everyday.
  母が新しい万年筆を買ってくれた。私はそれを毎日学校に持っていく。
- Greg and I met in a downtown restaurant, where I ordered a big plate of spaghetti.
  グレッグと私はダウンタウンのレストランで会った。そこで私は大盛りのスパゲティを注文した。
- My husband and I haven't been to the theater since 1995, when Jennifer was still a baby.
  夫と私は1995年以来、劇場に行っていない。それはジェニファーがまだ赤ん坊だったときだ。
- I want to buy a sweater that doesn't fade when washed.
  私は洗っても色あせないセーターを買いたい。
- We are looking for a new staff member who knows how to operate computers.
  われわれはコンピュータの操作を知っている人材を探している。

　上記の例でも気がつかれたと思いますが、上記の3つの関係詞で導かれる節にはある特定の名詞を形容詞的に修飾するというよりも、情報を補足的に追加する役割があります。また、下のふたつの例のように主節の名詞を直接的に修飾ような役割もあります。
　主節の名詞を直接的に修飾する用法を、「（制限）用法」と言い、情報を追加する機能を持つ用法を、「非限定（非制限）用法」と言います。注意して見てもらえば、このふたつのタイプの使いかたの違いに気づくでしょう。非限定（非制限）用法の前にはコンマがあり、限定（制限）用法の前にはコンマがありません。

　さらにいくつかの例を次にあげておきましょう。

限定（制限）用法

- The advertisement claims it is a product that everybody needs.
  その広告は、誰でもこの品が必要だとうたっている。
- I will introduce you to a person who really wants to meet you.
  あなたにとても会いたがっている人物に紹介しましょう。

- He drives a car that is very expensive to maintain.
  彼はとても維持費の高い車に乗っている。
- The people who buy this product are sure to be satisfied.
  この製品を買った人はきっと満足するはずです。

非限定（非制限）用法

- We visited my boss in hospital yesterday, which delighted him.
  昨日、わたしたちが上司を見舞ったところ、たいへん喜んでもらえました。
- I spoke to Mr. Greenwood yesterday, who owns a big black Mercedes Benz.
  わたしは昨日、グリーンウッド氏と話しました。大きな黒いベンツを所有している方です。
- John took Mary to the mall by car, where she bought some new curtains.
  ジョンは車でメアリーをショッピングモールに乗せていき、そこで彼女は新しいカーテンを買った。
- This computer allows me to edit video footage, which makes it perfect for my needs.
  このコンピュータはビデオ映像の編集ができる。だからわたしのニーズにぴったりだ。

＊名詞節を導く what

whatで導かれる節のように、先行詞を含み、主語や目的語、補語の役割を果たし、名詞節として扱われるようなものもあります。

- What (= Things which) he said was quite rude and totally unacceptable.
  彼が言ったことは、本当に乱暴で、まったく受け入れることはできない。
- I never understand what (= things which) he's talking about.
  彼が話していることはわたしにはさっぱりわからない。
- This present is exactly what (= the thing which) I need right now.
  このプレゼントはちょうどいまわたしが必要としていたものです。

■ その他の文を推敲するときの注意点

(1) 代名詞や形容詞を用いて一文にまとめる

　これまで説明してきたように、複数の文をまとめて複雑な文にするおもな方法は接続詞を使うことですが、ひとつの文全体を一語に縮めても、意図した内容がちゃんと伝えられる場合もあります。たとえば、文章を組み立てるときに、次のような文をメモしたとしましょう。

- I have a dog.　　わたしは犬を飼っています。
- My dog is female.　　わたしの犬は雌です。
- My dog is always hungry.　　わたしの犬はいつもおなかをすかせています。
- My dog likes to play.　　わたしの犬は遊ぶのが大好きです。

接続詞を用いてこれらの文をつなぐと、次のようになります。

- I have a dog <u>that is female</u>, and <u>it</u> is always hungry and likes to play.

　これでも間違いではないのですが、不自然だし、子どもっぽいですね。問題はふたつめの文 My dog is female. です。犬の性別は、そのあとに出てくる代名詞 it を she に替えるだけで表すことができ、ネイティブ・スピーカーならみなこうするはずです。これで文の質がぐっと向上します。

- I have a <u>dog</u>, and <u>she</u> is always hungry and likes to play.

　ひとつの文全体を一語で表す方法は、とくに形容詞が含まれている場合によく用いられます。例をあげてみましょう。

- He bought a car.　　彼は車を買った。
- His car is a Toyota.　　彼の車はトヨタだ。
- It is a blue car.　　それは青い車だ。
- It was very expensive.　　それは値段が非常に高かった。

　この４つの文に示されている情報は、以下のようなシンプルな一文にまとめることができます。Toyota が車であることは誰でも知っていますから、car と

いう語が省かれていることに注意してください。

- He bought an expensive blue Toyota.

(2) 同じ語、同じニュアンスの語のダブりに注意する

　そのほか、似たような問題で注意したいことのひとつに、余分な語の問題があります。文章のスタイル、構成を検討するときは、文法的に正しい文を書くために、同じニュアンスの語を繰り返さなければならないことがよくあります。したがって、同じ語がダブっていないかどうか気を配るだけでなく、同じニュアンスの語にも注意を払う必要があるのです。「文章を計画的に構成する」の p.20 にその好例がありますので、見てみましょう。わたしたちが e メールの〈本体〉部分について検討したとき、最初の下書きは次のようになっていました。

［修正前］

> Fiona and I work for the same company. We have known each other for three years. **She is a very pleasant girl** with a great sense of humor. After we are married, we will live in a flat in Chelsea.

　太字の部分には girl という語が含まれていますね。これは正しい文にするために、ここに名詞が必要だったからです。しかし最終的な下書きでは、この語が省かれています。なぜなら書き直した文（以下を参照）は、この語なしで成り立つうえ、girl という語のニュアンスは、代名詞 she にすでに含まれているからです。

［修正後］

> Fiona works in the purchasing department of my company. I first met her three years ago at work, and we have been dating for eighteen months. **She is two years younger than me, and is very pleasant** with a great sense of humor. We have already arranged a small, inexpensive one-bedroom flat in Chelsea for after we are married.

　書きあがった文章を推敲するときは、以上の点を思い出し、余分な語を省くことはできないか、節にしないで一語にまとめることはできないか、考えてみましょう。これらのことを心がければ、文章にだいぶ磨きがかかるはずです。

レイアウト

　文書のレイアウト（書式）には、大きく分けてブロック式とインデント式（セミ・ブロック式とも呼ばれます）があります。[1] どちらを選んでもかまいませんが、ひとつの文書のなかでは同じ書式で通さなければなりません。途中で書式を変えることは、見た目のバランスを崩すだけでなく、何か深い理由でもあるのだろうかと、読み手を混乱させることにもなりかねません。
　ブロック式では、段落の冒頭を含めたすべての文字を左端にそろえます。インデント式では、段落の最初の文字を5字から8字分右に寄せます。以下の例を参照してください。

［ブロック式］

> The long and freezing winters of Alaska fill the local residents with cravings for carbohydrates, sleep and natural light caused by the abbreviated days that get increasingly shorter as you travel farther north. Although winter brings short days and extreme cold to other states as well, Alaska, it seems, is the center of American seasonal blues.
>
> Winter is depressing for one out of five Americans, studies suggest. A smaller fraction — mostly women and young adults — suffer from Seasonal Affective Disorder, a type of depression stemming from decreased daylight. However, nearly ten percent of Alaskans suffer from the disorder to some degree. Symptoms include lethargy, a heightened desire for sleep, cravings for carbohydrates, feelings of melancholy, fuzzy thinking and loss of libido or sociability.
>
> Severe cases can be debilitating and even prompt thoughts of suicide. Experts say, however, that suicide rates actually peak with increasing spring light, but this probably points to the fact that people don't have the energy to plan their death until the more invigorating spring air returns.

[インデント式]

>   The long and freezing winters of Alaska fill the local residents with cravings for carbohydrates, sleep and natural light caused by the abbreviated days that get increasingly shorter as you travel farther north. Although winter brings short days and extreme cold to other states as well, Alaska, it seems, is the center of American seasonal blues.
>
>   Winter is depressing for one out of five Americans, studies suggest. A smaller fraction — mostly women and young adults — suffer from Seasonal Affective Disorder, a type of depression stemming from decreased daylight. However, nearly ten percent of Alaskans suffer from the disorder to some degree. Symptoms include lethargy, a heightened desire for sleep, cravings for carbohydrates, feelings of melancholy, fuzzy thinking and loss of libido or sociability.
>
>   Severe cases can be debilitating and even prompt thoughts of suicide. Experts say, however, that suicide rates actually peak with increasing spring light, but this probably points to the fact that people don't have the energy to plan their death until the more invigorating spring air returns.

　左記と上記の2例を見ると、どちらの書式でも、段落と段落のあいだが1行ずつ空けられていることに気づくでしょう。これは文書を見やすくするための、標準的な方法です。例外は、新聞・雑誌の記事、小説ぐらいでしょう。とはいえ、記者や作家は、原稿を書く段階ではほとんどの場合、段落と段落のあいだに空白行を入れています。空白行はそのあと編集の段階で取り除かれ、必ずインデント式にしてから印刷されるのです。

　文章を書くのにワープロ・ソフトを使っている場合、インデントをつける（段落の最初の文字を右に寄せる）際には、「Tab」キーを押すだけで自動的につけることができます。それ以外の場合は、左の余白から5～8字分下げましょう。

---

1) 手紙などの通信文には、ブロック式、新ブロック式、セミ・ブロック式という3種類の書式があります。しかし、これらの違いは、おもにヘッダーと結辞（署名の前に添える短い挨拶）と署名の位置に関することです。ですから、ここでは詳しい説明を省きます。詳細は第2部「4. ビジネスレターと個人的な手紙の書き方」p.212～を参照してください。

もうひとつ注意を払わなければならないのは、余白をどれだけ空けるかという点です。字がびっしり詰まりすぎた印象にならないためには、目安として、上下左右とも最低2.5センチは余白をとるといいでしょう。これより余白が少ないと、いかにも書き慣れていないように見えるだけでなく、読む気がしなくなってしまいます。以下に、悪い例とよい例を載せておきましょう。

［余白がない悪い例］

This is a very bad example of a composition layout. The writing is crammed right up to the edge of the paper, and the overall appearance is somewhat overwhelming. The paragraphs are also not clearly indicated with double-spacing, which means that the reader is not being given a chance to "breathe." It is impossible to tell where one item of information ends and the next one starts. If your composition looks like this, then you are placing too much pressure on the recipient. He will decide that the contents are boring before he even starts reading, and will therefore start off in a negative frame of mind.

［余白のあるよい例］

This, on the other hand, is a much better example. The amount of blank paper left around the writing provides the page with breathing space and puts the recipient in a more relaxed frame of mind.

The double-spacing between paragraphs also informs the recipient where one item of information ends and the other starts, and this enables him to compartmentalize the main topics of your composition within his mind.

Aiming at this style of layout is very important when writing in English and should never be overlooked.

このほかにもレイアウトに関して注意を払うべきことはありますが、それはおもに全体のバランスに関することなので、次章で説明することにします。

バランスを整える

　文章を書くときは、文、段落、文書全体という3つのレベルにおけるバランスを考えなければなりません。そのなかで最初に考える必要があるのは、文章全体の印象を決める文書レベルのバランスです。

■ 文書レベルのバランス

　文章を書きはじめる前に、全体のレイアウトについて、いくつか決めなければならないことがあります。いったんレイアウトのルールやパターンを決めたら、全体を通してそれらを守らなければなりません。

(1) 余白の取り方
　左記で述べたように、文章の周囲に余白を残すことによって、文書が読みやすくなります。また、文章が2ページ以上にわたるときは、2ページめ以降もすべて、最初のページの余白とそろえます。本文の周囲をそれぞれ最低2.5センチは空けるようにするといいでしょう。

(2) ブロック式かインデント式か？
　これも p.42 で述べました。書式はブロック式とインデント式の2種類のみ。文書全体で一貫していれば、どちらを選んでもかまいません。とはいえ、最近ではワープロの普及によって、インデント式は多かれ少なかれ消えつつあり、とくにビジネス関連の文書では、ほとんどがブロック式を採用しています。したがって、これから書く文章はみなブロック式にすると決めておいたほうが、なにかと便利かもしれません。また、eメールでインデント式が使われることも、ほとんどありません。いつかは誰もインデント式を使わなくなる日がくるかもしれませんね。そんなわけで、わたしはブロック式をおすすめします。

(3) フォントの種類とサイズ
　ワープロ・ソフトにはふつう、何種類ものフォント（書体）が用意されています。そのため、どれを使っていいか迷ってしまうこともあるでしょう。もちろん、自分で好きなフォントを選んでかまわないのですが、あまりに変わったフォントや手書き風の書体、太すぎる書体などは避けたほうがいいでしょう。
　フォントは大きくセリフ体（serif）とサンセリフ体（sans-serif）の2種類に

分けられます。セリフ体にはBook Antiqua、Times、Centuryなどがあり、活字の線の端に小さな飾り（これをセリフと呼びます）があるのが特徴です。サンセリフ体にはArial、Tahoma、Lucidaなどがあり、線の端には飾りがありません。サンセリフ体は、チラシやポスターなど、人目を引くために大きなフォントで使うときには効果的ですが、個人的には、一般の文章や手紙にはセリフ体のほうをおすすめします。なぜなら、小さなフォントで印刷するときは、セリフ体のほうが見栄えがいいからです。

フォントの大きさについては、12ポイントが最も見栄えがいいと言われており、わたしもこれをおすすめします。

(4) フォーマルさのレベル

これについては p.10〜の「文章を計画的に構成する」で説明しましたから、ここでは省きます。フォーマルさと感情のレベルを決めたら、文書全体でそのレベルを一定に保たなければならない、とだけ書いておけば十分でしょう。

(5) タイトル、見出し、小見出し

タイトル（title）と見出し（heading）、小見出し（subheading）のある文書では、どのような形でそれを表示するか、その方法をまず決めておき、全体を通じて同じ形でそろえなければなりません。これらの表示方法には定型があるわけではありませんから、自分で方法を決めることができます。もしも文書にタイトルと見出し、小見出しをつける場合は、それぞれを別の形で示すと、ぐっと印象がよくなります。

たとえば、プレゼンテーションの参考資料を作成しているとしましょう。できるだけ、見栄えのいい資料にしたいですね。そして、次のようなタイトル、見出し、小見出しをつけることにします。

Title: Surviving in the Present Economic Climate
タイトル： 現在の経済状況のなかで生き残るために
Heading: Understanding our Market
見出し： 市場の把握
Subheading: Recent Purchasing Trends
小見出し： 最近の購買トレンド

一般に、ひとつの文書には、ひとつのタイトル、いくつかの見出し、各見出しの下にいくつかの小見出しがつきます。もちろん、小見出しは必ずしも必要

ではなく、文書によっては、ひとつのタイトルといくつかの見出しがあれば十分な場合もあります。しかしここでは説明のために、小見出しも使うことにしましょう。

　タイトル、見出し、小見出しのバランスをよくするために、フォントの種類と大きさ（ポイントで表示）をどうするか、下線を引くか、太字で強調するか、文字をどの位置に置くかについて決めなければなりません。まず、タイトルと見出しと小見出しをすべて同じ表示にした場合、どのように見えるでしょうか。

	フォント	ポイント	下線	太字	位置
タイトル	Century	14	○	○	中央
見出し	Century	14	○	○	中央
小見出し	Century	14	○	○	中央

⬇

<u>Surviving in the Present Economic Climate</u>

<u>Understanding our Market</u>

<u>Recent Purchasing Trends</u>

　これでは、タイトルと見出しと小見出しの違いがはっきりしませんね。3つとも別々のものなのに、ひとつのタイトルが3行にわたっているかのように見えるので、読む人は混乱してしまうでしょう。タイトルと見出しと小見出しには重要度の差があるのですから、表示の方法もそれにあわせて差をつけなければなりません。たとえば、ここでは小見出しのフォントをタイトルのフォントと同じサイズにしてしまっているので、バランスが悪く見えます。これはぜひとも変えなければなりません。また、あいだに1行ずつ空白を入れるといいでしょう。

　以下に、修正した一例を示しました。レイアウトを決めたら、最後までそれに沿って書くことを忘れずに。

	フォント	ポイント	下線	太字	位置
タイトル	Arial	16	○	○	中央
見出し	Century	14	×	○	中央
小見出し	Century	12	×	○	左

⬇

<u>Surviving in the Present Economic Climate</u>

Understanding our Market

Recent Purchasing Trends

(6) 略語と頭字語

　略語と頭字語の使用は、読み手が間違いなく理解できると思われる場合に限るべきでしょう。ひょっとしたらわからないかもしれないと思うときは、略さずにきちんと書いたほうが無難です。そして、もしも略語を使うことに決めた場合は、最後までそれを通しましょう。つまり、ある個所で My family comes from Atlanta, GA.（GA は「ジョージア州」の略語）と書いたのに、別の個所で I want to live in San Antonio, Texas.（略語を使うことに決めたのなら TX とすべき）と書いたりしてはなりません。

　とはいうものの、略さずに書いた語のすぐ後ろに（　）で略語や頭字語を示し、そのあとで同じ語が出てくるときは略語や頭字語で示す、という方法もあります。この方法は一般に、会社名や団体名など、固有名詞の頭字語の場合にのみ用いられます。また、その会社名や団体名が同じ文章のなかに一度しか出てこない場合は、このようにしても意味がありません。例をひとつあげておきます。

We have contracted an outside marketing company known as **Steele & Walters Marketing Consultants (SWM)** to handle all of our advertising requirements. **SWM** has a long history of working with electronics manufacturers, and we are confident they will do a good job.

【訳】
わたしたちはスティール＆ウォルターズ・マーケティング・コンサルタンツ（SWM）という外部のマーケティング会社と契約し、わが社の宣伝に関する要請全般を請け負ってもらうことになった。SWM 社はエレクトロニクス業界と協同してきた長い歴史があり、よい成果があげられることを確信している。

　さて、文書全体に関するバランスが決まったなら、次は文レベルと段落レベルのバランスを考えなくてはなりません。これは、いくつかの単純なルールに従うだけでいいのです。これから説明するルールにできるだけ沿って、文章を書いていってください。でも、それほど神経質にならなくても大丈夫。見落としたことがあっても、最後の推敲のときに直せばいいのですから。

■ 文レベルのバランス

（1）簡潔な文を書くよう心がける

　ひとつの文にあまりたくさんの情報を盛りこもうとすると、一度読んだだけでは理解しにくい文になりがちです。文が長すぎると思ったら、読み返して、そのなかに情報がいくつ含まれているかを数えてみてください。もしも情報がふたつ以上ならば、それをふたつ、場合によっては3つの文に分けることができるでしょう。そうすればずっと明快になるはずです。

　例をあげてみましょう。

[修正前：ひとつの文が長く4行に及んでいる]

> My train is scheduled to arrive at three-thirty in the afternoon, but I'm not really sure how to get to your house from there, so I would appreciate it if you would meet me at the station, if that is possible.

【訳】
わたしの乗る列車は午後3時30分に着く予定ですが、そこからお宅までの道がわかりませんので、もしできるなら、駅に迎えにきていただけると助かります。

[修正後：➡3つの文に分ける]

> ①My train is scheduled to arrive at three-thirty in the afternoon, but I'm not really sure how to get to your house from there. ②I would therefore appreciate it if you would meet me at the station. ③Do you mind?

【訳】
わたしの乗る列車は午後3時30分に着く予定ですが、そこからお宅までの道がわかりません。そこで、駅に迎えにきていただけると助かります。よろしいでしょうか。

（2）文の長さにできるだけ変化をつける

　同じぐらいの長さの文が続くと、単調な感じになってしまいます。そんなと

き、軽快な印象にするには、文の長さに変化をつけるといいでしょう。たとえば、(1) の「修正後」の文は、最初の文が長め、ふたつめの文が中ぐらい、3つめの文が短めになっていますね。もちろん、同じぐらいの長さの文をふたつか3つ、続けて使うこともできますが、できるだけ文の長さに変化をつけるようにしましょう。

(3) 同じ意味の名詞は統一する

　動詞の場合は、文章におもしろみを持たせるために、同じ意味の違う語を使うことをおすすめしますが(「文章を推敲するためのふたつのポイント」の p.80 を参照)、名詞の場合は同じ語で統一するようにしましょう。違う語を用いると、読み手はそれが同じものを指しているのか別のものを指しているのか、わからなくなってしまいます。

　たとえば、自分の飼い犬の話をするときに、dog という語だけでなく、animal、creature、beast という語も使ったとしましょう。そうすると、それが同じ犬のことを指しているのだということを、わざわざ説明しなければならなくなってしまいます。技術関係の文書でも同じことがいえます。たとえば、コピー機を買おうかと考えている人に、自社の新製品を説明するとしましょう。その文章のなかでそれを unit、device、machine と呼んだとすれば、相手はそれが同じコピー機を指しているのか別の機械のことなのか、わからなくなってしまうでしょう。

(4) ひとつの文のなかで並列の関係にある動詞の形はそろえる

　ひとつの文のなかで複数の動詞が並列の関係で使われているときは、動詞の形をそろえるようにしましょう。たとえば、次の文をご覧ください。

We are interested in <u>purchasing</u> your product and <u>to learn</u> how to use it.

　この文で、「わたしたちが関心をもっていること」はふたつあります。ひとつは「貴社製品を購入すること」、もうひとつは「その使い方を知ること」ですね。ところが、これを表すために使われているひとつめの動詞 purchase は動名詞の形で使われているのですが、ふたつめの動詞 learn は不定詞の形になっています。これでは、このふたつの動詞の並列の関係が示されていません。したがって、次のように書き直す必要があります。

We are interested in purchasing your product and learning how to use it.
わたしたちは貴社製品の購入を考えており、その使い方に関心があります。

次の例では、ひとつの文のなかで4つの動詞、動名詞、不定詞が並列の関係に置かれていますが、やはり同じことが言えます。

When I was at university I studied reading Japanese, how to increase my vocabulary, how to write in Kanji, and public speaking.

並列の関係にある4つの動詞、動詞相当語句の形をそろえると、次のようになります。

When I was at university I studied how to read Japanese, how to increase my vocabulary, how to write in Kanji, and how to speak in public.
大学時代、わたしは日本語の読み方、語彙の増やし方、漢字の書き方、公の場での話し方を学んだ。

以上と関連した詳細については、第1部「2.間違いやすい項目　動名詞と不定詞」*p.93*～を参照してください。

■ 段落レベルのバランス

(1) ひとつの段落ではひとつの主題を扱う

段落は話題の区切りを示すためのものです。基本的に、ひとつの文章は全体でひとつの主題を扱っているわけですから、それをさらにいくつかの主題に分けることは、かなり曖昧な作業であり、明確なルールがありません。とはいえ、目安として次のようなアドバイスをしたいと思います。

1) ひとつの段落は、ひとつの考えに焦点をあてたいくつかの文から成り立っています。ひとつの段落はそれ自体でひとつのまとまりを成していますが、それは文章全体の一部分でもあります。

2) 文章全体が、〈導入部〉〈本体〉〈結論部〉3つの部分に分けられるのと

同じように、ひとつの段落も3つの部分に分けられなければなりません。3つの部分は次のとおりです。

主題となる文　段落の中心的な話題を示すひとつの文。

展開部　主題となる文に続いて、それをふくらませ、展開させるいくつかの文。ほかの話題にそれていかないように気をつけ、主題と関係あることだけを扱うようにしましょう。

結びの文　段落の最後の文は、段落の主題を目標地点に着地させる重要な文です。段落の冒頭に書かれたことを、もう一度述べるのに使われることがよくあります。

(2) 段落は次の3つの型のいずれかに沿って組み立てる

文章の種類や内容によって、段落を次の3つの型のどれかに当てはめるようにしましょう。難しいことのように思えるかもしれませんが、実際は自然にどれかの型に沿って書いているものです。とはいえ、書いているうちに別の型に移っていることがないように、再度チェックしてみる価値はあるでしょう。段落の3つの型とは次のとおりです。

① 一般的なことから特殊なことへと進む型：
結果に至るまでの経過を説明したあと、実際の結果を述べるという型。

> ［主題文］I had to telephone her nearly every day to convince her that I was the right man for her. ［展開部］This wasn't easy, as she had heard some negative comments about me from some of the people at work. But, I persevered, and eventually she came around to my way of thinking. So, I am now delighted to tell you that we have been dating for three weeks! ［結びの文］It feels great to have a girlfriend again after all this time.

【訳】
僕こそ君の相手にぴったりなんだと説得するために、僕はほとんど毎日、彼女に電話をしなければならなかった。これは簡単なことではなかった。彼女は職場の連中から、僕についてのよくない話を聞いていたからだ。でも僕はねばった。そしてついに、僕に同意してくれた。というわけで、うれしいことに、これでもう3週間もつきあっている。あんな日々のあとで、またガールフレンドができて、最高の気分だ。

② 特殊なことから一般的なことへと進む型：
まず結果を示してから、そこに至るまでの経過を述べる型。

> [主題文] Despite severe competition, we were able to win the contract. [展開部] Our staff worked day and night preparing the data for our presentation, and this was a leading factor in our success. They chased down every item of information that had any importance, and then correlated it all into an effective summary. They really were wonderful! [結びの文] Now that the contract is won, I hope they all get time to relax before the next project starts.
>
> 【訳】
> 厳しい競争にもかかわらず、わたしたちは契約を勝ち取ることができました。わたしたちのスタッフは、プレゼンテーション用のデータを準備するため、昼夜を問わず働きました。これが成功の要因だったのです。彼らは少しでも重要な点のある情報はすべて集め、それらを関連づけて、すばらしい概要にまとめました。本当によくやったと思います。契約を勝ち取った今、次のプロジェクトが始まるまで、彼らがみなゆっくりできるようにと望んでいます。

③ 順を追って述べる型：
一連の出来事を、起こった順に述べる型です。この型だけは、段落を「主題―展開部―結び」という3つの部分に分けるというルールに必ずしも従ってはいませんが、ふつうはこのルールに従っているといえるでしょう。この型は次の3種類に分けられます。

◆空間的順序：地理的な方角や、ある場所から別の地点への移動に従って、書き進められます。たとえば北から南へ、東から西へ、上から下へ、左から右へ、など。

> To get to my house, turn left when you leave the station and walk down to the supermarket on the corner. ➡Turn right there and walk for about three hundred meters until you come to a house with a bright yellow fence. ➡My house is directly across the street from that.

【訳】
わたしの家までの道順は、駅から出たら左に曲がり、角のスーパーまで来たら右に曲がります。そこから300メートルほど歩くと、明るい黄色の柵のある家があります。わたしの家は、道路を隔ててその家の真向かいにあります。

◆**時間的順序**：出来事を時間の経過に従って書き進めます。

> The bus will leave from in front of the company building at 9:00. ➡Don't be late! ➡From there we will go directly to Narita Airport for a 12:30 departure. ➡The bus will also pick us up from the airport when we return on the 17th and deliver us back to the company building. ➡Make your own arrangements for getting home from there.

【訳】
バスは会社の前から9時に発車します。遅れないように！　そこから成田空港へ直行し、出発は12時30分。17日の帰国時には、空港に出迎えるバスで会社に戻ります。そこからの帰途は各自、手配してください。

◆**過程の順序**：何かが作られる過程、設置される過程に従って、書き進められます。

> Switch off the power supply and then connect the OUTPUT terminal on the back of the unit to the INPUT terminal on the television with the use of the cable supplied. ➡The connectors are color coded, so make sure the correct color cable is plugged into the terminal of the same color. ➡Once this has been confirmed, switch on the power supply.

【訳】
電源を切り、本機の裏面にある出力端子とテレビの入力端子を、付属のケーブルで接続します。コネクタは色分けしてありますので、端子と同じ色のケーブルを正しく差し込んでください。以上のことが確認できたら、電源を入れてください。

適語を選ぶ

　読み手に正確に理解してもらうために最もふさわしい語を使うことは、文章を書く上で非常に重要です。会話の場合なら、相手がよく理解していないようであれば、さらに説明することもできますが、文章の場合には一度しかチャンスがないのですから。

　文法的には正しい文であっても、伝えたいことがきちんと伝わらないことがあります。つまり、伝えたいことを表すのに最適な語を選ぶことは、文法だけでは決められない、非常に主観的な作業なのです。とはいえ、日本人の書いた英語の文章には、単語の間違った使い方がよく見られます。その理由をここで説明しましょう。

■ 綴りをチェックする

　まず思い浮かぶのは、単語の綴りです。綴りを間違えて、それが存在しない単語であれば、ワープロ・ソフトのスペルチェック機能が拾い出してくれますが、見落とされてしまうことも少なくありません。なぜなら、本当にそんな綴りの単語が実在することがあるからです。間違って別の単語を使ってしまうのは、多くの場合、カタカナ発音に頼ってしまうためでしょう。このために、まるで関係ない単語が突然、文のなかに登場することになり、読み手を混乱させます。たとえば、firmとfarmは、カタカナ発音ではどちらも「ファーム」になりますが、意味は「会社、企業」と「農場」で、まったく別ですよね。綴りのチェックを怠ると、次のような問題が起こることがあります。

○ My father works for a *firm* of lawyers in Manchester.
× My father works for a *farm* of lawyers in Manchester.
　　わたしの父はマンチェスターの弁護士事務所で働いています。

　こんな手紙を受け取ったら、「弁護士が農業をやっているとは知らなかったな」と、びっくりしてしまいますね。というわけで、自信のない単語の綴りは、必ずチェックするようにしましょう。時間がかかって面倒だと思うかもしれませんが、非常に大切なことですし、きちんとした文章が書きたいならば、単語の綴りのチェックは欠かすことはできません。

第1部 英文ライティングのルールとテクニック

参考までに、綴りを間違いやすい単語をあげてみました。

ballet / valley バレエ / 谷	bulb / valve 球根 / 弁	buy / bye 買う / さようなら
chair / cheer 椅子 / 声援、励ます	club / crab クラブ / カニ	coal / call 石炭 / 呼ぶ、呼び声
collect / correct 集める / 正す	cord / code 紐、コード / 暗号	crash / crush ガシャンと衝突する / 押しつぶす
cup / cop カップ / 警官	desk / disk デスク / ディスク	far / fur 遠い / 毛皮
firm / farm 企業 / 農場	first / fast 最初の / 速い	fly / fry 飛ぶ / 揚げる、炒める
fork / folk フォーク / 人々	free / flea / flee 自由な / ノミ / 逃げる	glass / grass ガラス / 草
grammar / glamour 文法 / 肉体的魅力	hat / hut 帽子 / 小屋	hear / here 聞く / ここ
hole / hall 穴 / ホール	hose / house / horse ホース / 家 / 馬	leaf / reef 葉 / 礁
lip / rip 唇 / 裂く	list / wrist リスト / 手首	liver / lever 肝臓 / 梃子
lock / rock 錠 / 岩	love / rub 愛する / こする	mouth / mouse 口 / ネズミ
mug / mag マグカップ / 雑誌	pause / pose 休止 / ポーズ	race / lace 競争 / レース
reader / leader 読者 / 指導者	rest / lest 休息 / …しないように	rice / lice 米 / ノミ（複数形）
rocket / locket ロケット（乗り物）/ ロケット（アクセサリー）	seat / sheet 席 / シーツ	sort / salt 種類 / 塩
think / sink 考える / 沈む	truck / track トラック / 軌道、跡	uncle / ankle 伯父（叔父）/ 足首
write / right / light 書く / 右、正しい / 光、軽い	writer / lighter 作家 / ライター	wrong / long 間違った / 長い

■ 和製英語に注意

　もうひとつ厄介なのは、英語から借りてきた語を日本流に用いるカタカナ語、つまり和製英語です。これらの多くは、もとの英語とはまったく異なる使い方になっています。もとは英語なのだからといって、日本での使い方がそのまま通用するわけではありません。また、アルバイトやアンケートなど、英語と思われているけれども、実は英語以外の外国語に由来するものもあります。正しい使い方と間違った使い方の例を見てみましょう。

> ○ He told the **press** that his comments were **off the record**.
> × He told the **mass-komi** that his comments were **off-reko**.
> 　彼はマスコミに、自分のコメントはオフレコだと言った。

　ふたつめの文は、英語ではまったく意味不明です。日本語の実際的な知識のない人にとっては、なんのことだかわからないでしょう。この例からもわかるように、これらの語を実際に使う前にはぜひ、その意味や綴りを調べましょう。間違って使われることの多いカタカナ語を次にあげてみました。

アルバイト	part-time job	○ She has a part-time job. × She has an arbeit.[1] 　彼女はアルバイトをしている。
アンケート	questionnaire	○ We filled in a questionnaire. × We filled in an enquete. 　わたしたちはアンケートに答えた。
エスケープ	cut, not attend	○ He cut (didn't attend) the meeting. × He escaped the meeting. 　彼はミーティングをエスケープした。
エンゲージ・リング	engagement ring	○ He gave her an engagement ring. × He gave her an engage ring. 　彼は彼女にエンゲージ・リングを贈った。
オーバー	exaggerated	○ His delight was exaggerated. × His delight was over. 　彼の喜びようはオーバーだった。

[1] 英語では「アルバイト」と「パート」を区別しません。どちらにもpart-time jobを使います。

オープン・カー	convertible	○ He drives a convertible. × He drives an open car. 彼はオープン・カーを運転している。
オフレコ	off the record	○ Her comment was off the record. × Her comment was off-reko. 彼女のコメントはオフレコだった。
カンニング	cheating	○ He was caught cheating in the test. × He was caught cunning in the test. 彼はテスト中にカンニングしているのを見つけられてしまった。
クラクション	horn (米), hooter (英)	○ Sound your horn when you arrive. × Sound your klaxon when you arrive. 着いたらクラクションを鳴らしてください。
クラシック	classical	○ She likes classical music. × She likes classic music. 彼女はクラシック音楽が好きだ。
ゴールデン・アワー	prime time	○ He has a show on prime time TV. × He has a show on golden time TV. 彼はゴールデン・アワーに番組を持っている。
コンセント	outlet, power socket	○ The outlet is over there. × The consent is over there. コンセントはあそこです。
サイドブレーキ	handbrake	○ Put on your handbrake. × Put on your sidebrake. サイドブレーキをかけなさい。
サイン	autograph	○ May I have your autograph? × May I have your sign? サインをいただけますか。
サラリーマン	businessman, employee	○ He is a businessman. × He is a salaryman. 彼はサラリーマンです。

シャープペンシル	mechanical pencil	○ I want to buy a mechanical pencil. × I want to buy a sharp pencil. シャープペンシルが買いたい。
スーパー	supermarket	○ I bought this at the supermarket. × I bought this at the super. わたしはこれをスーパーで買った。
スマート	slim	○ She is looking very slim. × She is looking very smart. 彼女はとてもスマートだ。
タレント	personality, celebrity	○ Her dream is to be a TV personality. × Her dream is to be a TV talent. 彼女の夢はテレビ・タレントになることだ。
ダンプカー	dump truck	○ He drives a dump truck. × He drives a dump car. 彼はダンプカーを運転している。
チャック	zipper, zip	○ The zipper on my bag has broken. × The chuck on my bag has broken. わたしのバッグのチャックが壊れた。
ドキュメント	documentary	○ A documentary was made of his life. × A document was made of his life. 彼の生涯を題材にドキュメントが作られた。
トランプ	cards	○ Do you want to play cards? × Do you want to play trumps? トランプをする?
トレーナー	sweatshirt, tracksuit	○ My sweatshirt needs washing. × My trainer needs washing. わたしのトレーナー、洗わなくちゃ。
パート	part-time job	○ My wife has a part-time job. × My wife has a part.[1)] 妻はパートで働いている。

パンク	flat tire, puncture	○ I got a puncture on my way here. × I got a punk on my way here. ここに来る途中、パンクした。
ハンドル	steering wheel	○ My steering wheel is made of wood. × My handle is made of wood. わたしのハンドルは木製だ。
フライドポテト	French fries (米), chips (英)	○ French fries are too greasy for me. × Fried potatoes are too greasy for me. フライドポテトは油っこすぎる。
フロント	reception, front desk	○ Please check in at the reception. × Please check in at the front. フロントでチェックインしてください。
ヘルスメーター	weighing machine, scales	○ The weighing machine never lies. × The health meter never lies. うちのヘルスメーターは決して嘘をつかない。
ホッチキス	stapler	○ My stapler has no staples. × My hotchkiss has no staples. わたしのホッチキスには針が入っていない。
マスコミ	mass media, press	○ The mass media reported the case. × The mass-komi reported the case. マスコミはその事件を報道した。
リモコン	remote (controller)	○ Where is the remote (controller)? × Where is the remo-con?[2] リモコンはどこにいった？
ワッペン	badge	○ His school badge is sewn on his bag. × His wappen is sewn on his bag. 彼の鞄には学校のワッペンが縫いつけられている。

---

[2] remoteは形容詞ですが、冠詞をつけて名詞として使われると、remote controllerの意味になります。それで、わざわざremote controllerと言わずにremoteだけで使うことができるのです。

■ 慣用句を英語に直訳しない

　このほかによく見られる傾向として、日本人が書いた英文には、日本語の慣用句がそのまま英語に訳されていることがあります。慣用句は文化に基づくものですから、日本人にとっては当たり前のことやおもしろいと思えることでも、別の文化のなかで育った人にはチンプンカンプンだったりすることを忘れずに。また、日本では慣用句となりえても、歴史的背景の異なる他の国では慣用句になりえない状況もたくさんあります。たとえば、わたしは1、2年前、日本人の友人から、職場の同僚への愚痴を書いたeメールをもらいました。その人の同僚がsell oilしているというのです。日本語の知識がないネイティブ・スピーカーであれば、なんのことだかわかるはずがありません。日本語の慣用句「油を売る（＝無駄話などをして仕事をさぼること）」は、英語ではそのまずばりwaste time（時間を浪費する）と表現します。

　日常生活でよく使われる慣れ親しんだ慣用句には、そのまま英語に訳すことのできないものがたくさんあります。そのすべてをあげることはできませんが、参考までにいくつか例をあげてみましょう。

腕を見せる　　○ display (show) one's ability
　　　　　　　× show one's arm

心配の種　　　○ a cause of anxiety
　　　　　　　× a seed of anxiety

頭が古い　　　○ old-fashioned
　　　　　　　× old head

頭が固い　　　○ stubborn
　　　　　　　× hard head

顔が広い　　　○ well-known
　　　　　　　× wide face

耳が遠い　　　○ hard of hearing
　　　　　　　× distant ears

口が軽い	○ talkative	
	× light mouth	
電話を切る	○ hang up the phone	
	× cut the phone	
時間をつぶす	○ kill time / waste time	
	× crush time	
朝飯前	○ piece of cake	
	× before breakfast	

もしも、ふつうの説明よりも慣用句を使ったほうが、自分の言いたいことが伝わると思うときは、もちろん使ってみるといいでしょう。ただしそのときは、その慣用句に相当する英語のフレーズを確かめてからにするのを忘れずに。

Column
ライティングのためのヒント #1

「〜の場合」を英語にする際に when を使いがちですが、ほとんどのケースでは if を使ったほうがいいでしょう。

- 電車が遅れた場合は、電話してください。
  Please phone me *if* your train is delayed.
- システムが正常に立ち上がらない場合は、サービス・センターに問い合わせください。
  Contact our Service Center *if* the system does not start up normally.
- 人数が集まらない場合は、ツアーは催行されません。
  The tour will not operate *if* there are insufficient participants.

文章を推敲するためのふたつのポイント

　いい文章か幼稚な文章かを分けるのは、いくつかの単純なポイントにすぎません。ですから、英語でいい文章を書くためのルールをぜひ覚えておきましょう。言語が文化に基づいていることを心に留めるのは、非常に大切です。日本語の文章のスタイルをそのまま用いるのではなく、背景となる文化を考慮して、英語のネイティブ・スピーカーがよく用いるスタイルに置き換えましょう。
　このときに注意を要するのは、おもに次の2点です。

1) 全体のスタイル
2) 個々の要素

　最初から完璧な下書きを書くことは、ネイティブ・スピーカーでない人にとって、おそらく至難のわざでしょう。もしもこれまでに書いたことに従えば、最終的な下書きにかなり近いものが書けるのではないかとは思いますが、それでもなお、見つけ出して修正しなければならない問題がいくつか隠れているかもしれません。そのためには推敲が必要です。推敲するときは、ふたつのカテゴリーにおいてそれぞれ修正を行わなければなりません。つまり、**まず全体のスタイルを修正し、それからまた文章の最初に戻って個々の要素を修正する**のです。

■ 全体のスタイルの修正

　文章のスタイルは読み手の興味を持続させるうえで非常に大切であり、伝えたいことができるかぎり効果的に伝わるようにしなければなりません。したがって、最初の下書きができたら、読み手の立場に身を置き、これでちゃんと伝わるだろうかと考えながら読み返してみましょう。このときはふつう、次の3点を自問してみるといいでしょう。そして、その答えに応じて修正するのです。

　　(1) 内容はまとまっているだろうか
　　(2) 情報が盛り込まれすぎてはいないか
　　(3) 文章の意図は明確になっているか

文章のスタイルがこのままでいいかどうかは、この3つの質問への答えで決まりますが、いずれの場合も、不要な記述を容赦なく削ることに注意を向ける必要があります。つまり、書くのに時間がかかった個所ではあっても、もし不要だと思えばいさぎよく削らなければなりません。自分に厳しくなることが、文章の改善につながるのです。

　この作業をするときは、ひとつひとつの文に含まれた個々の要素に注意を向ける必要はありません。それらのことは、全体のバランスが整ってから考えればいいのですから。

(1) 内容はまとまっているか

　文章を書くときは、中心的なテーマからそれないようにすることが非常に重要です。脱線したっていいじゃないか、と思うかもしれませんが、ほとんどの場合は、脱線しないほうが読者を混乱させずにすみ、中心的なテーマも理解されやすくなります。また、しつこい繰り返しは必要ない、ということも頭に入れておきましょう。いったん読み手がわかるように自分の主張を書いたなら、言葉や例を変えて同じことを繰り返す必要はありません。自分の書いた文章が簡潔にまとまっているかどうかを確かめるには、文章の〈導入部〉〈本体〉〈結論部〉を読み、各部分の主題がうまく合致しているかどうか、また、しつこすぎないかをチェックしてみましょう。

　たとえば、ある筆記具メーカーに、購入した万年筆のことで苦情の手紙を書いているとしましょう。さて、どのようにすれば簡潔で主旨がきちんと伝わる手紙が書けるでしょうか。この手紙であなたが伝えようとしていることは、1) 購入した商品が不良品だったこと、2) 問題の解決策について、です。

[導入部]

> I recently purchased a Series AC-3840F fountain pen manufactured by your company, and I am writing this letter to express my dissatisfaction with it. Not only is the ink-flow intermittent, the gold-plating is already beginning to wear off despite the fact that it is only three-months old. **I find this extremely unacceptable, as I use pens for my work on a daily basis and I have always wanted a good fountain pen that I could feel proud of. My wife has a fountain pen manufactured by one of your rival companies that she has been using for more than ten years, and she has never had any trouble with it.** I think it only natural that I should expect the same satisfaction from the pens you manufacture.

【訳】
わたしはこのたび、貴社の万年筆AC-3840Fシリーズを購入しましたが、製品に不満がありましたため、筆をとらせていただきます。インクの出が途切れがちなうえ、購入後まだ3カ月というのに金メッキがすでにはがれかけています。これはまったく受け入れがたいことです。なぜなら、わたしは仕事で万年筆を毎日のように使用しており、誇りにできる良質の万年筆を入手したいと常々思っていたからです。わたしの妻は貴社のライバル会社の万年筆を持っており、10年以上使っておりますが、これまでなんの問題もありません。わたしが貴社の製品に同じ満足度を求めるのも当然といえるでしょう。

　太字の部分は、〈導入部〉には必要ありません。書き手は最初の文ですでに不満を表明しているのですから、I find this extremely unacceptable という部分はしつこく感じられ、余分といえるでしょう。また、この文には、「誇りにしたい」という書き手の感情まで書かれており、本題から離れてしまっています。書き手の妻の万年筆に関する文も、やはり余分です。書き手が苦情を述べている会社と直接の関係がないからです。

[本体]

> I have contacted the store from which I purchased the pen, and they suggested I contact you directly. I enclose a copy of the receipt as proof of purchase. I would be grateful if you could arrange for a refund to be sent to me immediately. Note that I do not want a replacement. After my experience with this pen, I have no intention of owning another product manufactured by you again, so I expect a full cash refund accordingly. **To tell the truth, I am amazed that any company would have the audacity to market a product that is so obviously inferior to those manufactured by other companies. I work hard for my income, and the last thing I want to do is give it away to people like you.**

【訳】
この万年筆を購入した店と連絡を取りましたところ、直接、貴社に連絡するようにと言われました。購入の証拠として、レシートのコピーを同封いたします。すぐに返金の手配をしていただければ幸いです。取り替えは望みません。この万年筆を使ってみた結果、今後ふたたび貴社の製品を使うつもりはありませんので、現金による全額の返金をお願いいたします。実のところ、他社の製品にこれほど劣る製品を、恥ずかしげもなく商品にしている会社があることに、驚かずにはいられません。わたしは収入を得るために必死に働いているのですから、貴社のような会社にそれを払うのはまっぴらです。

太字の部分は削ることができます。解決策についてはすでに触れているうえ、またもや感情的になっているからです。ここは侮辱的な書き方であり、書き手の不満を強調しているだけのこと。不満はすでに表明してあるのですから、もう必要ありません。

［結論部］

> It is with regret that I write this letter, but I'm sure you can understand my feelings with regard to this unfortunate matter. I believe it is in both our interests to clear the issue up as swiftly as possible, so I look forward to receiving a full refund by return of post. **It may interest you to know that I have several lawyers among my acquaintances, so if I do not hear from you immediately, I will have no qualms about placing the affair in their hands. I eagerly await your reply.**

【訳】
このような手紙を差し上げるのは心苦しいのですが、この遺憾な件についてわたしが感じましたことをご理解いただけるものと思います。この件のできるだけ早い解決が、双方のためであると信じております。つきましては、折り返し郵送にて全額をご返金くださいますよう、よろしくお願いいたします。わたしの知人には数名、弁護士がおりますことを申し添えておきましょう。したがって、もしもすぐにご返答いただけない場合は、ためらうことなく、この件を彼らにゆだねる所存です。お返事を心よりお待ちしております。

　書き手がこの申し出は聞き入れられるはずだと考えていることは、it is in both our interests ですでに示されています。このフレーズは、「この提案に従わなければ会社にとって不利な結果になる」とほのめかしているのですから。また、最後の文も、I look forward... のフレーズを繰り返しただけなので、必要ありません。

　太字をすべて削ることによって、次のような手紙が完成しました。必要な情報をすべて盛り込みつつも簡潔に書かれているので、伝えたいことが相手にしっかり伝わるはずです。

［完成した手紙］

> Dear Sir/Madam
>
> I recently purchased a Series AC-3840F fountain pen manufactured by your company, and I am writing this letter to express my dissatisfaction with it. Not only is the ink-flow intermittent, the gold-plating is already beginning to wear off despite the fact that it is only three-months old.
>
> I have contacted the store from which I purchased the pen, and they suggested I contact you directly. I enclose a copy of the receipt as proof of purchase. I would be grateful if you could arrange for a refund to be sent to me immediately. Note that I do not want a replacement. After my experience with this pen, I have no intention of owning another product manufactured by you again, so I expect a full cash refund accordingly.
>
> It is with regret that I write this letter, but I'm sure you can understand my feelings with regard to this unfortunate matter. I believe it is in both our interests to clear the issue up as swiftly as possible, so I look forward to receiving a full refund by return of post.

(2) 情報が盛り込まれすぎてはいないか

　文章を書くときは、大げさに言いたてなくても、読者はほとんどの場合、あなたの伝えたいことを理解してくれているものです。伝えたいことの要点がきちんと伝わってさえいれば、そのほかのことはすべて余分といえるでしょう。
　たとえば、次にあげたいくつかの例をご覧ください。これらの文章には何も間違いはありませんが、読み手にとって必要のない情報が含まれています。その部分を削れば、メッセージがもっと明確になるはずです。とはいえ、削るときには、どんな目的でその文章を書いているのかということも考慮するようにしましょう。たとえば例①のメッセージは、親しい友人同士の手紙やeメールなどでよく使われる、話し言葉風の文章です。そのような相手ならば、余分と

思われる情報も興味をもって読んでくれるかもしれません。そんなときは、もちろん余分の情報を残しておいてもかまわないのです。

ある情報が余分かどうかを決めるには、頭のなかでその部分を削ってみて、残った部分だけで伝えたいメッセージが十分伝わるかどうか検討してみてください。もしも伝わるなら、ふつうは削ったほうがいいでしょう。

[例①：修正前]

> I went to visit my brother yesterday for the first time for eight months, **although I did see him once or twice at my parent's house since then**. He lives in a very nice area of Tokyo that is very convenient for commuting, **but I personally think the rent is too expensive for such a small apartment**.

【訳】
きのうわたしは８カ月ぶりに兄の家に行きました。といっても、実家で１、２度会ったことはありますたけどね。兄は東京の、通勤に便利なすごくいい場所に住んでいます。でも、あんなに小さなアパートにしては家賃が高すぎる、と個人的には思いますが。

⬇

[修正後]

> I went to visit my brother yesterday for the first time for eight months. He lives in a very nice area of Tokyo that is very convenient for commuting.

先ほど書いたように、これは友人宛ての手紙またはeメールの一部です。ですから、太字の部分を残しておくこともできます。ただし、それは相手があなたのお兄さんを実際に知っていればの話です。もし知らないのなら、あなたが最近どのぐらいお兄さんに会っていようと、お兄さんの家賃がいくらであろうと、相手にとってはどうでもいいことでしょう。

[例②：修正前]

> Thank you **very much** for sending through the catalog I requested. **It arrived yesterday morning by express mail, and** I have passed it across to our purchasing department, who will **probably** contact you in the near future.

【訳】
請求したカタログをお送りいただき、たいへんありがとうございました。昨日の朝、速達で届きました。カタログを仕入部に渡しましたので、おそらく近日中に仕入部から連絡がいくことでしょう。

[修正後]

> Thank you for sending through the catalog I requested. I have passed it across to our purchasing department, who will contact you in the near future.

ビジネスレターでは、相手が仕事としてではなく個人的に何かをしてくれた場合を除けば、very much は必要ありません。いつ届いたかについての詳細は不要ですし、どのように配達されたかについても、相手は当然知っているわけですから、必要ありません。また、ビジネスの場では probably も適当ではありません。仕入部が相手に連絡を取らない可能性があることをほのめかすからです。ここでは先走ったことを書かず、仕入部に決定をゆだねるほうがいいでしょう。

[例③：修正前]

> I will be waiting for you outside the north exit of the station **beside the kiosk, which is on the left-hand side of the exit**, at 14:00, **although I will try to arrive a little early to make sure there is no problem**.

【訳】
駅の北口を出たところの左手にあるキオスクのそばで14時にお待ちしております。とはいえ念のため、少し早めに着くようにするつもりです。

［修正後］

> I will be waiting for you outside the north exit of the station (beside the kiosk) at 14:00.

　駅の北口がよほど広い出口でないかぎり、位置を限定する説明は不要です。あまり限定しすぎると、相手にプレッシャーを与えてしまいますから。一方、ただ北口と言っただけではうまく会えないほど広い出口の場合は、beside the kiosk とだけつけ加えるといいでしょう。それ以上詳しく on the left-hand side of the exit などと書くと、まるで相手が自分でキオスクを見つけられないだろうと見くびっているかのように思われてしまいます。また、自分は早く着くようにすると書くのは、相手にもそれを期待しているかのようです。したがって、これも削ったほうがいいでしょう。

(3) 文章の意図は明確になっているか

　会話ではよく曖昧な表現が使われるように、書く文章も気づかないうちに曖昧になっていることがよくあります。けれどもeメールや手紙の内容が曖昧だった場合、相手はもう一度なんらかの形であなたと連絡を取らないかぎり、あなたの意図を確認することができません。ですから、すべてが完全に明瞭であるように、文章を見直すことが不可欠です。

　たとえば、次のような文章を読んだ人は、きっと釈然としない気持ちになるでしょう。

- I would love to send you a copy of the recipe.
  レシピの写しをお送りしたいと思います。
- Maybe I should call you on Tuesday.
  たぶん火曜日に電話するよ。
- Wouldn't it be nice if we could meet up next Saturday?
  来週の土曜日に会えたらいいですね。
- It might be a good idea for us to cancel the meeting.
  ミーティングを中止するのがいいのではないでしょうか。

　これでは、書き手がどういうつもりなのか、相手にはっきり伝わりません。これを修正するには、2種類の方法があります。

① 異なる表現を使う

ひとつは、次のように、異なる表現を使う方法です。

- I <u>would love to</u> send you a copy of the recipe.
  - ➡ I *will* send you a copy of the recipe.
    レシピの写しをお送りします。
- <u>Maybe</u> I <u>should</u> call you on Tuesday.
  - ➡ I *will* call you on Tuesday.
    火曜日に電話するよ。
- <u>Wouldn't it be nice if we could</u> meet up next Saturday?
  - ➡ *Let's* meet up next Saturday.
    来週の土曜日に会いましょう。
- <u>It might be a good idea for us to</u> cancel the meeting.
  - ➡ I think we should cancel the meeting.
    ミーティングは中止すべきだと思います。

② 文を付け加える

最初のふたつはこれでいいのですが、あとのふたつは、これでもまだ書き手の意図が不明瞭であることに気づきませんか。つまり、情報が不足しているために、相手はどう対応すればいいのかわからないはずです。こんなときは、第2の方法をとりましょう。こちらは、状況を明確にするために、もうひとつ文をつけ加えるという方法です。

- Wouldn't it be nice if we could meet up next Saturday?
  + I'll be waiting in front of the cinema at two o'clock in the afternoon.
    来週の土曜日に会うのはいかが？ 午後2時に映画館の前で待っています。
- It might be a good idea for us to cancel the meeting.
  + I'll do so tomorrow if I don't hear from you.
    ミーティングを中止するのがいいのではないでしょうか。そちらからご連絡がなければ、明日、そのようにいたします。

これでどの文も明瞭になりましたね。自分の書いた文に適した方法を選ぶことによって、文章が明瞭でなめらかになり、全体が読みやすくなるのです。

さて、全体のスタイルについてチェックし終わったら、次は個々の要素についてのチェックです。

■ 個々の要素の修正

　個々の要素をチェックする前に全体のスタイルをチェックしたのは、時間を節約するためです。先にひとつひとつの細かいことをチェックした場合、あとで全体のスタイルをチェックするときに、せっかく苦労して直した文を削ることになったり、ときには段落ごと削ることになったりするかもしれません。そこで、残すことにした文だけをチェックするほうがいいというわけなのです。

　この過程でまずチェックすべきことは、綴り、文法、句読点などの使い方ですが、これらは当然のことなので、ここでは省きます。だからといってチェックしなくてもいいという意味ではありません。できるだけ完璧な文章になるよう、自分に厳しくなりましょう。

　残った作業は、文の構造的なことよりも、英語の文化的側面に関わることなので、チェックはより難しくなります。とはいえ、守るべきおもなルールはふたつだけ。それは次のようなルールです。

(1) 考えではなく、意見を述べる

　文章の目的にもよりますが、英語の文章を書くときは、あなたのスタンスを読み手にはっきりと示すために、自分の意見をできるかぎり強力に訴えなければならないことがよくあります。意見とは個人的なものですから、たとえ他人の賛成を得られない場合でも、自分の意見を表明する権利は十分にあるのです。このため、英語ではthinkという語が日本語ほど使われません。英語のthinkという語は、to the best of my knowledge（わたしが知るかぎりでは）と同じようなニュアンスなのです。つまり、「わたしは自分の言っていることに確信をもっているわけではありません」と強調しているようなものなのです。したがって、thinkという語を使ったのでは、読み手にメッセージが正しく伝わらなくなってしまいます。

　もちろん、thinkという語を使ってはいけないという意味ではありません。ただ、意見を強く述べるときには使うべきではないと言っているのです。

　たとえば、「……というわけで、絶対に許せることではないと思います」という結びの文があったとしましょう。これを日本人が英語に直訳すると、おそらく次のようになるのではないでしょうか。

- ...and I therefore think that this should never be allowed.
- ...and for this reason I don't think it should ever be allowed.

しかし、もしもネイティブ・スピーカーが書けば、以下のように、もっとシンプルでもっと直接的になり、thinkという語は登場しないはずです。

- ...and it should never be allowed.
- ...and nobody must ever allow it.
- ...and it must never be tolerated.

もちろん文章のジャンルにもよりますが、意見を述べるときは一般に、ある問題に関する自分のスタンスについて、読み手にわずかな誤解も与えないような形で述べるようにしなければなりません。以下のような、ごく単純な友人宛てのeメールの文章でさえ、同じことがいえます。

[修正前]

> I was surprised when Keiko was so rude to her father during dinner last night. I wonder what made her so angry. I think she should show more respect to her family. I don't think being rude in public is a nice way to behave.

【訳】
昨日の夕食のとき、僕はケイコが父親に対してあまりにも無礼だったので驚いた。彼女は何にあれほど腹を立てたのかな。ケイコは自分の家族にもっと敬意を払うべきだと思う。人前での無礼な言動は、まともなふるまいとは思えない。

この文章は文法的には完璧ですが、文化の視点から見れば、非常に幼稚と言わざるをえません。wishy-washy（煮え切らない、優柔不断な）という表現がぴったりです。つまり、ここには意見としての実体がなく、書き手はきっぱりと意見を言えずにいるかのようです。それはthinkという語が使われていることによるものです。英語のネイティブ・スピーカーなら、次のように書くでしょう。

［修正例①：強い怒りを感じた場合］

> I was astounded when Keiko was so rude to her father during dinner last night. What the hell made her so angry? Didn't she ever learn that she must respect her family? How dare she be so rude in public!

【訳】
昨日の夕食のとき、僕はケイコが父親に対してあまりにも無礼だったので、ひどく驚いた。彼女はいったい何にあれほど腹を立てたのだろうか。自分の家族には敬意を払うべきだということを教わらなかったのだろうか。人前でよくもあれほど無礼なふるまいができたものだ！

　この断固とした書き方は、書き手がケイコのふるまいをどう思っているかについて、疑いの余地を残しません。もちろん、これは書き手がケイコの態度に怒りを感じている場合の書き方ですから、怒りの程度によっては別な書き方になります。次の２例を見てください。②は多少のいらだち、③は①の例より一段階下の怒りを表した書き方です。

［修正例②：少々いらだちを感じた場合］

> It was embarrassing when Keiko was so rude to her father during dinner last night. She really was angry! I guess nobody ever told her to respect her family. It was unusual to see somebody being so rude in public!

【訳】
昨日の夕食のとき、ケイコが父親に対してあまりにも無礼だったので、困惑してしまった。彼女は本当に腹を立てていた！　自分の家族には敬意を払うようにと誰も教えなかったのだろうか。人前であれほど無礼な態度をとっている人を見ることはめったにない。

[修正例 ③：怒りととまどいを感じた場合]

> I couldn't believe it when Keiko was so rude to her father during dinner last night. What on earth made her so mad? Surely she knows that she must respect her family. What happened that she could be so rude in public!

【訳】
昨日の夕食のとき、ケイコが父親に対してあまりにも無礼な態度をとったので、わが目を疑った。彼女はいったいなぜあんなに腹を立てたんだ？ 家族には敬意を払うべきだと知っているはずなのに。人前であれほど無礼なふるまいをするとは、いったいどうしたことだろう！

　これらはもともとの文章とあまり違わないように見えるかもしれませんが、意見を述べるときにどちらも think という語を使っていないため、より自然に見えます。

　では、もうひとつ例を見てみましょう。今度は、新聞か雑誌の記事を読んだ人がそれについて意見を述べた手紙です。

[修正前]

> With regard to the article on the government's proposal to start English education in elementary schools, I don't think this is a good idea. Before children should be subject to a foreign language, I think it is necessary for them to learn their own language. Young people today lack skill in both reading and writing Japanese, so I think the government should place the emphasis on Japanese education.

【訳】
小学校から英語教育を始めるという政府の提案についての記事を読みましたが、わたしはこの提案がいい考えとは思えません。子どもたちは外国語の影響にさらされる前に、自国語を学ぶ必要があると思います。最近の若者たちには、日本語の読み書き能力が不足しています。したがって、政府は日本語教育に力を入れるべきだと思うのです。

[修正後]

> I was disgusted to read the article on the government's proposal to start English education in elementary schools. It is a totally unpractical and utterly stupid idea. Before children are subject to a foreign language, they should be given the chance to learn their own language. Young people today lack skill in both reading and writing Japanese, so it is only common sense that the emphasis be placed on Japanese education.

【訳】
小学校から英語教育を始めるという政府の提案についての記事を読み、わたしは呆れ果てました。まったく非実用的で、完全にばかげた考えです。子どもたちは外国語の影響にさらされる前に、自国語を学ぶ機会を与えられなければなりません。最近の若者たちには、日本語の読み書き能力が不足しています。したがって、日本語教育にこそ力を入れるべきことは、言うまでもありません。

この2例を比べればわかるとおり、意見を述べるときはthinkを使うべきではありません。では、どんなときならばthinkを使ってもいいのでしょうか。

① 第三者の意見を述べるとき
- She didn't *think* that Keiko should be so rude in public.
  ケイコは人前であんなに無礼なふるまいをするべきではない、と彼女は思った。
- He doesn't *think* English education in elementary school is a good idea.
  彼は小学校での英語教育がいい考えだとは思っていません。

② これから何かをしようとしているけれども、結果が予測できないとき
- I *think* I will pass the exam without any problem.
  わたしは問題なく試験に通ると思う。
- I *think* I will arrive at your house at about eight o'clock.
  お宅には8時ごろ着くと思います。

③ 確かではないことを述べるとき
- I *think* her birthday is next Wednesday.
  彼女の誕生日は来週の水曜日だと思う。

- I don't *think* he will be at today's meeting.
  彼は今日のミーティングに出席しないのではないかと思う。

④ これといった根拠なしに意見を述べるとき
- I *think* that's a great idea.
  それはいい考えだと思う。
- I *think* it would be better if we left home earlier.
  家を早めに出たほうがいいと思う。

(2) 同じ語を繰り返さない

推敲するときは、ひとつの文のなかに同じ語（冠詞や前置詞などは除く）が何度も使われていないかどうか、確かめる必要があります。繰り返しほど文を幼稚に見せるものはありませんから、厳しくチェックしましょう。これはあとで述べるように、ふつうは同義語を使うことによって解決できます。

① 代名詞で置き換える

しかし、もしもそれが同じ名詞で表されるものならば、2回目以降はitで置き換えるのが一般的です。たとえば、オーバーヘッド・プロジェクターの取りつけ説明書に書かれた、次の文を見てみましょう。

> 図4のように、レールに本体を組み込んだ状態で、天井の金具にレールを取りつけます。

これを英語に直訳すれば、次のようになります。

- Attach the <u>rail</u> to the ceiling fittings with the main unit assembled onto the *rail* as shown in Fig.4.

しかし、この英文にはrailが2度使われていますので、文の流れをよりよくするためには、次のように修正する必要があります。

- Attach the <u>rail</u> to the ceiling fittings with the main unit assembled onto *it* as shown in Fig.4.

② 動詞・形容詞・副詞の場合は同義語で

①のような修正はごく簡単にできるのですが、繰り返されている語が動詞や形容詞、副詞の場合は、問題が少々難しくなり、頭を使わなければなりません。このような場合は、同義語が活躍することになります。同義語・反意語の手頃な辞典（たとえば、*The Penguin Dictionary of English Synonyms & Antonyms,* Penguin Books Ltd.）を買っておくと、こんなときにとても役立ちますよ。前章では think について触れましたが、ここでもまたこの語を例にあげて考えてみましょう。次の例文をご覧ください。

- Graham *thinks* we should have an Italian meal, Sarah *thinks* we should have a Chinese meal, Peter *thinks* we should have a French meal, and I *think* we should have a Japanese meal.
  グレアムはイタリア料理にしようと考え、サラは中華料理にしようと考え、ピーターはフランス料理にしようと考え、わたしは日本料理にしようと考える。

この文では動詞 think が繰り返されているだけでなく、同じ文型が4回も出てきます。これを読んだ人は、なんてだらだらした文だろうと思うでしょう。それに、一度読んだだけでは内容が頭に入りにくいですね。それではまず、think の代わりに使える3つの同義語を探してみましょう。わたしの手元にある同義語辞典をみると、think の代わりに使えるものとして、少なくとも38の単語・フレーズがあげられています。でも、いま必要なのは3つだけですから、わたしは believe、consider、feel を選ぶことにしました。これらの動詞を使って書き換えると、次のようになります。

- Graham *thinks* we should have an Italian meal, Sarah *believes* we should have a Chinese meal, Peter *considers* we should have a French meal, and I *feel* we should have a Japanese meal.

だいぶよくなりました。でも、まだ文の構造が子どもっぽいので、直さなければなりません。その方法はいくつかありますが、あまり複雑なことはしたくないので、文をいくつかに分け、同じ語を別の語で表すと、次のようになります。

- Graham thinks we should have an Italian meal. ➡ このまま使用

- Sarah believes we should have a Chinese meal.
  ➡ Sarah believes a Chinese meal would be nicer.
- Peter considers we should have a French meal.
  ➡ Peter considers a French meal to be the best idea.
- I feel we should have a Japanese meal.
  ➡ I feel that there is nothing better than a Japanese meal.

さて、これらをひとつにまとめてみましょう。

- Graham thinks we should have an Italian meal, Sarah believes a Chinese meal would be nicer, Peter considers a French meal to be the best idea, and I feel that there is nothing better than a Japanese meal.
  グレアムはイタリア料理にしようと考え、サラは中華料理のほうがいいと思っており、ピーターはフランス料理がいちばんだと考え、わたしは日本料理に勝るものはないと思っている。

　繰り返し使われている語の代わりに同義語を用いる方法は、ひとつの文のなかで有効なだけでなく、文章全体についても考えてみる価値があります。名詞（特に専門用語など）の場合は、同じものをさまざまな語で表すと読み手が混乱してしまうので、あまり適当ではありませんが、繰り返し登場する動詞、形容詞、副詞の場合は、使う語を変えると、文章におもしろみと自然な流れが加わります。たとえば、sayという語には、mention、reply、answer、utter、tellなど、同義語がたくさんありますから、もしも自分の書いた文章にsayが何度も出てくることに気づいたら、いくつかを別の語にしてみましょう。自分ではその効果がわからないかもしれませんが、読み手にはきっとわかるはずです。

Commonly-Made Mistakes

2 間違いやすい項目

　英語の文章を書くときに間違えやすいことは、ふたつのタイプに分けられます。ひとつは、綴りの間違いなどのケアレス・ミスで、このタイプの間違いは自分で直すことが十分できるでしょう。もうひとつは、文法上の間違いで、こちらは用法についてのルールが完全に理解できていないことによるため、自分ではそう簡単には直せません。

　この章では、後者を扱います。ほとんどの項は、用法のルールをできるだけわかりやすく提示することにのみページを割きました。文章を書くときの参考に、また復習に役立てていただければ幸いです。

冠　詞

　日本人が英語を話すときや書くときの最大の問題点のひとつは、冠詞の使い方です。会話ではふつう、あまり気にしませんが（会話では誰も完璧な英語など期待しません）、文章にするとなると、冠詞の間違った使い方のせいで、全体が稚拙に見えかねません。したがって、書きあがった文章で冠詞が正しく使えているかどうか、チェックを怠らないようにする必要があります。

　冠詞についてまず覚えておきたいことは、文中に冠詞が使われていたら、それはこれから名詞が登場するしるしであるということです。もちろん例外もいくつかあり、それについてはのちほど説明します。3種類ある冠詞のうち、aとanは不定冠詞、theは定冠詞と呼ばれます。どれも意味合いは同じですが、使われる状況が異なります。

a

　子音で始まる名詞の前につけます。その時点でまだ特定されていないものや、読み手がまだ知らされていないものについて使われます。aという冠詞が使えるのは、その名詞と同じ種類のものがふたつ以上存在し（つまり、ひとつしか存在しないものや数えられないものには使えません）、そのうちのひとつを読み手に初めて紹介する場合に限られます。

- I would like to ask you *a* question.
  ひとつ質問をさせていただきたいと思います。
  (質問はたくさんあり、これはそのうちのひとつにすぎない)
- Peter works in *a* restaurant.
  ピーターはあるレストランで働いています。
  (レストランは多数あるが、ピーターはそのうちのひとつで働いている)
- I have *a* pet cat.
  わたしは猫を飼っています。
  (猫はたくさんいるが、わたしが飼っているのはそのうちの1匹だけ)

とはいえ、このルールにはわずかながら例外があるので、ご注意ください。子音で始まる名詞でも、その子音が発音されない場合は、aではなくてanが使われるのです。

- It is *an* honor to meet you.
  お目にかかれて光栄です。
- The meeting will be starting in *an* hour.
  あと1時間でミーティングが始まります。

an

aとまったく同じ条件のもとで使われますが、母音（a, e, i, o, u）で始まる名詞のときはanを使います。

- This is *an* apple.
  これはりんごです。
- He is *an* editor for a newspaper.
  彼はある新聞の編集者だ。
- *An* antelope is *an* animal.
  アンテロープは動物です。

でも、このルールにもaの場合と同じように例外があります。a, e, i, o, uで始まる語であっても、それが子音（半母音）として発音されるときは、anではなくaが使われるのです。以下の例をご覧ください。語頭にeやuが来ても、その発音は[j]なので、aが使われています。

- I thought he was from America, but he's *a* European.
  彼はアメリカ出身だと思っていたが、ヨーロッパ人だった。

- He goes to *a* university in Chicago.
  彼はシカゴの大学に通っています。

また、名詞を修飾するために形容詞がつく場合、冠詞はその形容詞の前につき、名詞について説明した上記のルールが、形容詞に適用されます。

- That is *an* ugly dog.
  あれは醜い犬だ。
- That is *a* red apple.
  あれは赤いりんごだ。

the

単数形、複数形の名詞の前に置かれる定冠詞で、それまでに話題にのぼったものや読み手がすでに知っているものについて使われます。ある普通名詞が初めて話題にのぼるときは不定冠詞（aまたはan）が使われるのに対し、その語が2回目、あるいはそれ以降に登場するときは、定冠詞（the）が使われるのです。

- He has *a* cat. *The* cat is five-years old.
  彼は猫を飼っている。その猫は5歳だ。
- This is *an* expensive bag. It is *the* bag that I always use.
  これは高価なバッグです。わたしがいつも使っているバッグです。
- Glenda works in *a* library. *The* library is downtown.
  グレンダは図書館で働いている。その図書館はダウンタウンにある。

前述のように、定冠詞は読み手がそれをすでに知っているときも使われます。読み手がそれを知っているかどうかは、次の点を自問してみることによってわかります。

1）この文章のなかで、その名詞をすでに使っただろうか。
2）以前、その名詞が話題にのぼったことがあっただろうか。
3）その名詞が指すものは、自分にとっても読み手にとっても明らかだろうか。
4）その名詞は、ひとつしか存在しないもの、あるいはひとまとまりでしか存在しないものだろうか。

1と2については、上記で説明したとおりです。3は読み手が常識を働かせれば、当然、何を指しているかがわかるはずのものです。これを見分ける方法は、非常に曖昧なものですが、ふつうは次のような点に基づいています。

① ほとんどの町にあると思われる店や施設。たとえば、郵便局、駅、スーパーマーケットなど。
② わざわざ説明しなくても、その地域の人にはどこを指しているかがわかる身近な場所。たとえば、ビーチ、山、動物園など。
③ まだ話題にはしていないが、読み手がそれについて決定することになっているもの。たとえば、時間、スケジュール、製品など。

実例をあげてみます。

- **I met him at *the* post office.**
  わたしは郵便局で彼に会った。
  (書き手がそのときいた場所の最寄りの郵便局)

- **I went to *the* beach.**
  わたしはビーチに行った。
  (その場所から最も手軽に行けるビーチ)

- **Tell me *the* time you expect to arrive.**
  到着時間を教えてください。
  (時間を決めるのは読み手なので、読み手は当然、それについて知っている)

4は、ひとつしか存在しないものや、複数存在するけれどもひとつのまとまりでしか存在しないものを指します。たとえば、

- **He closed *the* window.**
  彼は窓を閉めた。
  (そのとき開いていた窓はひとつだけ)

- ***The* sky is cloudy.**
  空が曇っている。
  (空はひとつだけ)

- **We visited *the* canals of Amsterdam.**
  わたしたちはアムステルダムの運河を訪れた。
  (アムステルダムには、一群の運河が存在するだけ)

ところが、定冠詞が不要な場合もあります。それは次のような場合です。

1) そのもの全体を意味する不可算名詞の前
   - She doesn't like greasy food.（×the greasy food）
     彼女は脂っこい食べ物が苦手だ。
   - He plays baseball.（×the baseball）
     彼は野球をする。
   - He studies music.（×the music）
     彼は音楽を学んでいる。

2) 言語名の前
   - They speak French.（×the French）
     彼らはフランス語を話す。
   - He writes Japanese.（×the Japanese）
     彼は日本語を書く。
   - They study Spanish.（×the Spanish）
     彼らはスペイン語を勉強している。

3) 国名、都市名、有名な建物や特定の場所の名称の前
   - I live in London.（×the London）
     わたしはロンドンに住んでいます。
   - We visited Japan.（×the Japan）
     わたしたちは日本を訪れた。
   - They work in New York.（×the New York）
     彼らはニューヨークで働いている。
   - She works in Roppongi Hills.（×the Roppongi Hills）
     彼女は六本木ヒルズで働いている。
   - I want to climb Mt. Fuji.（×the Mt. Fuji）
     わたしは富士山に登りたい。

4) 曜日、月、年の前
   - Today is Monday.（×the Monday）
     今日は月曜日だ。
   - My birthday is in February.（×the February）
     わたしは2月生まれだ。
   - He was born in 1981.（×the 1981）
     彼は1981年に生まれた。

5) 食事の名称の前
   - I always have breakfast at seven o'clock.（×the breakfast）
     わたしは毎朝7時に朝食をとる。
   - Have you eaten lunch yet?（×the lunch）

もうお昼を食べた？
- **Would you like to come for dinner?**（✕ the dinner）
  夕食にいらっしゃいませんか。

6) 人名の前
- **This is Jennifer.**（✕ the Jennifer）
  こちらジェニファーです。
- **This is Dr. Markham.**（✕ the Dr. Markham）
  こちらはマーカム博士です。
- **President Bush is the president of the United States.**（✕ the President Bush）
  ブッシュ大統領はアメリカ合衆国の大統領です。

副　詞

　副詞は文章を書くときに適切に使えば、たいへん効果的です。また、ひとつの文を丸ごと費やさなければならないはずのことを、副詞一語で置き換えられる場合もあり、文章全体をコンパクトで読みごたえのあるものにします。日本人は、形容詞はとてもうまく使いこなしているようですが、副詞はほとんど使わなかったり、使ったとしても、間違って形容詞の形で使ったりしているようです。したがって、ここで副詞についてもう一度思い出し、英文を書くときに正しく使えるようにしておくのは、有意義なことでしょう。
　副詞は、動詞や形容詞、ほかの副詞、節や文全体を修飾し、それらにあらたな情報をつけ加えたり限定を加えたりします。このような働きをする副詞の使い方がマスターできれば、文章が見違えるようになるはずです。

■ 動詞を修飾する副詞

　一般に副詞は、動詞について、How（どのように？）、Where（どこで？／どこに？）、When（いつ？）という3つの問いに答えます。あなたが書いているある文について、これらの問いかけができる場合は、副詞を加えることによって、伝えたい情報を表してみましょう。その情報を別の文で表すよりも、全体が引き締まるはずです。この How → Where → When という順序は、副詞をふたつ以上続けて使うときに、非常に重要となりますが、これについてはあとで説明することにします。

(1) How?（どのように？）
　この問いは、動詞の示す行為がどのように行われたかを示します。

- Q: *How* did they eat?　　A: They ate *quickly*.
  問：彼らはどのように食べましたか。　答：彼らは大急ぎで食べました。
- Q: *How* did he read?　　A: He read *slowly*.
  問：彼はどのように読みましたか。　答：彼はゆっくり読みました。
- Q: *How* did she speak?　　A: She spoke *gently*.
  問：彼女はどんなふうに話した。　答：彼女は穏やかに話した。

(2) Where?（どこで？／どこに？）

この問いは、動詞の示す行為がどこで行われたかを示します。

- Q: *Where* did you park your car?   A: I parked my car *there*.
  問：どこに駐車しましたか。   答：あそこに駐車しました。
- Q: *Where* is your wife?   A: My wife is waiting *outside*.
  問：奥様はどこにいらっしゃるの。   答：妻は外で待っています。
- Q: *Where* did I put my bag?   A: I haven't seen it *anywhere*.
  問：バッグをどこに置いたんだっけ。   答：どこにも見かけなかったけど。

(3) When?（いつ？）

この問いは、動詞の示す行為がいつ行われたかを示します。

- Q: *When* will I see you?   A: You will see me *tomorrow*.
  問：いつ会えますか。   答：明日、会えるでしょう。
- Q: *When* should we leave?   A: We should leave *now*.
  問：いつここを出る？   答：いますぐ出よう。
- A: *When* did you realize that?   A: I realized it *suddenly*.
  問：いつ気がつきましたか。   答：突然、気がつきました。

前述のように、このHow、Where、Whenの順序は、しっかり覚える必要があります。というのは、ひとつの文のなかに、この3タイプの問いの答えとなる副詞がすべて含まれることもあり、そのときは必ずこの順序に並べなければならないからです。以下に、正しい順序と間違った順序の例をあげてみました。

- ○ He eats *greedily here frequently*.
- × He eats *frequently greedily here*.
  彼はたびたび、ここでがつがつ食べる。
- ○ We ate lunch *swiftly there yesterday*.
- × We ate lunch *there yesterday swiftly*.
  わたしたちは昨日、あそこでランチを急いで食べた。
- ○ She will arrive *promptly here tomorrow*.
- × She will arrive *tomorrow promptly here*.
  彼女は明日、遅れずにここに到着するでしょう。

■ 形容詞を修飾する副詞

　副詞が形容詞の直前に置かれるとき、その副詞は How? という問いに答え、その形容詞によって示されていることの程度がどのぐらいなのかを表します。

- The new design is attractive. ➡ The new design is *very* attractive.
  その新しいデザインは魅力的だ。➡ その新しいデザインは非常に魅力的だ。
- Yesterday was a hot day. ➡ Yesterday was an *incredibly* hot day.
  きのうは暑い日だった。➡ きのうは信じられないほど暑い日だった。
- Helen told me a funny story. ➡ Helen told me a *really* funny story.
  ヘレンはおもしろい話をしてくれた。➡ ヘレンは本当におもしろい話をしてくれた。

　英語には論理で割り切れないことがたくさんありますが、そのひとつとして、否定的な意味の副詞を肯定的な意味の形容詞とともに使うと、なぜか肯定的な意味になるという、不思議な習慣があります。たとえば terribly や awfully という副詞は、否定的な形容詞の前に置かれたときは否定的な意味ですが、肯定的な形容詞の前に置かれると、肯定的な意味を持つようになります。

- 否定的： This book is *terribly* boring.
  この本はひどく退屈だ。
  肯定的： This book is *terribly* interesting.
  この本はすごくおもしろい。
- 否定的： Her clothes are *awfully* plain.
  彼女の服装はおそろしく地味だ。
  肯定的： Her clothes are *awfully* fashionable.
  彼女の服装はすばらしくおしゃれだ。
- 否定的： The air fare was *ridiculously* expensive.
  航空運賃はばかばかしいほど高い。
  肯定的： The air fare was *ridiculously* cheap.
  航空運賃は桁外れに安い。

■ 副詞を修飾する副詞

　副詞をふたつ続けて使うことも可能です。その場合は、最初の副詞がふたつめの副詞に情報をつけ加え、形容詞を修飾した場合と同じように、ふたつめの副詞の程度がどのぐらいなのかを読み手に伝えます。最初の副詞の選び方によって、ふたつめの副詞の程度を調節することができ、できるだけ正確にメッセージを伝えることができますから、文章を書くときにこれが使いこなせればとても便利です。以下の文は、下にいくほどふたつめの副詞の程度が増していきます。

「彼は……いやいやレポートを書いた」

He wrote the report reluctantly.

（弱い）
- He wrote the report *somewhat* reluctantly.
- He wrote the report *quite* reluctantly.
- He wrote the report *rather* reluctantly.
- He wrote the report *so* reluctantly.
- He wrote the report *very* reluctantly.
- He wrote the report *really* reluctantly.
- He wrote the report *extremely* reluctantly.
- He wrote the report *amazingly* reluctantly.
- He wrote the report *incredibly* reluctantly.
- He wrote the report *extraordinarily* reluctantly.
- He wrote the report *unbelievably* reluctantly.

（最強）

ふたつめの副詞の程度

■副詞の比較変化

形容詞と同じように副詞も、原形（原級）を比較級、最上級に変化させることによって、比較を表すことができます。いくつか例をあげてみましょう。

原　級	比較級	最上級
soon	sooner	soonest
fast	faster	fastest
early	earlier	earliest
swiftly	more swiftly	most swiftly
amazingly	more amazingly	most amazingly

- The order was delivered *sooner* than we expected.
  注文品は思っていたより早く配達された。
- The previous model was *fast*, but the new model is *faster*.
  前の機種は速かったが、新しい機種はもっと速い。
- The engineer repaired the defect *most skillfully*.
  エンジニアはその欠陥をきわめて巧みに修理した。

動名詞と不定詞

　動名詞（動詞の原形＋-ing）と不定詞（to＋動詞の原形）は、どちらも文のなかで名詞の働きをすることができます。一見すると、書き手はある動詞を動名詞にして使うか不定詞にして使うか、自由に選べるかのように思えますが、実際はそうではありません。それなのに、好きなほうを選べばいいと思ってしまうために、たびたび間違って使われる結果になるのでしょう。

■ 「動詞＋動名詞」の場合

　動名詞は一般に、他動詞とともに用いられます。動詞がふたつ連続して使われ、あとのほうの動詞が -ing の形になるのです。他動詞のなかには、決して不定詞とともには使われないものがありますから、それを覚えておくと、間違えずにすむでしょう。以下にいくつか例をあげておきます。

　○ We *considered delaying* the meeting.
　× We *considered to delay* the meeting.
　　わたしたちはミーティングを遅らせようかと考えた。

　○ The procedure *involves deleting* all old software.
　× The procedure *involves to delete* all old software.
　　その手順には古いソフトウェアをすべて削除することが含まれる。

　○ He *mentioned playing* soccer on Saturday.
　× He *mentioned to play* soccer on Saturday.
　　彼は土曜日にサッカーをすると言った。

　○ I *suggest examining* all of the details.
　× I *suggest to examine* all of the details.
　　わたしは詳細をすべて調べることを提案します。

　また、動名詞は前置詞のすぐあとに使われますが、不定詞が前置詞のすぐあとに来ることはありません。以下は〈前置詞＋動名詞〉の例です。

　● Can you drink a whole bottle of wine *without getting* drunk?
　　酔わずにワインを丸々１本飲めますか。

- She was reprimanded *for arriving* late.
  彼女は遅刻したことをとがめられた。
- She saved a lot of money *by working* overtime.
  彼女は残業して多額のお金を蓄えた。
- A computer is a wonderful tool *for saving* time.
  コンピュータは時間節約のためのすばらしい道具だ。

■ 「動詞＋不定詞」の場合

どのような動詞のあとに不定詞が来るかについては、動名詞よりさらに曖昧です。

○ I can't *wait to see* his presentation.
× I can't *wait seeing* his presentation.
彼のプレゼンテーションが待ち遠しくてならない。

○ We *agreed to run* in the Hawaii Marathon.
× We *agreed running* in the Hawaii Marathon.
わたしたちはハワイ・マラソンで走ることに同意した。

○ His calculations *seem to be* in order.
× His calculations *seem being* in order.
彼の計算は正しく見える。

○ His claim *failed to impress* the audience.
× His claim *failed impressing* the audience.
彼の主張は聴衆に感銘を与えることができなかった。

また、動名詞だけでなく不定詞でも、他動詞とともに使われるものがあります。これは覚えるしかありません。不定詞とのみ使われる他動詞のおもなものをあげてみました。

[後ろに不定詞が来るおもな動詞]

afford	arrange	beg
claim	demand	deserve
learn	manage	neglect
need	offer	plan
prepare	pretend	refuse
threaten	want	wish

○ We *need to buy* some more paper for the printer.
× We *need buying* some more paper for the printer.
わたしたちはプリンタの用紙をもう少し買わなければなりません。

○ We cannot *afford to delay*.
× We cannot *afford delaying*.
わたしたちは遅れるわけにはいかない。

○ She does not *deserve to get* the job.
× She does not *deserve getting* the job.
彼女はその職を得るに値しない。

不定詞について確実にいえることのひとつとして、人称代名詞や人名を示す目的語のあとには必ず、動名詞ではなく不定詞が来るということがあげられます。以下はその例です。

○ I *asked her to contact* our supplier.
× I *asked her contacting* our supplier.
わたしは彼女に仕入先と連絡を取るよう頼んだ。

○ I think the quality will *convince you to purchase* this model.
× I think the quality will *convince you purchasing* this model.
この品質なら、あなたにこのモデルを買おうと決心していただけるでしょう。

○ The company has *hired John to work* in the accounts department.
× The company has *hired John working* in the accounts department.
その会社はジョンを経理部勤務で雇った。

○ You had better *remind him to check* his sources.
× You had better *remind him checking* his sources.
出典を調べるよう彼に念を押したほうがいい。

■ 「動詞＋[動名詞/不定詞]」の場合

以下の動詞のあとには動名詞と不定詞のどちらも来ることができ、目的語となります。

| like | love | begin | start | continue |

- I like playing tennis.
= I like to play tennis.
  私はテニスをするのが好きです。
- It started raining.
= It started to rain.
  雨が降り始めた。

ただし、次の動詞はあとに来るのが動名詞か不定詞かによって、意味が異なるので注意が必要です。

| remember | forget | regret | try | want | need |

- I'll never forget seeing her.
  彼女に会ったことをわたしは決して忘れないだろう。
- Don't forget to see her.
  彼女に会うことを忘れないでください。

また、文中に to と動詞が続けて使われているときには、〈前置詞 to ＋動名詞〉の場合と〈動詞＋不定詞〉〈助動詞＋不定詞〉の場合がありますから、混同しないようにしましょう。

- He went back to eating his lunch. 〔前置詞 to ＋動名詞〕
  彼はまた昼食を食べだした。
- I want to go to the baseball game. 〔動詞＋不定詞〕
  わたしは野球の試合に行きたい。
- I used to play tennis regularly. 〔助動詞＋不定詞〕
  わたしは以前よくテニスをしたものです。

代名詞

　代名詞がどんなものであるかは誰にでも容易に理解できますが、複雑な文のなかで間違って使われているのをよく見かけます。それは、ルールがきちんと理解できていないからです。ここでは、自信のないときにいつでも参考にできるように、そのルールを簡略に説明します。

■ 人称代名詞

　代名詞とは、名詞の代わりに使われる語です。代名詞を使えば、同じ名詞を何度も繰り返さずにすみます。その効果は次の2文を比べればよくわかるでしょう。

〈代名詞を使った文〉
- Peter has decided that *he* wants to buy a new computer because *his* current computer has too little capacity for *him*.
  ピーターは新しいコンピュータを買うことに決めた。いま使っているコンピュータは容量が小さすぎるからだ。

〈代名詞を使用しなかった文〉
- Peter has decided that *Peter* wants to buy a new computer because *Peter's* current computer has too little capacity for *Peter*.

(1) 人称代名詞の種類

　代名詞が使われていないふたつめの文は、間が抜けて見えますね。それに、だらだらしています。ところで、最初の文には、he、his、him という3つの形の代名詞が使われていることにご注意ください。どれも代名詞ではありますが、それぞれに独自の役割があるのです。

主格代名詞／目的格代名詞

　主格代名詞は、主語や補語となる名詞の代わりに使われます。目的格代名詞は、直接目的語や間接目的語、前置詞の目的語の代わりに使われます。

主格代名詞	I	you	he	she	it	we	they
目的格代名詞	me	you	him	her	it	us	them

- *I* gave *him* a new pencil.〔I は主語、him は目的語〕
  わたしは彼に新しい鉛筆をあげた。
- *He* is going to buy *us* lunch.〔he は主語、us は目的語〕
  彼はわたしたちに昼食をおごってくれるつもりだ。
- *She* sent *me* the new contract by mail.
  〔she は主語、me は目的語〕
  彼女はわたしに新しい契約書を郵送してきた。

所有格代名詞

所有代名詞は、名詞の所有格の代わりに使われます。所有格代名詞のなかでも mine、yours、hers、ours、theirs はそれだけで名詞の役割をします。つまり、このあとに名詞が続くことはないので、注意してください。

- Is this *your* bag or *my* bag?
  ➡ Is this *your* bag or *mine*? / Is this *yours* or *mine*?
  これはあなたのバッグですか、わたしのバッグですか?
  これはあなたのバッグですか、わたしのですか?/これはあなたのですか、わたしのですか?
- This isn't *your* bag, it's *my* bag.
  ➡ This isn't *your* bag, it's *mine*. / This isn't *yours*, it's *mine*.
  これはあなたのバッグではなく、わたしのバッグです。
  これはあなたのバックではなく、わたしのです。/これはあなたのではなく、わたしのです。

(2) 人称代名詞の使い方

人称代名詞は文のどこに置かれるかによって、使われ方が異なります。その用法には次の7つがあります。

① 文の主語

- Peter visited my office.
  ピーターはわたしのオフィスを訪れた。
  ➡ *He* visited my office.
  彼はわたしのオフィスを訪れた。
- Belinda came with him.
  ベリンダは彼と一緒にやって来た。
  ➡ *She* came with him.
  彼女は彼と一緒にやって来た。
- The people in my section gave me a birthday present.
  課の同僚たちがわたしに誕生日のプレゼントをくれた。
  ➡ *They* gave me a birthday present.
  彼らがわたしに誕生日のプレゼントをくれた。

② 文の補語

- The person who broke the printer was Peter.
  プリンタを壊したのはピーターだった。
  ➡ The person who broke the printer was *he*.
  プリンタを壊したのは彼だった。
- Peter's boss is Belinda.
  ピーターの上司はベリンダだ。
  ➡ Peter's boss is *she*.
  ピーターの上司は彼女だ。

③ 動詞の直接目的語

- Peter gave Belinda the sales report.
  ピーターはベリンダに売上報告書を渡した。
  ➡ Peter gave *her* the sales report.
  ピーターは彼女に売上報告書を渡した。
- I saw Peter at the baseball stadium.
  わたしは野球場でピーターを見かけた。
  ➡ I saw *him* at the baseball stadium.
  わたしは野球場で彼を見かけた。
- Belinda met Jennifer at eight o'clock.
  ベリンダは8時にジェニファーと会った。
  ➡ Belinda met *her* at eight o'clock.
  ベリンダは8時に彼女と会った。

④ 動詞の間接目的語

- I am going to give the staff a speech on environmental conservation.
  わたしは環境保全について職員たちにスピーチをするつもりだ。
  ➡ I am going to give *them* a speech on environmental conservation.
  わたしは環境保全について彼らにスピーチをするつもりだ。
- He is working hard to buy his wife a new car.
  彼は妻に新しい車を買ってやるためにせっせと働いた。
  ➡ He is working hard to buy *her* a new car.
  彼は彼女に新しい車を買ってやるためにせっせと働いた。
- The boss is teaching the new recruit our sales system.
  上司は新入社員にわが社の販売システムを教えている。
  ➡ The boss is teaching *him* our sales system.
  上司は彼にわが社の販売システムを教えている。

⑤ 前置詞の目的語

- The book fell from the bookcase onto the floor.
  本が書棚から床に落ちた。
  - ➡ The book fell from the bookcase onto *it*.
    本が書棚からその上に落ちた。
- Peter explained his idea to Belinda.
  ピーターは自分の考えをベリンダに説明した。
  - ➡ Peter explained his idea to *her*.
    ピーターは自分の考えを彼女に説明した。
- Belinda swept the floor around Peter.
  ベリンダはピーターのまわりの床を掃いた。
  - ➡ Belinda swept the floor around *him*.
    ベリンダは彼のまわりの床を掃いた。

⑥ 同格

- Our sales staff, Peter and Belinda, visited the client.
  わが社の営業部員であるピーターとベリンダは、顧客を訪問した。
  - ➡ Our sales staff, *he* and *she*, visited the client.
    わが社の営業部員、すなわち彼と彼女は、顧客を訪問した。
- Don't forget to tell the people in charge, Peter and Belinda.
  担当者のピーターとベリンダに伝えるのを忘れずに。
  - ➡ Don't forget to tell the people in charge, *him* and *her*.
    担当者、つまり彼と彼女に伝えるのを忘れずに。

⑦ 所有格

- This is Peter and Belinda's office.
  これはピーターとベリンダのオフィスです。
  - ➡ This is *their* office.
    これは彼らのオフィスです。
- Peter's office is in the main building.
  ピーターのオフィスは本館にあります。
  - ➡ *His* office is in the main building.
    彼のオフィスは本館にあります。

(3) 人称代名詞の単数形と複数形

現在形の動詞と同じように、主語や目的語として使われる代名詞も人称や数に応じて変化します。つまり、文の主語や目的語が単数か複数かによって、それぞれ異なる代名詞を使わなければなりません。

人称	格	単数	複数
1人称	主格	I	we
	目的格	me	us
	所有格	my	our
	所有代名詞	mine	ours
2人称	主格	you	you
	目的格	you	you
	所有格	your	your
	所有代名詞	yours	yours
3人称	主語	he, she, it	they
	目的語	him, her, it	them
	所有格	his, her, its	their
	所有代名詞	his, hers, its	theirs

1人称は話し手、2人称は話しかけられている相手、3人称は話題となっている人やものを指します。以下の例文で（　）のなかの数字は人称を示しています。(1人称 = 1st、2人称 = 2nd、3人称 = 3rd)

- *He* (3rd) delivered *my* (1st) new television.
  彼はわたしの新しいテレビを配達してくれた。
- *I* (1st) want *you* (2nd) to contact *him* (3rd) about *my* (1st) lecture.
  あなたにはわたしの講義のことで彼と連絡を取っていただきたい。
- *They* (3rd) asked *me* (1st) to get *you* (2nd) to sign this report.
  あなたにこのレポートに署名させるようにと、彼らはわたしに頼んだ。

■ 指示代名詞

　指示代名詞は特定の人、動物、もの、概念を指すのに使われます。指示代名詞は2種類しかありませんが、それぞれに単数形と複数形があるので、合計で4つになります。

	単数：	this that	複数：	these those

　thisとtheseは、近くにいる（ある）特定の人、動物、もの、概念を指します。名詞を伴うこともあれば、伴わないこともあります。書き言葉では、実際にそれが見えるわけではないので、thisとtheseをつけることはめったにありません。

- **Do you have *this* (suit) in a larger size?**
  これ（このスーツ）のもっと大きなサイズはありますか。
- **Do *these* (books) need to be put in the meeting room?**
  これら（これらの本）は会議室に置く必要がありますか。

　thatとthoseは、離れてはいるけれど見えるところにある特定の人、動物、もの、概念を指します。これらもまた、名詞を伴うこともあれば、伴わないこともあります。書き言葉では、実際にそれが見えるわけではないので、ほとんど使われません。ただし、ある条件のもとではよく使われます。たとえば、以下のように、文章のなかですでにそれが話題にされている場合です。

そのことが最初に話題にされた文：
　My boss has been circulating <u>a memo</u> on lateness.
　　わたしの上司は遅刻についての回覧をまわしている。

ひき続きそのことが話題にされた文：
　<u>*That* memo</u> has been to every office in the company.
　　その回覧は社内の全部署に宛てられた。

そのことが最初に話題にされた文：
> We have <u>three new employees</u> in my section.
> わたしの課には新入社員が3人いる。

引き続きそのことが話題にされた文：
> ***These*** **three kids** are straight out of college.
> この3人は大学を卒業したばかりだ。

　thatとthoseは、目に見えないけれど読み手がよく知っているものにも使います。

- I'll meet you in *that* restaurant next to the station at twelve o'clock.
  12時に駅の隣りのあのレストランで会いましょう。
- We are going to replace *those* out-of-date computers we use.
  わたしたちは、いま使っているあの古くなったコンピュータを買い換えるつもりだ。
- Are you still seeing *that* girl you told me about?
  前に言っていたあの女の子といまもつきあっているの？

■ 不定代名詞

　不定代名詞は不特定の人、動物、ものなどを指し、それらが実際にいくつあるのか、どのようなものかということには触れません。その種類はかなりたくさんありますが、文章を書くときに非常に役立つので、ぜひ覚えておきましょう。

all	another	any	anybody	anyone
anything	both	each	either	everybody
everyone	everything	few	many	neither
nobody	no one	nothing	one	others
several	some	somebody	someone	something

不定代名詞のなかには、形容詞として使われるものもあります（all、any、both、each、few、one、several、some など）。代名詞と形容詞との違いは、そこに名詞が使われているかどうかで見分けます。もしその語のすぐあとに名詞が続けば、それは形容詞です。不定代名詞が名詞とともに使われることは決してありません。

- ***Nobody** in my company received a bonus this year.*
  わたしの会社では今年、誰もボーナスをもらわなかった。
- *Our new manager thinks he can do **anything**.*
  今度の課長は、自分がなんでもできると思っている。
- ***Many** promised to attend the seminar, but **few** went.*
  多くの人がセミナーに参加すると言っていたが、出席した人はほとんどいなかった。
- *I have finished my work and now have **nothing** to do.*
  仕事が終わっていまは何もすることがない。

■ 疑問代名詞

疑問代名詞は、人やものの所属、属性、性質、目的などをたずねるときに使われます。不定代名詞と同じように、疑問代名詞のなかには形容詞として使われるものがあります（what、which、whose）。これらの語のすぐあとに名詞がある場合は形容詞、ない場合は代名詞です。疑問代名詞は次の5つだけです。

what	which	who	whom	whose

- *The police are investigating **who** did **what** to **whom**.*
  警察は、誰が誰に何をしたのかを調査している。
- ***Which** is the nearest station to your office?*
  あなたのオフィスの最寄りの駅はどちらですか。
- ***Whose** car will you be borrowing?*
  誰の車を借りるの？

■ 強意代名詞

強意代名詞は、要点を読み手にしっかりと伝えるために、名詞やほかの代名詞を強調するときに使われます。強意代名詞にも単数形と複数形があります。

単数形	myself	yourself	himself	herself	itself
複数形	ourselves	yourselves	themselves	themselves	themselves

- I *myself* wouldn't mind staying for another night.
  わたし自身はもう一泊してもかまいません。
- The president *himself* presented the awards to the winners.
  社長自ら、入賞者たちに賞を授けた。
- They contacted the organizer *themselves* to book the tickets.
  彼らはチケットを予約するために主催者本人と連絡を取った。

■ 再帰代名詞

再帰代名詞は強意代名詞と同じですが、名詞や代名詞を強調するためではなく、文の主語自身を指すために用いられます。

- She asked *herself* what she really wanted to do.
  自分は本当は何がしたいのだろうと彼女は自問した。
- Peter made *himself* a hamburger for lunch.
  ピーターは昼食に自分でハンバーガーを作った。
- My wife was busy, so I had to do the shopping *myself*.
  妻は忙しかったので、わたしは自分で買い物をしなければならなかった。

現在分詞と過去分詞

　動詞の現在分詞と過去分詞を形容詞に相当する語句として使うことはよくありますが、このふたつの使い分けについては、英語を外国語として学ぶ人々にとって、しばしば混乱の原因となっています。しかし幸いにも、このような使い方をされる動詞はそうたくさんあるわけではなく、次にあげた20の動詞がそのおもなものです。

amaze	amuse	annoy	astonish	bore
depress	disappoint	disgust	disturb	embarrass
excite	exhaust	frighten	satisfy	shock
surprise	terrify	tire	trouble	worry

　形容詞として、あるいは形容詞的に使われる現在分詞 (動詞の原形＋ing) と過去分詞 (動詞の原形＋ed) の使い分けのルールは次のとおりです。

　現在分詞：主語を描写、説明する
　過去分詞：主語の感情、心情を描写、説明する

　言い換えれば、過去分詞を感情や心情のない無生物主語に用いることはできません。例えば、A book can be interesting. とは言えても、A book can be interested. とは言えません。これは本には感情がないからです。
　一方で、人間のような生物主語に対しては、現在分詞と過去分詞の両方を用いることが可能です。例えば、He is interesting.（現在分詞）と言った場合は、ほかの人が彼をどのように見ているか、ということを表します。これに対して、He is interested.（過去分詞）と言った場合には、彼自身の感情や心情を表すことになるのです。
　以下に、分詞を形容詞的に使用した正しい例と間違った例をあげてみます。

現在分詞

　　○ The movie was *amazing*.
　　× The movie was amazed.
　　　その映画はおもしろかった。

○ It was a good book, but the ending was *disappointing*.
× It was a good book, but the ending was disappointed.
それはいい本だけど、結末にはがっかりしたね。

○ It was *boring* to listen to the same lecture twice.
× It was bored to listen to the same lecture twice.
同じ講義を2度聞くのは退屈だった。

○ I had a very *satisfying* meal in that restaurant last night.
× I had a very satisfied meal in that restaurant last night.
昨夜はそのレストランで満足のいく食事をした。

過去分詞

○ I was *amazed* at how cold it was today.
× I was amazing at how cold it was today.
きょうの寒さには驚いた。

○ She was so *disappointed* to hear of his accident.
× She was so disappointing to hear of his accident.
彼の事故の知らせを聞いて、彼女はとても落胆した。

○ I am *bored* of riding on the same train every day.
× I am boring of riding on the same train every day.
毎日、同じ電車に乗るのは退屈だ。

○ She was very *satisfied* with the new employee's presentation.
× She was very satisfying with the new employee's presentation.
彼女はその新人のプレゼンテーションに非常に満足した。

それでは次に、現在分詞も過去分詞も形容詞的に使われることがある動詞の文例を見てみましょう。

動詞	現在分詞	過去分詞
amaze	It's *amazing* how smart she is. 彼女の賢さは驚きだ。	I'm *amazed* at how smart she is. 彼女の賢さには驚かされる。
amuse	I think comedy shows are *amusing*. 喜劇は面白いと思う。	I am *amused* by comedy shows. わたしは喜劇に興味がある。
annoy	The noise he makes when eating is *annoying*. 彼が食事中にたてる音はうるさい。	I am *annoyed* by the noise he makes when eating. わたしは彼が食事中にたてる音に迷惑している。
astonish	We achieved *astonishing* sales this year. われわれは今年、思いがけない売り上げを達成した。	I am *astonished* at the sales we achieved this year. われわれが今年、達成した売り上げには驚いている。
bore	Her conversation is so *boring*. 彼女の会話はすごく退屈だ。	I am so *bored* with her conversation. 彼女の会話にはうんざりだ。
depress	This weather is really *depressing*. この天気は本当にゆううつだ。	I am really *depressed* by this weather. この天気には本当に気が滅入る。
disappoint	Your speech was a little *disappointing*. 君のスピーチはいまいちだったね	I was a little *disappointed* by your speech. 君のスピーチには少々がっかりさせられたよ。
disgust	That dog is *disgusting*! あの犬は最低だ！	I am *disgusted* by that dog. あの犬にはむかつくよ。
disturb	We had a murder in the neighborhood that was very *disturbing*. 近所で殺人事件があって、とても物騒だ。	I was very *disturbed* by a murder in the neighborhood. 近所で起きた殺人事件で、わたしはとても不安に思っている。
embarrass	He was so drunk it was *embarrassing*. 彼は泥酔していて、見苦しかった。	I was *embarrassed* by how drunk he was. 彼が泥酔していたので、わたしはきまりが悪かった。

動詞	現在分詞	過去分詞
excite	The news of her recent marriage is very *exciting*. 彼女が最近結婚したというニュースはワクワクするものだ。	I was *excited* to hear the news of her recent marriage. わたしは彼女が最近結婚したというニュースを聞いて興奮した。
exhaust	My job is both *interesting* and *exhausting*. わたしの仕事は面白くもあり、疲れもする。	I am both *interested* and *exhausted* by my job. わたしは仕事が面白くもあるし、疲れもする。
frighten	The thought of him becoming the boss is *frightening*. 彼が上司になると考えるのは恐ろしい。	I am *frightened* by the thought of him becoming the boss. 彼が上司になると思うとわたしはゾッとする。
satisfy	It is *satisfying* to know that I will get a pay rise this year. 今年は昇給があるとわかったのは満足できることだ。	I am *satisfied* to know that I will get a pay rise this year. 今年は昇給があるとわかってわたしは満足している。
shock	Her new hairstyle was *shocking*! 彼女の新しいヘアスタイルは衝撃的だった。	I was *shocked* by her new hairstyle. 彼女の新しいヘアスタイルには衝撃を受けた。
surprise	This warm weather is *surprising*. この暖かい天気は驚きだ。	I am *surprised* by this warm weather. この暖かい天気には驚いている。
terrify	The corruption in the government is *terrifying*. 政府の堕落ぶりはひどいものだ。	I am *terrified* by the corruption in the government. 政府の堕落ぶりにはゾッとする。
tire	Babysitting is *tiring*. 子守りは骨が折れる。	I am *tired* of babysitting. 子守りにはうんざりだ。
trouble	Global warming is very *troubling*. 地球温暖化はゆゆしき問題だ。	I am *troubled* by global warming. 地球温暖化には手を焼いている。
worry	My financial situation is *worrying*. わたしの経済的状況は先行き不安だ。	I am *worried* by my financial situation. わたしは自分の経済的状況を心配している。

主語と動詞の一致

　英語のネイティブ・スピーカーが学校で英語を習うときには、名詞だけでなく動詞にも単数形と複数形があると教わります。つまり、たとえばplayという動詞の単数形はplays（-sがつく）、複数形はplay（-sがつかない）と呼ぶのです。これが当てはまるのは、主語が3人単数で動詞が現在形のときだけなので、少しややっこしいですね。とはいえ、本章では説明の都合上、「動詞の単数形」「動詞の複数形」という呼び方をすることにします。つまり、現在形の場合、主語が3人称単数なら動詞も単数形（-sがつく）、3人称複数なら動詞も複数形（-sがつかない）というわけです。

　これを主語と動詞の一致と呼びます。文章を書くときは、常に主語と動詞が一致するように心がけなければなりません。主語と動詞が一致しているかどうか確かめるためのルールを、以下にあげておきます。

① すべての動詞は、主語の人称と数に一致させなければなりません。もしも主語が単数なら動詞も単数形、もしも主語が複数なら動詞も複数形にします。

　　○ My *father drives* a classic car.
　　× My *father drive* a classic car.
　　　　わたしの父はクラシック・カーを運転している。
　　○ *Dogs don't* like cats.
　　× *Dogs doesn't* like cats.
　　　　犬は猫が嫌いだ。
　　○ *I eat* in that restaurant every day.
　　× *I eats* in that restaurant every day.
　　　　わたしは毎日あのレストランで食事をする。

② たとえ主語と動詞のあいだにほかの語（主語を修飾するフレーズや節など）が挿入されていても、動詞は主語と一致させなければなりません。動詞にいちばん近い名詞が主語とは限りませんから、くれぐれも気をつけましょう。

　　● The Japanese *girl* who often works out at a gym near the station *is* very pretty.
　　　　駅のそばのジムでいつもトレーニングしている日本人の女の子はとてもきれいだ。
　　　　　（主語はgirl、動詞はis）

- **The *rules* that must be observed for playing any sport, including baseball and soccer, *are* very detailed and cover every eventuality.**
  野球やサッカーを含め、どんなスポーツでも、守らなければならないルールは詳細にわたり、どんな事態にも対処できるようになっている。
  （主語はrules、動詞はare）

③ ふたつ以上の主語がandで結びつけられている場合、動詞は複数形になります。

- **The *manager* and all *employees go* away to a hot spring every year.**
  課長と課のメンバー全員は毎年、温泉に行く。
- **My *cat* and *dog fight* all the time.**
  わたしの飼っている犬と猫はいつもけんかをしている。

④ ふたつ以上の主語がorやnorで結ばれている場合、動詞は、動詞に近いほうの主語と一致させます。

- **The president or a couple of *directors attend* the meeting every week.**
  社長または2、3人の取締役が毎週、会議に出席している。
- **A couple of directors or the *president attends* the meeting every week.**
  2、3人の取締役または社長が毎週、会議に出席している。

⑤ 集合名詞が使われている場合、主語がグループ全体を指すときは動詞の単数形、主語がグループを構成するひとりひとりを指すときは動詞の複数形を使います。

- **Our *staff is* committed to environmental conservation.**
  わたしたちのスタッフは環境保全に関与している。
  （このstaffはグループ全体を指すので単数扱い→動詞も単数形）
- **Our *staff have* been issued with manuals on environmental conservation.**
  わたしたちのスタッフは環境保全に関するマニュアルを配布された。
  （マニュアルを配られたのはひとりひとり。このstaffはその人たちが複数いることを示すので複数扱い→動詞も複数形）

たとえば、はさみや眼鏡のように、対になったふたつの部分から成るものを示す名詞の場合、ふたつのものをひと組として扱う場合は動詞の単数形、はさみの刃や眼鏡のレンズをひとつひとつ個別に扱う場合は動詞の複数形を用います。

- **These *scissors cut* very well.**
  このはさみはとてもよく切れる。
  （はさみの刃が2枚という考え方→動詞は複数形）
- **A *pair* of scissors *is* in that drawer.**
  はさみが1丁あのひきだしのなかに入っている。
  （はさみの刃は2枚1組という考え方→動詞は単数形）
- **Whose *glasses are* these?**
  これは誰の眼鏡？
  （眼鏡のレンズが2枚という考え方→動詞は複数形）
- **Whose *pair* of glasses *is* this?**
  これは誰の眼鏡？
  （眼鏡のレンズは2枚1組という考え方→動詞は単数形）

⑥ 不定代名詞（p.103～を参照）には、ふつう動詞の単数形が使われますが、例外もあります。したがって不定代名詞を使うときは、それが単数のものを指すのか複数のものを指すのか、決めなければなりません。どんなときでも必ず単数扱いの（したがって動詞の単数形を伴う）不定代名詞は、anybody、anyone、anything、each、either、everybody、everyone、everything、much、neither、nobody、no one、nothing、one、somebody、someone、somethingです。

- ***Each* of the staff *is* responsible for keeping the workplace clean.**
  職員はそれぞれ、職場をきれいにしておく責任があります。
- ***Neither* of my sisters *speaks* French.**
  姉たちはどちらもフランス語が話せません。
- ***Nobody knows* anything about the new system.**
  新システムについては誰も何も知りません。

不定代名詞 all、any、half、more、most、none、some は、それが指しているものの数によって、単数扱いにも複数扱いにもなります。

- *All* of my *clothes are* in this suitcase.
  わたしの服はみなこのスーツケースに入れてあります。
  （名詞clothesは複数形→動詞も複数形）
- *All* of the *attention is* given to my colleague.
  わたしの同僚にすべての注意が注がれている。
  （名詞attentionは単数形→動詞も単数形）

Column
ライティングのためのヒント＃2

肯定文に形容詞がふたつある場合は、bothを使うと文章に変化が出ます。

- His wife is intelligent and beautiful.
- → His wife is <u>both</u> intelligent <u>and</u> beautiful.
  彼の奥さんは聡明で、美しい。
- The weather during our vacation was warm and sunny.
- → The weather during our vacation was <u>both</u> warm <u>and</u> sunny.
  休暇中のお天気は暖かくて、晴れていた。
- I found the book to be informative and interesting.
- → I found the book to be <u>both</u> informative <u>and</u> interesting.
  その本はためにもなるし、おもしろかった。

否定文の中に動詞や形容詞がふたつある場合は、...not...or...を使う代わりに...neither...nor...を使ったほうが素人っぽくなく、自然になります。

- His report does *not* confirm *or* refute global warming.
- → His report <u>neither</u> confirms <u>nor</u> refutes global warming.
  彼の報告は地球温暖化の立証にも反証にもならない。
- My job is *not* interesting *or* well-paid.
- → My job is <u>neither</u> interesting <u>nor</u> well-paid.
  わたしの仕事はおもしろくもないし、給料もよくない。
- I do *not* like *or* enjoy rap music.
- → I <u>neither</u> like <u>nor</u> enjoy rap music.
  わたしはラップ音楽が好きではないし、楽しめない。

文中の数の書き方

文のなかに数が出てくるとき、アルファベットで綴るのではなく、すべて数字を使って表す人は多く、これが容認される場合もありますが、文字で綴ることが要求される場合もあります。文中での数の書き方には次のような約束事があります。

(1) アルファベットで数を書く

この場合のルールにはふたつの流儀があります。

① 1から9までの数はすべてアルファベットで綴り、10以上の数は数字で表します。

- There are *15* students in my class.
  わたしのクラスには生徒が15人います。
- There are *eight* boys in my class.
  わたしのクラスには男の子が8人います。
- I have a total of *72* DVDs in my collection.
  わたしはコレクションとして、全部で72枚のDVDを持っています。
- I bought *three* DVDs yesterday.
  わたしは昨日DVDを3枚買いました。

② 1から99までの数はすべてアルファベットで綴り、100以上の数は数字で表します。

- The computer has more than *120* databases.
  そのコンピュータには120以上のデータベースが入っている。
- I only use about *fifty* databases in my work.
  わたしは仕事で50のデータベースしか使わない。
- His bookcases contain nearly *800* books.
  彼の本棚には800冊近くの本が収められている。
- He has only read *eighty* of his book collection.
  彼は持っている本のうち80冊しか読んでいない。

どちらの流儀を選んでもかまいませんが、わたしの個人的な意見では、2のほうがすっきりとして、プロらしく見えると思います。もちろん、伝言やeメ

ールを書くときは、べつにプロらしく見える必要はありませんが。

[**注意 ①**] もしも文中に数がふたつ以上あり、そのうちのひとつに数字を使う必要があれば、すべての数を数字で書きます。

- ○ There are *15* students in my class and *8* of them are boys.
- × There are *15* students in my class and *eight* of them are boys.
  わたしのクラスには生徒が15人いて、そのうちの8人は男の子です。
- ○ I bought *3* DVDs yesterday, which brings my collection to *72*.
- × I bought *three* DVDs yesterday, which brings my collection to *72*.
  わたしは昨日DVDを3枚買い、これでわたしのコレクションは72枚になりました。

[**注意 ②**] 上記のルールにかかわらず、文頭に数が来るときは、どんな数でもアルファベットで綴らなければなりません。

- ○ *Twenty-eight* people have applied for the seminar.
- × *28* people have applied for the seminar.
  28人がセミナーへの参加を申し込んだ。
- ○ *One hundred and forty-two* employees work in this office.
- × *142* employees work in this office.
  このオフィスでは142名の従業員が働いている。

(2) ハイフン

21から99までの数をアルファベットで綴るときは、ハイフンを使います。

- He didn't graduate from college until he was *twenty-six*.
  彼は26歳になってようやく大学を卒業した。
- My company now has *eighty-four* employees.
  わたしの会社には現在84名の従業員がいる。

(3) 分数

単純な分数はすべて、ハイフンを用いてアルファベットで綴ります。

- He was voted into office with a *two-third* majority.

彼は3分の2の多数決で役職に就くことになった。

- I arrived on time, but she was *three-quarters* of an hour late.
  わたしは定刻に着いたが、彼女は4分の3時間（＝45分）遅れてきた。

帯分数（整数と分数から成る）は数字で表します。ただし、帯分数が文頭に来るときは、アルファベットで綴ります。

- This year's bonus was $6^1/_4$ percent up on last year's.
  今年のボーナスは去年より6と4分の1パーセント（6.25パーセント）上がった。
- *Five and one-third* percent of applicants are married.
  応募者の5と3分の1パーセントは既婚者です。

(4) 1,000以上の数
年号を表すとき以外は、下から3桁ごとにコンマ（,）を打ちます。

○ 1,265　　　　　× 1265

(5) 大きな数
大きな数のときは、可能であれば、数字とアルファベットを混ぜて短く表します。

- $5,000,000　　　➡　　　$5 million
- ¥64,000,000,000　➡　　　¥64 billion
- $42,520,000　　　➡　　　$42.52 million

端数のある数字の場合（たとえば¥54,256,725など）は、数字のままにします。
ひとつの文のなかに数がふたつ以上含まれているときは、表記のしかたをそろえます。

- ○ Sponsors are invited to invest between *$500* and *$5,000,000*.
- × Sponsors are invited to invest between *$500* and *$5 million*.
- ○ Sponsors are invited to invest between *five hundred* and *five million* dollars.
- × Sponsors are invited to invest between *$500* and *five million*

dollars.
出資者は500ドルから500万ドルまでの出資をすることが望まれる。

(6) 小数

小数は数字で表します。ただし、文頭に来るときは、アルファベットで綴ります。

- Sales decreased by *12.6* percent this year.
  今年は売り上げが12.6パーセント落ちた。
- *Two-point-eight* percent has been offered as the pay rise.
  2.8パーセントの昇給がなされた。

[注意 ①] 1未満の数など、小数点の前に数字がないときは、一の位に必ず0をつけます。

〇 0.36　　　× .36

[注意 ②] 小数点以上の数が4桁以上のときは、3桁ごとに必ずコンマを打ちます。

〇 1,352.86　　× 1352.86

[注意 ③] 小数点以下の数に、桁を表すコンマを打つことは決してありません。

〇 22.31765　　× 22.317,65

(7) 年月日

年号の千の位と百の位のあいだにコンマを打つことは決してありません。

〇 I was born in the year *1976*.
× I was born in the year *1,976*.
　　わたしは1976年生まれです。

日付には3種類の書き方があります。どの方法を用いてもかまいませんが、文書全体を通じて同じ書き方で統一するようにしましょう。

- The meeting has been postponed until *June 23*.
- The meeting has been postponed until *23 June*.
- The meeting has been postponed until the *23rd of June*.
  ミーティングは6月23日に延期された。

日付を数字で記すとき、日と月の順はイギリス英語とアメリカ英語で逆になります。イギリス英語では、日、月の順、アメリカ英語では、月、日の順です。

	イギリス英語	アメリカ英語
December 25th 2007: （2007年12月25日）	25/12/07 25-12-07	12/25/07 12-25-07

年は、4桁で書くことも、略して下2桁で書くこともできます。つまり、上の場合なら、イギリス英語では25/12/07または25/12/2007、アメリカ英語では12/25/07または12/25/2007となります。

文中で、年を略して下2桁で書くときは、その前にアポストロフィをつけます。

- ○ The presentation is scheduled to take place on May 30 *'07*.
- × The presentation is scheduled to take place on May 30 *07*.
  プレゼンテーションは2007年5月30日に予定されています。

(8) 年代

年代は、数字で書いてもアルファベットで書いてもかまいません。

- I changed jobs three times in the *1990s*.
- I changed jobs three times in the *nineteen-nineties*.
  わたしは1990年代に3回職を変えた。

年代は、千の位と百の位を省略することもできます。数字を用いるときは、その前にアポストロフィをつけます。

- He was a famous singer back in the *'60s*.
- He was a famous singer back in the *sixties*.
  彼は60年代には有名な歌手だった。

年代を表す数字につけるsは、複数形のsなのですから、その前にアポストロフィはつけないように。

○ 1980s　　　× 1980's

(9) 世紀

世紀を表す数は、文中ではアルファベットで綴ります。

- I collect *nineteenth century* antiques.
  わたしは19世紀のアンティークを集めています。
- The beginning of the *twenty-first century* has shown many advances in technology.
  21世紀の初めは、テクノロジーのさまざまな発展を見せている。

世紀をタイトルや見出しのなかで表記するときは、数字と「……番目の」を示す2字（-st, -nd, -rd, -th）を組み合わせて書くことがあります。

- Leading us into the *21st Century*!
  われらを21世紀へ！
- A History of *18th Century* Europe
  18世紀ヨーロッパの歴史

Rules of Punctuation

3 パンクチュエーション・ルール

英文を書くときは、パンクチュエーション（句読法）がたいへん重要です。正しいパンクチュエーションが上手な文章と下手な文章とを分ける、といっても過言ではありません。もしもあなたの書いた文章が、スタイルやバランスや文法の点では完璧だったとしても、パンクチュエーションが正しくなければ台無しになってしまうでしょう。ひとくちにパンクチュエーションといっても、スタイルはいろいろありますが、ひとつの文書の中ではスタイルを統一することが大切です。

本書では、英文を書くとき参照しやすいように、パンクチュエーションのルールをできるだけシンプルにまとめました。もっと詳しく知りたいときは、パンクチュエーションのルールブックを参考にするといいでしょう。

■ 大文字の使用

① 文頭の語は必ず大文字で始めます。

- It was very nice meeting you the other day. The information you provided me with was invaluable. I hope we get the chance to meet up again in the near future.
  先日はお目にかかれてたいへんうれしかったです。あなたが教えてくださったことは、とても役立ちました。近いうちにまたお目にかかることができればと願っています。

② 文の途中であっても、引用文の最初の文字は大文字にします。

- The boss said, "Never be late again."
  上司は言った。「二度と遅刻しないように」
- I was surprised when Peter said, "Don't worry, I'll pay."
  ピーターが「心配するな、僕がおごるから」と言ったとき、わたしは驚いた。

③ 固有名詞はすべて大文字で始めます。

- I'll meet you at the base of the Tokyo Tower.
  東京タワーの下で会いましょう。
- He works for the Department of Transport.
  彼は運輸部で働いている。

④ 地位や職位は、肩書きとして人名の前についているときだけ大文字で始めます。単にその人の地位や職位を示す説明として使われているときは、大文字にはしません。

- I was introduced to Professor Flynn during the meeting. The professor told me he was thinking of retiring.
  わたしは会議でフリン教授に紹介された。教授は退職を考えているとわたしに言った。
- I had an appointment with President Tanaka at three o'clock. Unfortunately, the president forgot the appointment and was not available.
  わたしは3時に田中社長と会う約束をした。しかし残念なことに社長が約束を忘れたため、会えなかった。

⑤ 住所や、手紙の署名で名前のあとに肩書きをつけるときは大文字で始めます。

- P.G. Software Inc. P. G. ソフトウェア社
  2753 Mulberry Avenue マルベリー通り2753番地
  St. Antonio, TX. テキサス州サン・アントニオ
  Mr. G. Grimsby, President 代表取締役社長G. グリムズビー殿

- Yours sincerely, 敬具
  Peter Hamilton, Chairman ピーター・ハミルトン（会長）

⑥ 相手への呼びかけとして使うときは、常に肩書きを大文字で始めます。

- Thank you for seeing me at such short notice, Doctor.
  突然だったにもかかわらず会ってくださり、先生、ありがとうございました。
- I agree with everything you say, Professor.
  先生、おっしゃることすべてに賛成します。

⑦ 方位を示す語が特定の地域を指すときは、最初の文字を大文字にします。た

だし、一般的な方位を示すときは大文字にしません。

- I live in London now, but my family lives in the North.
  わたしはいまロンドンに住んでいますが、家族は（イングランド）北部に住んでいます。
- We followed the highway north for about 200km.
  わたしたちは幹線道路を北に200キロほど走った。

⑧ 本のタイトルは、冠詞、接続詞、前置詞を除き、すべての語を大文字で始めます。ただし、冠詞、接続詞、前置詞であっても、タイトルの最初に来たときは大文字で始めます。

- *A Tale of Two Cities*　　『二都物語』
- *For Whom the Bell Tolls*　　『誰がために鐘は鳴る』

■ ピリオド

① 平叙文（書き手があることについて述べる文、つまり疑問文以外の文）の末尾には、すべてピリオド（.）を打ちます。

- I will send you the documents by express mail.
  速達で書類をお送りします。
- I look forward to seeing you on Monday.
  月曜日にお目にかかれるのを楽しみにしています。

② 文末に略語や頭字語が来た場合、ピリオドはひとつです。さらにピリオドをつけてはなりません。

- I'll call you tomorrow at four p.m.
  明日4時に電話します。
- He has an excellent job with ABC Inc.
  彼はABC社ですばらしい職に就いている。

③ 間接疑問文の末尾には必ずピリオドをつけます。

- He asked me where the elevators were.
  エレベーターはどこかと彼はわたしにたずねた。

- She wants to know who was nominated for the job.
  その任務に誰が推薦されたのか、彼女は知りたがっている。

■ コンマ

① 互いに関連する3つかそれ以上の語を並べるときは、あいだにコンマ（,）を打って区切ります。

- My drawer contains paper, pens, a stapler, and my mobile phone.
  わたしのひきだしには、紙、ペン、ホッチキス、携帯電話がしまってあります。
- During our vacation we visited England, France, Germany, and Austria.
  わたしたちは休暇中、イギリス、フランス、ドイツ、オーストリアに行きました。

② 形容詞がふたつ以上続くときは、あいだにandが使える場合に限り、コンマが使えます。

- He has a very beautiful, intelligent wife.
  彼には美しく知的な妻がいる。
- It was a very tiring, time-consuming job.
  それは非常に疲れる、時間のかかる仕事だった。
- I like people who have a bright, happy, optimistic outlook.
  わたしは、明るく楽しげで楽天的な態度の人が好きだ。
- My boss is a miserable, lazy, bad-tempered man.
  わたしの上司は、怠け者で癇癪持ちの、救いようのない人だ。

andでつなぐことのできない形容詞のあいだには、コンマを使うことができません。たとえば、We stayed at a very expensive and coastal hotel. とか I bought a shiny and new and wooden desk. ということはできません。ですから、これらの形容詞のあいだにコンマを打つことはできず、正しくは次のようになります。

- We stayed at a very expensive coastal hotel.
  わたしたちはとても宿泊費の高い海辺のホテルに滞在しました。
- I bought a shiny new wooden desk.
  わたしはつやつやした新しい木製のデスクを買った。

③ 地位や職位を、ある人の肩書きとしてではなく説明として書く場合は、人名とのあいだにコンマを打ちます。

- **I'll ask my wife, Patricia, about the bargain sale when I get home.**
  家に帰ったら、バーゲンセールのことを妻のパトリシアにきいてみます。
- **Mr. Howard, the manager, will call you back later today.**
  課長のハワードが本日、のちほど折り返しお電話いたします。

④ 日付に年号も入れて書くときは、あいだにコンマを打ちます。

- **The conference was held on June 14th, 2006, in New York.**
  会議は 2006 年 6 月 14 日にニューヨークで開かれた。
- **We are planning to get married on September 8th, 2008.**
  わたしたちは 2008 年 9 月 8 日に結婚する予定です。

具体的な日付がない場合は、コンマは不要であることに注意。

- **The conference was held in June 2006 in New York.**
  会議は 2006 年 6 月にニューヨークで開かれた。
- **We are planning to get married in September 2008.**
  わたしたちは 2008 年 9 月に結婚する予定です。

⑤ 住所の異なる要素のあいだにはコンマを打ちます。

- **I have lived in Tokyo, Japan, for many years.**
  わたしは日本の東京に長年住んでいます。
- **My address is 123 ... Chiyoda-ku, Tokyo, Japan.**
  わたしの住所は日本の東京都千代田区……123 号です。

⑥ 文の主となる部分と挿入部分とのあいだにはコンマを打ちます。

- **I am, as you already know, planning to be at the conference.**
  わたしは、ご存じのように、会議に出席する予定です。
- **Peter has, according to Julia, decided to quit the company.**
  ピーターは、ジュリアによれば、会社をやめる決心をした。

⑦ 従節（if、when、whether などで始まる節）が前半に来る文では、節の区切りにコンマを打ちます。

- **If you haven't decided yet, let me know later.**
  もしもまだ決めていないなら、あとで教えてください。
- **When you visit the accounts manager, could you tell him I want to speak to him?**
  経理課長のところに行ったら、話があると伝えてくださいませんか。

主節が前半に来る文では、コンマは不要です。

- **Let me know when you have decided.**
  あなたが決めたら知らせてください。
- **Could you tell the accounts manager that I want to speak to him when you visit him?**
  経理課長のところに行ったら、話があると伝えてくださいませんか。

⑧ 接続詞でつながれたふたつの節で、前半の節が4語より長いときは、接続詞の前にコンマを打って区切ります。

- **We finished preparing for the meeting just before midnight, but the last train had already left.**
  午前零時直前にわたしたちは会議の準備を終えたが、終電はもう発車してしまっていた。
- **I have always wanted the chance to see him live in concert, and my dream finally came true.**
  これまでいつも彼を生のコンサートで見たいと思っていたが、ついに夢がかなった。

前半が3語以下の短い節なら、コンマは必要ありません。

- **He is Japanese and I am American.**
  彼は日本人、わたしはアメリカ人です。
- **I went but he didn't.**
  わたしは行ったが彼は行かなかった。

⑨ 会話文そのものが引用されているときは、その直前にコンマを打ちます。

- We were just leaving home when he said, "I don't feel well."
  わたしたちが出かけようとしたちょうどそのとき、彼は言った。「具合が悪い」
- I wanted to record the conversation, but he said, "No."
  わたしは会話を録音したかったが、彼は「だめだ」と言った。

会話文が地の文でふたつに分けられているときは、最初の部分の直後にコンマを打ちます。

- "Why," I asked, "did you not finish your homework?"
  「どうして」とわたしはたずねた。「あなたは宿題を終わらせなかったの?」
- "Whoever marries him," she said, "is a very lucky woman."
  「彼と結婚する人は誰であれ」と彼女は言った。「すごく運のいい女性だわ」

⑩ 引用文が主文の一部として使われている場合は、コンマは使いません。

- One of my favorite sayings is "Simple is Best."
  わたしの好きな言葉のひとつに「シンプル・イズ・ベスト」がある。
- I think the quotation "When I want to read a book I write one" by Disraeli is wonderful.
  ディズレイリの言葉「本が読みたいときは自分で書く」はすばらしいと思う。

⑪ 付加疑問文では、疑問形の部分の前にコンマを打ちます。

- You will be at the party, won't you?
  パーティーにいらっしゃいますよね?
- You received the express mail I sent, didn't you?
  お送りした速達便、受け取りましたよね?

⑫ 対比されている部分の前には、コンマを打って文を区切ります。

- That is my pen, not yours.
  あれはわたしのペンであって、あなたのではありません。
- We went to Guam, not Hawaii.
  わたしたちはハワイではなく、グアムに行きました。

⑬ well、now、yes、so など、前置きの語のあとにはコンマを打ちます。

- Well, that is a good idea.
  そうだな、それはいい考えだ。
- Yes, I am feeling very happy.
  ええ、すごく満足しているんです。

⑭ however や therefore などの挿入語の前後にはコンマを打ちます。

- I would, therefore, appreciate hearing from you soon.
  したがって、近いうちにご連絡いただければありがたく存じます。
- I won't, however, be able to meet you at the airport.
  とはいえ、空港に迎えに行くことはできません。

■ 疑問符（クエスチョン・マーク）

① 疑問文のあとには疑問符（?）をつけます。

- Would you mind giving a lecture during the seminar?
  セミナーで講義をしてくださいませんか。
- Can I rely on your support?
  あなたの支援を頼りにしていいですか。

② 付加疑問文の最後には疑問符をつけます。

- You are qualified, aren't you?
  あなたには資格がありますね?
- You will let me know your travel plans before you depart, won't you?
  出発前にあなたの旅行日程を知らせてくれますね?

■ 感嘆符（エクスクラメーション・マーク）

喜びや驚きや怒りを表すときには、感嘆符（!）をつけます。[1]

---

[1] 感嘆符はeメールなど会話調の文章ではよく使われますが、そのほかの場合（とくにフォーマルなビジネス・レターなど）では、できるだけ使わないようにしましょう。

- **The view was so beautiful!**
  その眺めのすばらしかったこと！
- **I couldn't believe what he said!**
  わたしは彼の言ったことが信じられなかった！
- **How dare you ask me such a question!**
  よくもそんな質問ができるものだな！

■ コロン

① 具体的にひとつひとつのものを列挙する前に、「すなわち」「たとえば」などの意味でコロン（：）を使います。

- **Make sure you bring appropriate clothing for the climate: warm sweaters, thick coat, gloves, etc.**
  気候にあった衣類を持ってくるようにしてください。たとえば暖かいセーター、厚手のコート、手袋など。
- **I need an assistant who is capable of various tasks: data input, file management, procurement and inventory control.**
  わたしはさまざまな仕事、すなわちデータ入力、ファイル管理、備品の調達、在庫管理ができるアシスタントを必要としています。

② 文のあとに個条書きをするときは、文末にコロンを用います。

- **Make sure you bring the following clothing:**
  (1) Warm sweaters
  (2) Thick coat
  (3) Gloves
  次の衣類を持ってくるようにしてください。
  （1）暖かいセーター　（2）厚手のコート　（3）手袋

- **I need an assistant who is capable of the following tasks:**
  (1) Data input
  (2) File management
  (3) Procurement
  (4) Inventory control
  わたしは次のことができるアシスタントを必要としています。
  （1）データ入力　（2）ファイル管理　（3）備品の調達　（4）在庫管理

③ ある文とそれに説明を加える文を、接続詞等を用いずに1文にするときは、コロンを使います。この場合はセミコロンではないので注意。

- **She loves all types of modern music: hip-hop and rap are probably her favorites.**
  彼女はモダン・ミュージックならどんなものでも好きだ。なかでもヒップホップとラップがたぶん好きなはずだ。
- **I recommend that everyone learns at least one foreign language: the experience is very educating.**
  誰もが少なくともひとつの外国語を学ぶことを勧めます。なぜなら、その経験は非常にためになるからです。

④ フォーマルなビジネスレターの冒頭の礼辞のあとには、コロンを使います（私的な手紙の場合は、コンマでいいでしょう）。

- **Dear Sir:** 拝啓
- **Dear Mr. Brown:** 拝啓ブラウン様
- **Dear James:** 拝啓ジェームズさん

■ セミコロン

① 対等の関係にあるふたつの文を、接続詞を用いずにつなぐ場合は、セミコロン（;）を使います。

- **I'll meet you at seven o'clock; we can have a drink before we leave.**
  7時に待ち合わせましょう。出発前に1杯やれますね
- **Call me tomorrow afternoon; I'll let you know my decision then.**
  明日の午後、お電話をください。そのときにわたしの答えをお伝えします

② 副詞的接続詞（p.35〜を参照）の前にはセミコロンを使います。

- **The company concentrated too much on profits; consequently, they alienated their customers and went bankrupt.**
  その会社は利益ばかり追求しすぎた。そのため、顧客が離れ、破産した。

- The flight I wanted was already fully booked; hence, I will arrive two hours later than planned.
  わたしが乗りたかった便はすでに満席だった。したがって、予定より２時間遅れて到着することになるだろう。

③ 接続詞でつながれてはいても、前半の節にひとつ以上のコンマが使われている場合は、ふたつの節のあいだにセミコロンを用います。

- When Mr. Jones arrives, could you tell him to wait in my office; and I'll get there as quickly as I can.
  ジョーンズさんが見えたら、わたしのオフィスで待つように伝えてください。できるだけ早くそこに行くようにしますから。
- If possible, I want to bring Mirabel to the party; and her husband if he is available.
  もしできれば、わたしはミラベルをパーティーに連れていきたい。そしてもし都合がよければ、彼女のご主人も。

④ コンマで分けられた２語から成る事項がいくつか並ぶときは、事項ごとにセミコロンで区切ります。

- The delegates will be arriving from Sapporo, Hokkaido; Sendai, Miyagi; and Naha, Okinawa.
  北海道の札幌、宮城県の仙台、沖縄県の那覇から代表が来ることになっている。
- During the tour we visited London, England; Paris, France; Madrid, Spain; and Milan, Italy.
  わたしたちはツアーでイギリスのロンドン、フランスのパリ、スペインのマドリード、イタリアのミラノを訪れた。

■ カッコ

① 語やフレーズ、数などをカッコでくくり、カッコのすぐ前に書かれていることを説明・補足します。

- The cost of the hotel will be $130 (approximately ¥15,000) per night.
  そのホテルの宿泊費は１泊130ドル（約15,000円）です。

- Our main factory is located eighty-five miles (approximately 137km) north of the city.
  わが社の主力工場は市の85マイル（約137キロ）北にある。

② 必ずしも必要とはいえない情報を文に付け加えるときも、カッコでくくります。

- And finally (after nearly ten minutes of arguing) he said that he agreed with me.[1]
  そしてついに（10分近くも議論したあと）彼はわたしに同意すると言った。
- John looked very sad (at least, I think he did) when I told him I didn't want to see him again.
  わたしがもう会いたくないと言ったとき、ジョンはとても悲しそうだった（少なくともわたしにはそう見えた）。

③ 文中で情報に番号をつけて並べるときは、数字のあとに右側だけのカッコを使います。

- The reasons for adopting these measures include 1) improved security, 2) faster action during emergencies, and 3) better cost-efficiency.
  この方式を採用する理由は、1）より高い安全性、2）緊急時のより迅速な作動、3）より高い費用効率、です。
- When you arrive at the conference center, I want you to check that 1) the pamphlets have been delivered, 2) our booth is ready for use, 3) the display monitor and video equipment work properly, and 4) all staff are wearing their uniforms.
  会議場に到着したら、次の点を確かめてください。1）パンフレットは配布されているか、2）使用するブースの準備は整っているか、3）ディスプレイ・モニターとビデオ装置は正常に作動するか、4）全スタッフが制服を着用しているか。

---

[1] この例文では、カッコでくくった部分を、コンマかダッシュでくくることもできます。どれを用いるかによって、その情報の重要度が変わってきます。カッコを使った場合、情報の重要度は低く、ひとりごとをちょっとつけ加えたようなものになります。コンマを使った場合は、その文のほかの部分と同じぐらいの重要度。ダッシュを使った場合は、その情報が強調され、文のほかの部分よりも重要度が高いことを示します。

■ ダッシュ

情報を付け加えるとき、それを強調したい場合は、コンマやカッコではなくダッシュ（—）を使います。[2]

- I want you to be there—and this is very important—by nine o'clock at the latest.
  君にはそこに行ってもらいたい——そしてこれが重要な点なのだが——遅くとも9時までにだ。
- The flight was delayed by six hours—which is unforgivable considering the problem was only a faulty lamp—and I missed my connection to Frankfurt.
  フライトは6時間の遅れ——ただランプが壊れていただけなのにと考えると許しがたい——で、そのためにフランクフルトへの接続便に乗りそこなった。

■ 引用符（クォーテーション・マーク）

① 話されたとおりの発言、または文字で書かれた情報源（本や新聞など）から引用された文やフレーズは、引用符（" "）で囲みます。

- It was such a surprise when my boss said, "Shall I help?"
  上司が「手伝おうか？」と言ったときは、とても驚いた。
- The recipe says, "Leave the mixture in a refrigerator overnight."
  レシピには「混ぜ合わせたものを一晩、冷蔵庫で寝かせます」と書いてある。

② 引用符で囲まれた引用部分のなかでさらに引用符を使うときは、一重の引用符（' '）を使います。

- Angela said, "Roy shouted 'No way!' when I invited him to the party."
  アンジェラは言った。「わたしがロイをパーティーに招待したら、『冗談じゃない！』って怒鳴られちゃった」

---

[2] ダッシュはハイフンより少しだけ長く、ワープロ・ソフトでは、語のすぐあとにハイフンを2回続けて打ち、それから次の語を打てば（ハイフンの前後にスペースをあけないこと）、自動的にダッシュになります。たとえば、上の例でいえば「there--」と打ったあとに「and」と打ち、それからスペース・バーを押せば、「there—and」となるはずです。もしも自動的にダッシュにならないソフトウェアの場合は、Mac以外のPCなら[Alt] + [0151] を、Macなら [Option] [Shift] + ハイフンを押せば、ダッシュになります。

- This article claims, "A police spokesman said, 'The robbery is under investigation.'"
  「警察の広報担当者は『その強盗事件は調査中です』と言った」と、この記事には書かれている。

③ ピリオド、コンマ、疑問符、感嘆符はすべて引用符の内側に含めます。

　○ He said to the director, "Get out of my way."
　× He said to the director, "Get out of my way".
　　彼は部長に言った。「そこをどいてくれ」

④ 疑問文で終わる引用文には、さらに疑問符を付け加える必要はありません。

　○ Were you there when he said, "Will you marry me?"
　× Were you there when he said, "Will you marry me?"?
　　彼が「僕と結婚してくれる？」と言ったとき、あなたはそこにいましたか。

⑤ 綴りや文法の間違いを含む引用文には、間違えている部分のすぐあとに [sic] と添えます。これは、間違いを訂正せずにそのまま引用したという意味になります。

- She wrote in her letter, "We have arranged to meat [sic] outside the cinema."
  彼女は手紙に次のように書いた。「わたしたちは映画館の外で持ちあわせる（原文ママ）ことにしました」
  （この場合、meat は meet の誤り）
- A local businessman said, "We have putted [sic] up with this for too long."
  地元のビジネスマンは言った。「わたしたちはこれをあまりにも長いこと我慢（原文ママ）してきました」
  （この場合、putted は put の誤り）

■ ハイフン

① 動詞と副詞を組み合わせて名詞か形容詞のように使う場合は、あいだをハイフンでつなぎます。[3]

---

[3] ハイフンの使い方については、ほかのどの符号の使い方よりも意見が分かれています。したがって、動詞と副詞のあいだにハイフンを用いないケース（たとえば break down を breakdown と書く）もよくあります。疑わしいときは辞書で調べるか、インターネットの検索エンジンで調べてください。そしてそのような単語が見つからない場合にはハイフンでつなぐようにしましょう。

- We had a clean-up at the office today.〔名詞〕
  今日はオフィスで大掃除があった。

  We had a clean-up day at the office today.〔形容詞〕
  今日はオフィスの清掃日だった。

  (We cleaned up the office today. 今日、わたしたちはオフィスを掃除した)

- Sally and Paul had a break-up, but they are back together now.〔名詞〕
  サリーとポールの仲は破綻したが、今はまた一緒になった。

  Sally and Paul had a break-up fight, but they are back together now.〔形容詞〕
  サリーとポールは仲たがいのけんかをしたが、今はまた一緒になった。

  (Sally and Paul broke up, but... サリーとポールは別れたが、……)

② 単語に否定や反対の意味を示す接頭辞をつけるときは、ハイフンを使います。

- His approach to business is very un-American.
  ビジネスに対する彼のアプローチはたいへん非アメリカ的だ。
- She was taken to court for non-payment of rent.
  彼女は家賃の不払いで裁判所に出頭させられた。

③ 名詞の前に2語以上が組み合わさって1語となった形容詞があるときは、ハイフンで結びます。

- The president of my company is a very angry-looking man.
  わたしの会社の社長はひどく怒っているように見える人です。
- She is a very self-assured girl.
  彼女は自信たっぷりの女の子だ。

④ また、慣用句や短いフレーズなどをもとに、ハイフンを用いて自分で形容詞を作ることもできます。以下は、慣用句から作られた形容詞のうち、すでに広く使われているものです。

- It's a dog-eat-dog world out there.
  世の中はすさまじい競争社会だ。

- He spends every Saturday on do-it-yourself carpentry.
  彼は土曜日はいつも趣味の大工仕事をして過ごす。
- My boss told us about the pay cut with a matter-of-fact look on his face.
  上司は何食わぬ顔でわたしたちに賃金カットのことを話した。

⑤ 同じように、自分でもハイフンを使って形容詞を作ることができます。以下はその例です。

- She arrived at the office with a don't-mess-with-me look on her face.
  彼女はわたしに干渉しないでという表情を浮かべてオフィスにやって来た。
- He swung the golf club in a look-how-skillful-I-am manner.
  彼は、俺ってなんてうまいんだろうと言わんばかりに、ゴルフクラブをスイングした。
- His report was written in a this-is-really-boring style.
  彼の報告書はいかにも、ああ、つまらないなあという感じに書かれていた。

⑥ 21から99までの2桁の数にはすべてハイフンを使います。

- We have thirty-seven guests coming for the party.
  パーティーには37人のお客様がいらっしゃいます。
- Tokyo is divided into twenty-three wards.
  東京は23区に分かれている。

■ アポストロフィ

① 単語が短く縮められているときは、文字が省略された部分にアポストロフィ（'）をつけます。

- I hope she doesn't complain to her manager.
  彼女が課長に文句を言わなければいいのだがと思う。
- I'd love to go, but I can't.
  ぜひ行きたいのですが、行けません。

② 単数形の名詞の所有格では、末尾のsの前にアポストロフィをつけます。

- We all decided to meet up at Judy's apartment.
  わたしたちはみなジュディのアパートで会うことにした。
- I placed the report on the manager's desk.
  わたしは報告書を課長のデスクの上に置いた。

③ 複数形の名詞の所有格では、末尾のsのあとにアポストロフィをつけます。

- John and I took his sons' football to the park for a game.
  ジョンとわたしは、遊び用に彼の息子たちのサッカーボールを公園に持っていった。
- We used our wives' money to go drinking.
  僕たちは飲みにいくのに妻たちの金を使った。

④ 末尾がsにならない複数形の名詞には、単数形の名詞の場合と同じように、アポストロフィとsをつけます。

- The children's school is asking for a donation.
  子どもたちの学校が寄付を募っている。
- Men are not allowed inside the women's locker room.
  男性たちは女性たちのロッカールームに入ることを禁じられている。

⑤ ふたり（またはふたつのもの）がひと組で何かを所有している場合、あるいはふたりがそれぞれ同様の何かを所有している場合は、ふたつめの語にアポストロフィをつけます。

- Jordan and Michele's house is located in the suburbs.
  ジョーダンとミシェルの家は郊外にある。
- The president and director's offices are on the fifth floor.
  社長と取締役のオフィスは5階にある。
  　（社長のオフィスと取締役のオフィスは別々に5階にある）

■ 省略記号

① 引用部分の冒頭を省略するときは、不完全な引用の冒頭に省略記号（…）をつけます。

- Today's newspaper said the economy is "…going through a period of growth."
  今日の新聞によると、経済は「……成長期にある」という。
- A spokesman for the company said, "…victims will be compensated."
  会社の広報担当者は「……被害にあった方々には補償をする」と語った。

② 引用部分の最後を省略するときは、不完全な引用の最後に省略記号をつけます。省略記号のあとには、ピリオド（文がそこで終わるとき）かコンマ（文がまだ続くとき）を打ちます。

- The company rules require that, "Staff shall be dressed neatly…."
  会社の規則には次のように書かれています。「社員は身なりをきちんと整え……」
- Emergency regulations state, "Doors shall be kept closed…," but they always seem to be open.
  有事規制には「ドアは閉めたままにし……」と書かれているが、ドアはいつも開いているようだ。

③ 引用部分の途中を省略するときは、不完全な引用の途中に省略記号をつけます。

- The internal memo said, "All staff members…are expected to work overtime."
  社内回覧にはこう書かれていた。「全社員は……残業することが望まれる」
- The suspect's lawyer said, "My client claims his innocence…and we will fight in court."
  容疑者の弁護士は言った。「依頼人は無実を主張している……そしてわたしたちは法廷で闘うつもりだ」

④ 意図的に文を完結させないままにする場合は、省略記号を使います。

- If you could be at the station at three o'clock…
  もしも3時に駅に来てくださるなら……
- If you wouldn't mind calling me…
  もしもお電話をいただけるなら……

パンクチュエーションの曖昧さ

英語のパンクチュエーションには、明確な決まりがなく、どういった用法を使用するかの判断が個人に任されている特定の分野があります。具体的には、大文字・小文字、スペース、それにピリオドです。そして、こういったものはほとんどの場合、略語において問題になることが多いのです。例えば、「夜の11時」を表す略語は、書き手によって次のようなさまざまなものが使われますが、そのどれもが正しいのです。

11p.m.	（小文字＋スペースなし＋ピリオドあり）
11 p.m.	（小文字＋スペースあり＋ピリオドあり）
11P.M.	（大文字＋スペースなし＋ピリオドあり）
11 P.M.	（大文字＋スペースあり＋ピリオドあり）
11pm	（小文字＋スペースなし＋ピリオドなし）
11 pm	（小文字＋スペースあり＋ピリオドなし）
11PM	（大文字＋スペースなし＋ピリオドなし）
11 PM	（大文字＋スペースあり＋ピリオドなし）

スペースの有無でもうひとつ曖昧なものは、省略記号に関するものです。省略記号の前後にスペースを空ける人もいれば空けない人もいます。ですから、次のような両方のスタイルを目にすることがあるかと思います。

- The internal memo said, "All staff members...are expected to work overtime."
- The internal memo said, "All staff members ... are expected to work overtime."

社内メモには「全社員……残業するように」と書かれていた。

さらに、よく目にする曖昧さの例に、Mr.、Mrs.、Ms.といった敬称につくピリオドの有無があります。こちらは個人の好みに基づくものではなく、文化に基づくものなので理解しやすいかと思います。つまり、アメリカの子どもたちは敬称のあとにはピリオドを打つようにと教えられ（ただし、Miss には不要）、一方、イギリスの子どもたちはピリオドなしのままで、と教えられるのです。
　ですから、ふつうは次の例のように、敬称の書き方によって書き手の国籍がわかるのです。

- Mr. and Mrs. James Goldburg　　　（アメリカ人）
- Mr and Mrs James Goldburg　　　（イギリス人）

　そうは言っても、この両方の形式は全世界的に受け入れられており、アメリカ式の敬称で書かれた手紙を受け取ったイギリス人が驚く、というようなことはありませんし、逆もまた同じです。

　このように、さまざまなスタイルの中から、自分が使うスタイルを選んだら、少なくともひとつの文書の中では、そのスタイルを使って、統一感を出しましょう。さまざまなスタイルがひとつの文書の中に混在していると、間違いではありませんが、洗練された印象を与えませんし、場合によっては、読む人を混乱させることもあります。

List of Commonly-Used Abbreviations

4 よく使われる略語

　単語やフレーズ、とくに専門用語や組織名などには、書くときによく略して使われるものがあり、知っておくと便利です。各界には独自の用語があり、それらをすべてここに載せることは不可能ですから、日常的によく使われるものだけを集めました。

A

abbr.	abbreviation(s)　略語　abbreviated　略された
AC	alternating current　交流
Acad.	academy　アカデミー、学会
A.D.	anno Domini（ラテン語「主の年」）　西暦紀元
alt.	altitude　標高、海抜
AM	amplitude modulator　振幅変調
a.m.	ante meridiem（ラテン語「正午前」）　午前
Apr.	April　4月
Assn.	association　協会
at. no.	atomic number　原子番号
at. wt.	atomic weight　原子量
Aug.	August　8月
Ave.	avenue　（大）通り
AWOL	absent without leave　無断離隊、無断欠勤、無断外出

B

b.	born　誕生　born in　〜生まれ
B.A.	Bachelor of Arts　文学士
B.C.	Before Christ　紀元前
b.p.	boiling point　沸点　blood pressure　血圧
B.Sc.	Bachelor of Science　理学士

C

C	Celsius (centigrade)	摂氏
c.	copyright 著作権　circa ～年頃	
cal.	calorie(s)	カロリー
Capt.	captain	大尉、海軍大佐
cent.	century、centuries	世紀
CIA	Central Intelligence Agency	〈米〉中央情報局
cm	centimeter(s)	センチメートル
co.	county　〈米〉郡（stateの下位の行政区画）、〈英、カナダ、ニュージーランド〉州	
COD	cash on delivery	着払い
Col.	colonel	大佐
Comdr.	commander	中佐
Corp.	corporation	法人
CPA	certified public accountant	公認会計士
Cpl.	corporal	伍長
cu	cubic	立方体の

D

d.	died、died in	死去
DA	district attorney	〈米〉地区検事
DC	direct current	直流
D.C.	District of Columbia	〈米〉コロンビア特別区、連邦政府直轄区
Dec.	December	12月
dept.	department	部、局
dist.	district	地区
div.	division	課、部
DNA	deoxyribonucleic acid	デオキシリボ核酸
DOA	dead on arrival	来院時死亡
Dr.	doctor	医師、博士
DVD	digital versatile disc	デジタル多用途ディスク

よく使われる略語

E

E	east、eastern　東
ed.	edited　編集　edition　版　editor(s)　編者
ESP	extrasensory perception　超感覚的知覚
esp.	especially　特に
est.	established　創立、制定　estimated　推定
et al.	et alia / alii（ラテン語〔=and others〕）　～およびその他
etc.	et cetera（ラテン語）　その他、～など

F

F	Fahrenheit　華氏
FBI	Federal Bureau of Investigation　〈米〉連邦捜査局
Feb.	February　2月
fl oz	fluid ounce(s)　液量オンス
FM	frequency modulation　周波数変調
ft	foot、feet　フィート（長さの単位）
FYI	for your information　あなたへのお知らせです

G

gal.	gallon(s)　ガロン（液量の単位）
Gen.	general　将軍、軍司令官、長官
GMT	Greenwich Meantime　グリニッジ標準時
GNP	gross national product　国民総生産
GOP	Grand Old Party (Republican Party)　〈米〉共和党の異名
Gov.	governor　知事　government　政府
grad.	graduated、graduated at　卒業

H

H	hour(s)　時間
HD	hard drive (hard disk)　ハード・ドライブ、ハード・ディスク
Hon.	the Honorable　閣下、殿

hr	hour(s) 時間	
HRH	His (Her) Royal Highness 殿下、妃殿下	

I

i.e.	id est（ラテン語〔=that is〕） すなわち	
in	inch(es) インチ（長さの単位）	
Inc.	incorporated 法人組織の、有限会社	
Inst.	institute 研究所 institution 機関	
IQ	intelligence quotient 知能指数	
IRA	Irish Republican Army アイルランド共和国軍	
IRS	Internal Revenue Service 〈米〉国税局	

J

Jan.	January 1月	
Jr.	junior ジュニア、2世	

K

K	Kelvin ケルビン（絶対温度の単位） 1,000 千	
k.	karat カラット	
kg	kilogram(s) キログラム	
km	kilometer(s) キロメートル	
kph	kilometer(s) per hour 時速〜キロメートル	

L

l	liter リットル	
lat.	latitude 緯度	
lb	libra [pound]、librae [pounds] ポンド（重量の単位）	
Lib.	library 図書館	
long.	longitude 経度	
Lt.	lieutenant 大尉、中尉、〈米〉警部補	
Ltd.	limited 有限会社	

M

M	minute(s)	分
m	meter(s)	メートル
Mar.	March	3月
max.	maximum	最大、最高
M.D.	Medicinae Doctor（ラテン語〔=Doctor of Medicine〕）	医学博士
mfg.	manufacturing	製造
mg	milligram(s)	ミリグラム
mi	mile(s)	マイル
min	minute(s)	分
min.	minimum	最小、最低
ml	milliliter(s)	ミリリットル
mm	millimeter(s)	ミリメートル
mph	miles per hour	時速〜マイル
Mr.	mister（必ず略して使用）	ミスター
Mrs.	mistress（必ず略して使用）	ミセス
ms.	manuscript	写本、手稿
Msgr	Monsignor	モンシニョール（高位聖職者につける尊称）
mt.	mount、mountain	山
mts.	mountains	山脈
Mus.	museum	美術館、博物館

N

N	north	北
NASA	National Aeronautics and Space Administration	〈米〉航空宇宙局
NATO	North Atlantic Treaty Organization	北大西洋条約機構
NE	northeast	北東
NGO	Non-Government Organization	非政府組織、民間公益団体
No.	number	ナンバー

Nov.	November	11月
NPO	Non-Profit Organization	非営利組織、民間非営利団体

O

Oct.	October　10月	
Op.	opus（ラテン語〔=work〕）　作品	
oz.	ounce(s)　オンス（重量の単位）	

P

p.	page　ページ
Ph.D	Philosophiae Doctor　（ラテン語）博士（号）
pl.	plural　複数の
p.m.	post meridiem（ラテン語「正午以後」）　午後
pop.	population　人口
Prof.	professor　教授
P.S.	postscript　追伸、あとがき
pseud.	pseudonym　偽名、ペンネーム
pt	pint(s)　パイント（液量の単位）
pub.	published　出版　publisher　出版社、出版者

Q

qt	quart(s)　クォート（液量の単位）

R

Rev.	the Reverend　〜師（聖職者につける尊称）
rev.	revised　改訂
RIP	rest in peace　安らかに眠れ
RN	registered nurse　登録正看護婦
rpm	revolution(s) per minute　毎分回転数
RSVP	répondez s'il vous plaît（フランス語〔=please respond〕）ご返事お願いします

S

S	south　南
s	second(s)　秒
SASE	self-addressed、stamped envelope　宛先を記入して返信用切手を貼った封筒
SEATO	Southeast Asia Treaty Organization　東南アジア条約機構
SEC	Securities and Exchange Commission　〈米〉証券取引委員会
sec.	second(s)　秒
Sept.	September　9月
Ser.	series　シリーズ
Sgt.	sergeant　軍曹
sq.	square　平方
Sr.	senior　シニア
St.	saint　聖〜　street　通り

T

t.	ton　トン　tonne　メートルトン

U

UFO	unidentified flying object　未確認飛行物体
UHF	ultrahigh frequency　極超短波
UK	United Kingdom　イギリス連合王国
UN	United Nations　国際連合
UNICEF	United Nations International Children's Fund　国連児童基金（ユニセフ）
uninc.	unincorporated　非法人の
Univ.	university　大学
U.S.	United States　アメリカ合衆国
USA	United States Army　アメリカ陸軍
USAF	United States Air Force　アメリカ空軍
USCG	United States Coast Guard　アメリカ沿岸警備隊

USMC	United States Marine Corps	アメリカ海兵隊
USN	United States Navy	アメリカ海軍

V

VCR	videocassette recorder	ビデオカセット・レコーダー
VHF	very high frequency	超短波
vol.	volume(s)	（書物の）〜巻
vs.	versus	〜対〜

W

W	west	西
w	watt(s)	ワット
WHO	World Health Organization	世界保健機関
wt.	weight	重量

Y

yd	yard(s)	ヤード（長さの単位）
YMCA	Young Men's Christian Association	キリスト教青年会
YWCA	Young Women's Christian Association	キリスト教女子青年会

Column

ライティング・ヒント#3

　よほど英語が堪能でないかぎり、英文を書くときはたいてい、実際に日本語で書いてみたり、頭の中で考えたりしたものを英語に翻訳していることでしょう。英訳する際に役立つルールを覚えておきましょう。多くの場合、節や句の順番をひっくり返すと、より自然な文章のスタイルになります。

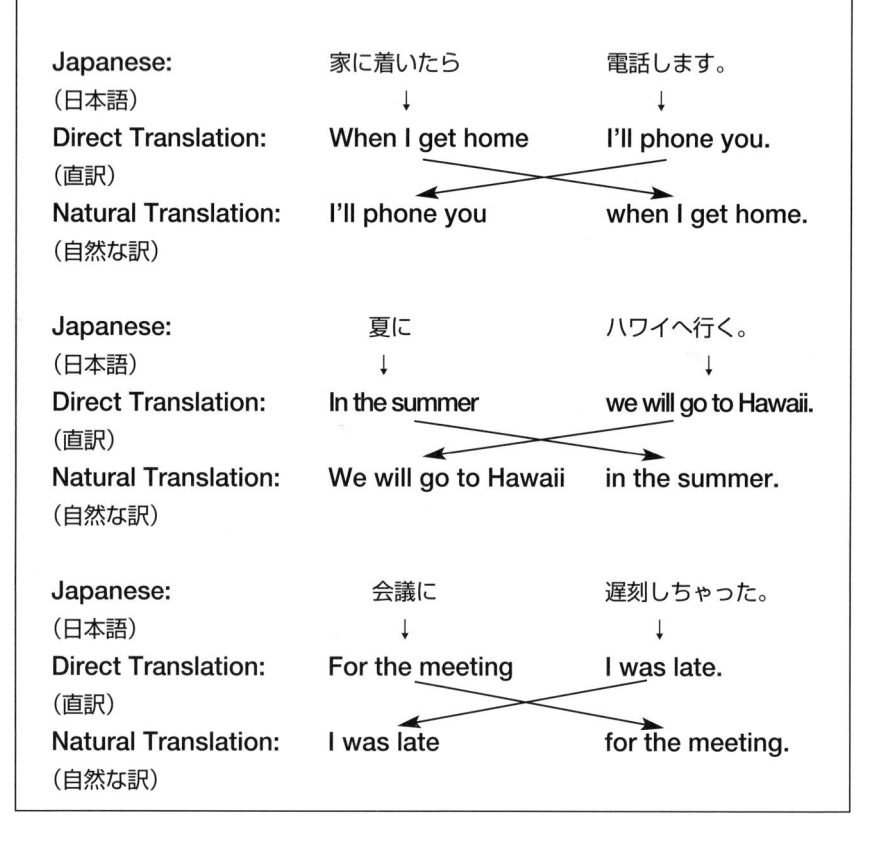

Japanese:（日本語）	家に着いたら ↓	電話します。 ↓
Direct Translation:（直訳）	When I get home	I'll phone you.
Natural Translation:（自然な訳）	I'll phone you	when I get home.

Japanese:（日本語）	夏に ↓	ハワイへ行く。 ↓
Direct Translation:（直訳）	In the summer	we will go to Hawaii.
Natural Translation:（自然な訳）	We will go to Hawaii	in the summer.

Japanese:（日本語）	会議に ↓	遅刻しちゃった。 ↓
Direct Translation:（直訳）	For the meeting	I was late.
Natural Translation:（自然な訳）	I was late	for the meeting.

【第2部】ジャンル別書き方のテクニック

1. スケジュールと日記の書き方
2. メモと伝言の書き方
3. グリーティング・カードの書き方
4. ビジネスレターと個人的な手紙の書き方
5. eメールの書き方
6. スピーチの書き方
   (乾杯の辞からフォーマルなスピーチまで)
7. ビジネス・プレゼンテーションの原稿の書き方

Keeping a Schedule and Writing a Diary

1 スケジュールと日記の書き方

　スケジュールや日記を英語でつけることは、綴りや文法の間違いを気にしないで日頃から書く練習をするのに、最も手頃な方法です。誰にも見せるわけではなく、自分のために書いているのですから、他人に宛てて書くときとは違う、自由な気分を味わえるはずです。さあ、気持ちのおもむくままに書いてみましょう！　手帳や日記帳を、ほかのジャンルの英文を書くときの練習台にして、ぜひ楽しんでみてください。

スケジュールをつける

　スケジュールをつける第一の目的は、こまごまとした予定や約束を忘れないようにすることです。したがって、自分で意味がわかりさえすれば、できるだけ略語を使ったり省略したりできるわけです。
　すべてをきちんと文で書きとめる代わりに、独自の記号や略語を工夫する人が多いのは、デスクに開きっ放しにしたスケジュール帳を誰かに見られたときのためだけではなく、スペースの節約のためでもあります。いつ、何を書き加えなければならなくなるか、わからないのですから。したがって、予定を書きこむときは、できるだけ小さなスペースに収めるようにしなければなりません。

　まず例として、ある人のスケジュール帳のページを見てみましょう。この手帳の持ち主は、グレッグ・メイソン、38歳。東京のある広告会社に勤務し、外資系企業の広告を担当。妻のメアリと千葉で暮らしています。以下のスケジュールは、グレッグがあくまでも自分のためだけに書いたものです。ですから、あなたには何が書いてあるかわからなくても、心配しなくて大丈夫。あとで説明しますから。

August 2007

6 Monday:　W.meet 10:00 (#3)
　　　Tel Gareth re cont. (pay cond.)　Change?

7 Tuesday: C&M pres. (#1, 14:00) ⬅ Chk docs!

　　　　　　Gift for M!!!! (LL??)

8 Wednesday: LL wiz HB (12:30 La Trattoria)
　　　Chk sales stats for Nu-Rprt Dir.

9 Thursday: C&M fol.u. Keihin/Kamata 10:00

　　　Dent. app. 17:30　　　Cnfm J&T for Sat.

10 Friday:
　　　MS awy (till 17) Chk mail!!!
　　　　　　　　　　Order flwrs!

11 Saturday:　M&D arr. 11:32 @ stn.
　　　Pty 18:00 (booze...!)
　　　　　　　　　　M b'day!

12 Sunday:　M&D to stn. 16:48
　　　Docmt on adv. BS-1 21:00

　

上のページを見ると、まず、グレッグはとても計画的で、頭のなかがよく整理された人だとわかります。スペースが限られていることを承知しているので、見やすくするために、1日分の3行にそれぞれ別の役割を持たせています。

1行目　時間がすでに確定した予定や約束を書く行。

2行目　とくに何時に、というわけではないけれども、忘れずにやるべきことを書く行。

3行目　仕事とは関係のないプライベートなことを書く行。ただし、土曜日と日曜日は休日なので例外。2行目が書ききれなくなったときのために、右端に寄せて書いています。

　もちろん、これはプライベートなものですから、ここまで厳密にしなくてもいいのですが、グレッグはどうやらとても几帳面で、自分の決めたルールをきっちり守りたがるタイプのようです（血液型はたぶんA型？）。あなたが自分でスケジュールをつけるときは、同じようにしてもいいし、これとは別のルールを自分で作ってもいいし、あるいは、ルールなど決めず、その都度、好きな行に好きなことを書いてもいいでしょう。スケジュール帳とは持ち主の性格を反映するものですから、自分に合わない書き方を真似する必要はありません。

　さて、それでは1日分ずつ見ながら、記入されていることの意味を考えていきましょう。

---

6 Monday:　W.meet 10:00 (#3)
　　　　　　Tel Gareth re cont. (pay cond.) Change?

W.meet 10:00 (#3)
　グレッグの会社では、週ごとのミーティングの曜日と時間が変則的で、この週は月曜日の午前10時から開かれます。したがって、このW.meetはWeekly meeting（週例ミーティング）のこと。グレッグの会社には会議室が4つあり、それぞれに番号がついています。この日のミーティングに使われるのは第3会議室なので、忘れないように(#3)と書いたのです。

Tel Gareth re cont. (pay cond.) Change?
　Gareth Huntleyはグレッグの顧客のひとり。東京を本拠地として、ヨーロッパの家具を販売しています。グレッグは前の週の金曜日の午後、これから結ぼ

うとする契約の支払い条件に少しばかり不明瞭な点があることに気づきました。そこで、ガレスに電話してこの点を話し合い、ガレスの話次第では条件を変えなければならない、と手帳に書いておいたのです。したがって、Tel は Telephone（電話）、re は regarding（……に関して）、cont は contract（契約書）、pay cond.は payment conditions（支払い条件）というわけです。

---

7 Tuesday: C&M pres. (#1, 14:00) ← Chk docs!

Gift for M!!!! (LL??)

C&M pres. (#1, 14:00) ← Chk docs!

　グレッグは、C & M Trading というアメリカの牛肉輸出会社から、新しい広告の契約を取りたいと考えています。そこで先方を招き、この日の午後2時から第1会議室でプレゼンテーションを行うことにしました。したがって、C&M pres.は C & M Trading presentation、Chk docs! は、その前に書類のチェックを忘れないように、という意味です。

Gift for M!!!! (LL??)

　この週の土曜日はグレッグの奥さんの誕生日。奥さんのことは、名前のイニシャルをとって、ただ M と記すことにしています。誕生祝いのプレゼントを買うのを忘れないようにと書いたあとに、その重要性を強調するために、感嘆符をいくつかつけました。LL は lunch を表すグレッグ流の記号です（ちなみに BB は breakfast、DD は dinner）。つまりこれは、昼食に出かけるときに買う、という意味ですが、そこに疑問符がついているのは、そんな時間がとれるかどうか疑わしいからです。

---

8 Wednesday: LL wiz HB (12:30 La Trattoria)
Chk sales stats for Nu-Rprt Dir.

LL wiz HB (12:30 La Trattoria)

　昼食を示す記号 LL がまた出てきました。そのすぐあとには wiz。これはグレッグ流の with の書き方です。HB は Harry Bingham。やはり東京で働いて

いる、グレッグの友人です。ふたりは12時にLa Trattoriaというレストランで、一緒に昼食をとる予定なのです。

Chk sales stats for Nu-Rprt Dir.

グレッグは、NuTextureという新しいスキン・クリームの広告を担当しました。略してNuと呼んでいます。その製品の広告キャンペーンを始めてからこれで3週間。どれだけの効果があったか、そろそろ販売統計（sales statistics = sales stats）をチェック（chk）する時期です。その数字を調べて分析したら、結果を部長（director = dir.）に報告（report = rprt）しなくてはなりません。

```
9 Thursday:  C&M fol.u. Keihin/Kamata 10:00

Dent. app. 17:30          Cnfm J&T for Sat.
```

C&M fol.u. Keihin/Kamata 10:00

グレッグはfollow-upをfol.uと略しています。グレッグがC & M Tradingにプレゼンテーションをしてからこの日で2日目。先方に何か疑問点でもあるようなら、それに答える必要があるだろうと、グレッグは先方に出向くことにしました。約束の時間は10時。C & M Tradingに行くには京浜東北線に乗り、蒲田駅で下車しなければなりません。グレッグはそれを忘れないように書いておいたのです。

Dent. app. 17:30

グレッグの奥歯はあいにく虫歯のようです。奥さんに歯医者に行くようすすめられて、グレッグはこの日の昼過ぎ、会社の近くの歯科医（dentist = Dent.）に電話をし、午後5時30分の予約（appointment = app.）を取りました。

Cnfm J&T for Sat.

グレッグは奥さんの誕生日を祝うために、土曜日に小さなディナー・パーティーを計画し、ごく親しい友人だけを招待することにしました。とくにJenniferとTerry（J&T）のカップルにはぜひ来てほしいと思っています。ところが、このふたりにはだいぶ前にこの話をしたのに、来られるかどうかまだ返事を確認していません。そこで、J&Tと連絡を取って、土曜日に（Saturday = Sat.）に来られるかどうか確認する（confirm = cnfm）のを忘れないように、

というわけです。

---

10 Friday:
MS awy (till 17) Chk mail!!!
                              Order flwrs!

MS awy (till 17) Chk mail!!!

　グレッグと同じ課で働いているMike Smith（MS）は、この日からアメリカに出張します。8月17日まで（till 17）不在（away = awy）なので、グレッグはそのあいだ、Mikeのメールをチェック（Chk mail!!!）して、重要な情報を見落とさないようにしなければなりません。

Order flwrs!

　グレッグは奥さんの誕生日に、プレゼントだけではなく花（flowers = flwrs）も贈ることにしました。土曜日の午前中に届けてもらいたいので、金曜日になってから注文する（Order）つもりです。

---

11 Saturday:　M&D arr. 11:32 @ stn.
Pty 18:00 (booze...!)
                              M b'day!

M&D arr. 11:32 @ stn.

　グレッグとメアリには、仙台に住んでいるMarikoとDaisuke（M&D）という日本人の親友がいます。グレッグは彼らをディナー・パーティーに招待しました。ふたりは列車で東京に来て、グレッグの家に1泊する予定です。グレッグは、11時32分に駅に到着する（arrive at the station = arr. @ stn.）ことになっているふたりを、車で迎えにいくつもりです。

Pty 18:00 (booze...!)

　ディナー・パーティー（pty）は午後6時から始める予定です。でもその前に、飲み物を十分に用意しておかなければなりません。招待した友人たちは誰も大酒飲みではありませんが、ビール数缶、赤ワインと白ワイン数本ずつ、乾杯のためのシャンパン1本、食後のコニャック1本ぐらいは必要でしょう。これら

を買うのを忘れないように、グレッグは booze（「アルコール飲料」を意味するスラング）と書いておきました。

M b'day!

メアリ（M）の誕生日を忘れるはずはなさそうですが、グレッグはとても几帳面な性格なので、とにかくスケジュール帳に書いておきました。

---

12 Sunday: M&D to stn. 16:48
　　　　　　　Docmt on adv. BS-1 21:00

M&D to stn. 16:48

これを見れば、Mariko と Daisuke の帰りの列車が 16 時 48 分発であることがわかりますね。たぶんグレッグはふたりを車で駅に送っていくのでしょう。

Docmt on adv. BS-1 21:00

この週の初めに、グレッグは同僚から、日曜日の夜 9 時にテレビで広告（advertising = adv.）に関するおもしろそうなドキュメンタリー（documentary = Docmt）があると聞きました。それは見る価値がありそうだと思ったグレッグは、番組が放映されるチャンネル「衛星第一」（BS-1）とともに書いておきました。

ここにあげた略語などはすべて、グレッグが自分で工夫したものであり、スケジュール帳の書き方の一例を示すためのものにすぎません。もちろん、みなさんもこれらを使ってかまいませんが、自分で略語を作ってみることもできます。自分流の書き方を工夫するためのヒントを、以下にあげてみました。

(1) ビジネスとプライベートの欄を分ける

グレッグのように、ビジネス関連の予定を書く場所とプライベートな予定を書く場所を分けておくと、あとで探すのに便利です。1 日にひとつぐらいしか予定が書かれていないスケジュール帳なら、そんな必要はありませんが、スケジュール帳をフルに活用する多忙な人には、この方法をおすすめします。

(2) 人名はイニシャルとフルネームで書く場合を使い分ける

　人名にイニシャルを用いれば、スペースが大いに節約できます。もちろん、その人の名前を忘れてしまいそうなときは、フルネームを書いておくほうがいいと思いますが、よく知っている人や仕事で日常的に会っている人の場合は、ごく簡単にイニシャルですむでしょう。同じイニシャルの人がふたり以上いるときも、ちょっと工夫すれば問題ありません。以下は、職場に同じイニシャルの人がふたりいる場合の、書き分けの例です。

- Makoto Yamamoto:　　MakY | Mako | Koto | Moto |
- Masahiro Yamada:　　MasY | Masa | Hiro | Mada |

　スケジュール帳にたびたび登場する人──たとえば、上司や社長、夫や妻、息子や娘など──は、○◎□☆などの印で表すのもいいでしょう。

(3) 略語を使う

　省略なしにスケジュール帳をつけても、もちろんかまわないのですが、グレッグがここで使ったような略語は、長い文を読まなくても一目で読み取れるので、たいへん便利です。ミーティングなどでたびたびスケジュール帳を見る場合は、できるだけ素早く情報を頭に入れなければなりませんから、この方法がおすすめです。また、略語を使うことによって、ほかの人の目から自分の情報を保護することができるという点も、つけ加えておきましょう。略語なら、ほかの人がのぞいてもなかなか意味がわかりませんからね。

(4) 冠詞や助動詞はほとんど使わない

　ふつうスケジュール帳には、なくても意味が通じる語──たとえば、冠詞や助動詞などは、ほとんど使いません。とくに情報をつけ加えるわけでもなく、ただスペースを取るだけですから。

　もちろん、省略なしにきちんと書きたいというこだわりがある人は、記入スペースがたっぷりあるスケジュール帳を持っているかもしれません。それはその人の好み次第です。先ほど例にあげたスケジュールを省略なしに書くとどうなるか、以下に記してみました。

August 2007

6 Monday : Weekly meeting at 10:00 in Meeting Room #3. Telephone Gareth regarding the pay conditions in the contract. Need changing?

7 Tuesday : C&M Trading presentation at 14:00 in Meeting Room #1. Check documents! Buy a gift for Mary (time available at lunchtime?)

8 Wednesday : Lunch with Harry Bingham at 12:30 in La Trattoria. Check sales statistics for NuTexture. Report results to director.

9 Thursday : Visit C&M Trading for follow-up. 10:00. Keihin Tohoku line to Kamata. Dentist appointment at 17:30. Call Jennifer & Terry to confirm Saturday.

10 Friday : Mike Smith in America until 17th. Check his mail while he is away!!! Order flowers to be delivered tomorrow morning!

11 Saturday : Mariko and Daisuke arrive at 11:32. Pick them up at station. Party starts at 18:00 (don't forget the booze...!) Mary's birthday!

12 Sunday : Take Mariko and Daisuke back to the station. Train leaves at 16:48. Documentary on advertising at 21:00 on channel BS-1.

【訳】
2007年8月
6（月）10:00より第3会議室にて週例ミーティング。
　契約書の支払い条件についてガレスに電話。変更の必要あり？
7（火）14:00より第1会議室にてC&Mトレーディングへのプレゼンテーション。書類のチェックをすること！
　メアリにプレゼントを買う（昼休みに時間が取れるか？）
8（水）12:30にラ・トラットリアでハリー・ビンガムと昼食。
　ヌーテクスチュアの売り上げ統計をチェック。部長に結果を報告。
9（木）フォロー・アップのためC&Mトレーディングを訪問。10:00。京浜東北線で蒲田下車。
17:30に歯医者の予約。土曜日の件を確認するためにジェニファーとテリーに電話。
10（金）17日までマイク・スミスはアメリカ出張。不在中のメールをチェックすること！！！
翌朝配達してもらうように花を注文！
11（土）マリコとダイスケ、11:32に到着。駅に車で迎えにいく。
　パーティーは18:00から（アルコール類を忘れずに……！）
　メアリの誕生日！
12（日）マリコとダイスケを駅に送る。列車は16:48発。
　21:00よりBS-1チャンネルで広告に関するドキュメンタリー番組。

　文をできる限り短くする方法を身につけることは、それほど難しくはありません。ちょっと練習すれば、すぐに習得できるでしょう。省略の方法の概要がとらえられるように、以下に例文とその省略例をあげました。

Don't forget to reserve air tickets to Seattle シアトル行きの航空券の予約を忘れずに	Rsv air to STL
Telephone John and invite him for dinner on the 8th ジョンに電話し、8日の夕食に招待すること	Tel J re DD on 8th
Make 100 copies of the documents for the seminar セミナーの書類を100部コピーすること	Copy docs for smnr (100)
Reserve two tickets for the Aerosmith concert エアロスミスのコンサートのチケットを2枚取ること	Rsv 2 tkts Aerosmith
Meet Mr. Hopkins for lunch in front of the station 駅前でホプキンズ氏と待ち合わせて昼食	LL wiz Mr.H (meet @ stn)

Telephone mom to wish her happy birthday 母に誕生祝いの電話をすること	Tel mom (b'day!)
Report on quality control due at midday 正午までに品質管理の報告書を提出	QC rep. by 12:00
Meeting with the sales department at 15:00 15:00に営業部との打ち合わせ	SD meet 15:00
Telephone Judy at Central Financing to arrange an appointment セントラル・フィナンシングのジュディに電話をし、アポイントを取ること	Tel J/CF for apt.
Orientation for new employees in New Otani Hotel at 09:00 9:00にホテル・ニューオータニで新入社員オリエンテーション	Orient. @ New Otani (9:00)
Send birthday card to Peter ピーターに誕生祝いのカードを送ること	B'day card to P
Calculate discount rate for long-term users 長期ユーザーへの割引率を算出すること	Calc. disc. % for L/T users
Visit Geraldine in hospital and take a gift for the new baby 赤ちゃんの誕生祝いを持ってジェラルディンのお見舞いに行くこと	Vst G in hosp. (gift!)
Arrange for a serviceman to come and repair the fax machine ファックスの修理に来てもらう手配をすること	Arng fax repair
Visit passport office to get passport renewed パスポートの更新のためにパスポート発券所に行くこと	Renew passpt!

Set the video to record the television documentary at 19:00 on Channel 6 6チャンネルで19:00からドキュメンタリー番組を録画するためにビデオをセットすること	Tape dcmt (C6, 19:00)
Pay the electricity bill 電気代を払うこと	Pay elec.
Driving lesson at 13:45 13:45から運転教習	D/L 13:45
Telephone Disneyland to find out the opening time ディズニーランドに電話をし、開園時間を確かめること	Dis.Lnd open? (Tel!)
Meet Dana in front of the Landmark Tower at 19:00 for dinner 19:00にランドマーク・タワーでデイナと待ち合わせて夕食	Dana @ LndMrk Twr 19:00 (DD)
Discuss the details of next week's business trip to Los Angeles with Mr. Mathews 次週のロサンゼルス出張についてマシューズ氏と詳細の話し合い	Mr. M ➡ LA trip
Subscribe to the Japan Times for morning delivery ジャパンタイムズを毎朝配達してもらうように申し込むこと	Subscrb AM JT
Check the hotel reservations for the conference 会議のためのホテル予約を確認すること	Cfm conf. htl
Pick up the laundry on the way home 帰りにクリーニングを取ってくること	P/U laundry
Send e-mail to Julian regarding his report 報告書のことでジュリアンにeメールを送ること	E-m Jul re rep.

前頁の省略した表記の多くは、元の文を厳密に表してはいないように見えるかもしれませんが、要は、自分がこれからやろうとしていることを思い出すことさえできればいいのです。もちろん、予定がだいぶ先のことで、あまり略しすぎるとあとで意味がわからなくなってしまいそうなときは、略さずにきちんと書いておくといいでしょう。しかし、ふつうこのようなスケジュールは、それが実際に行われる数日前に書くものですから、書いた内容がわからなくなってしまう恐れはまずありません。

日記をつける

　日記をつけることは、英文を毎日書くいい機会になります。スケジュールと同様、日記は（子孫にそれを残そうと望まないかぎり）完全にプライベートなものですから、どんなに間違いがあっても、恥ずかしいことなどありません。

　英文を書く力を上達させるためには、以前に自分が書いたものを見直すことがたいへん重要です。そして、いつも同じ形式で書いていれば、見直しの作業はやりやすくなります。日記はもちろん、固定された形式として申し分ありませんから、過去に書いたものを読み返すことによって、自分のレベルの進歩を測ることができます。

　一般に、日記をつける動機には次の3つがあります。日記をつけはじめる前に、自分はなぜ日記をつけるのか、その目的を明らかにしておくといいでしょう。

■日記をつける目的

(1) 日頃から英文を書く練習をするために

　これは日記のスタイルとして、最も実用的なものです。ほかのスタイルに比べ、あれこれと詳細を書く必要がありません。毎日の出来事を書くことによって使いこなせる語彙を増やし、力がつくにつれてだんだん複雑な文章が書けるようになることを目的とします。このスタイルの例は下のとおりです。

---

6 Monday: Weather: Sunny　　Temperature: Min. 26　Max. 34

It is very hot today. It was difficult to sleep comfortably last night. I think I need to get an air-conditioner in my bedroom.
I met Sayaka in Ginza and we went shopping. I bought a new dress. We had lunch in Le Printemps. Very delicious! We have planned to go and see a movie next week.

【訳】
6日（月）　晴れ、最低気温26度、最高気温34度
　今日はとても暑い。昨夜は寝苦しかった。寝室にエアコンをつけなくちゃ。
　サヤカと銀座で待ち合わせてショッピングをした。わたしはワンピースを買った。プランタンでランチ。すごくおいしい！　来週は映画を見に行くことにした。

(2) 将来、読み返して楽しむための人生の記録として

　このスタイルは、将来の自分との会話のようなもの。ですから、何十年先に読み返してもわかるように、自分の体験をより詳しく書いておかなければなりません。書きとめられていなかったら忘れ去ってしまうはずの記憶。そんな記憶がよみがえるように書くことが目的となります。人やものについての描写は、記憶を呼びさましてくれることがよくありますから、その描写に力を入れることになるでしょう。このスタイルの例は下のとおりです。

---

6 Monday: Weather: Cloudy　　Temperature: Min. 24　Max. 30

　I found a stag beetle under that huge oak tree in the park at the top of the hill today. It's the first time I've seen one in that park. As I watched it feed on the sap, that old gentleman with the miniature dachshund (the one who always wears the same T-shirt) walked past. We chatted in the shade of the tree for about ten minutes. A cool breeze was blowing, and it was very pleasant.

【訳】
6日（月）　曇り、最低気温24度、最高気温30度
　今日、丘の上の公園にある大きな樫の木の下でクワガタを見つけた。この公園で見かけたのは初めてだ。クワガタが樹液を吸っているのを眺めていると、ミニチュア・ダックスフント（いつも同じTシャツを着ている）を連れたあの老紳士がそこを通りかかった。わたしたちは木蔭で10分ほどおしゃべりをした。涼しい風が吹いてきて、とても気持ちよかった。

(3) 他者（子や孫など）に残すため、自分の人生の概観が伝わるものとして

　このスタイルのおもな目的は、あなたがどんな人物であるかをほかの人に伝えること。したがって、自分の体験だけでなく、その体験から感じたこと、考えたことも書かなければなりません。たとえば、バス旅行の記述は、あなたが体験したことを説明しますが、その旅行についてあなたがうれしく思ったこと、腹立たしく思ったことを書けば、あなたがどんな人間かであるかを伝える、貴重な手がかりになるでしょう。このスタイルの例は右上のとおりです。

6 Monday: Weather: Sunny   Temperature: Min. 24 Max. 29

　　I took a drive down the Shonan coast to Odawara today. There was no real reason for it; I just wanted to drive. I haven't seen the ocean for several months, and it felt wonderful. The traffic was light, and I opened the windows to feel the wind in my hair. There is something about driving along the coast that invigorates me. I must do this more often.

【訳】
6日（月）　晴れ、最低気温24度、最高気温29度
　今日は湘南海岸に沿って小田原までドライブをした。とくに理由があったわけではない。ただドライブがしたかったのだ。この数か月というもの海を見ていなかったので、いい気分だった。道路は空いていて、わたしは髪に風が吹いてくるのを感じたくて窓を開けた。海辺をドライブしていると生き返ったような気分になる。もっとたびたびこうしよう。

■日記を長続きさせるコツ

前記のどのスタイルで書くとしても、日記を長く続けるためには次の4つのルールが欠かせません。

(1) 日記は趣味と考えること

日記を続けるうえで最も大切なのは、それを楽しむことです。もしもそれが面倒なだけの義務になってしまったなら、やる気は失せ、やがて書くのをやめてしまうでしょう。でも、それを趣味とみなせば、続けるのがずっと楽になるはずです。つまり、自分の自由時間やライフスタイルに合った日記のつけ方にすればいいのです。もしも毎日空いている時間があるなら、読書の時間を見つけるのと同じように、毎日、日記をつけましょう。もしも1週間に1度しか空いている時間がないなら、ゴルフの時間を見つけるのと同じように、1週間に1度書きましょう。日記はあなたの個人的なものなのですから、それをつけることは義務ではありません。

(2) 背伸びをしないで書くこと

日記は思いつくままに書くものです。もしも自分の英語力以上の書き方をしようとすると、創造力の流れが乱され、書き進めなくなってしまいます。複雑な文を書こうとしてうまくいかないときは、短い文でかまいません。たとえば、前出の(3)の文章は難しくて書けないと思えば、次のように書けばいいのです。

> I took a drive down the Shonan coast today. I went to Odawara. There was no real reason. I just wanted to drive. I haven't seen the ocean in months. It felt wonderful. The traffic was light. I opened the car windows. The wind blew through my hair. Driving along the coast makes me feel good. I must do it more often.

【訳】
今日は湘南海岸をドライブした。小田原に行った。べつに理由があったわけではない。ただドライブがしたかったのだ。この数カ月、海を見ていなかった。海はやっぱりいいな。道路は空いていた。窓を開けた。風が髪に吹きつけてくる。海辺をドライブするといい気分だ。もっとたびたびこうしよう。

(3) 書く分量はあらかじめ決めないでおくこと

　日記を書くことは創造的な作業で、創造性に無理強いをすることはできません。もしも1日何行と決めておいたりすると、興味がたちまち薄れてしまい、趣味というより義務になってしまいます。書けるときには書きましょう。そして、もう書くことがないときは、無理に長くしないように。

(4) 自分に合った日記帳を買うこと

　どんな日記帳を買うかということは、日記が続けられるかどうかに心理的影響を及ぼします。1日1ページの立派な日記帳を買いたいという強い誘惑に駆られるかもしれませんが、もしも時間がなくて1日に2、3行しか書けなかったりすると、書き終えたページはスカスカ。1、2カ月後には書く気が失せてしまうかもしれません。とくに、週に1、2度しか書けず、白紙のページだらけになってしまった場合はなおさらです。わたしがおすすめするのは、1日あたり5行から10行で、見開き2ページに1週間分が書けるようになっている日記帳です。これなら、あまり書けなかったとしても、各ページに1、2日分の記載はあるでしょうから、ちゃんと日記が続いているという印象になります。また、コンピュータが使える人で、1日に書く分量の予測がつかない人は、試しに数週間、ワープロ・ソフトで日記をつけてみてはいかがでしょうか。1日に書く分量の平均がわかった時点で、自分に合った日記帳を買いましょう。そして、それまでにワープロ・ソフトで書いた数週間分の日記を、ペンでそれに写しましょう。

　さて、では1週間分の日記の例を見てみましょう。「スケジュールをつける」の項でお馴染みのグレッグ・メイソンに、ここでも登場してもらいます。すでにご承知のとおり、グレッグは決めたことをきっちり守るのが好きな人ですから、毎晩、寝る前に日記をつけていると聞けば、みなさんは「なるほど」と思うにちがいありません。わたしたちはグレッグのスケジュール帳からすでにいくらかのことを知っているわけですが、2007年8月のその週に、彼がどんなことを書いているのか見てみましょう。

August 2007

6 Monday: Weather: Cloud & Rain   Temperature: Min. 25 Max. 32

Today's weekly meeting was so boring! Jason from the accounts division took two hours to tell us how we are spending too much money. How can you run a company without spending money?

I phoned Gareth about that payment condition problem, but he didn't seem too concerned. Probably the contract won't have to be changed.

7 Tuesday: Weather: Cloudy   Temperature: Min. 25 Max. 31

I had a great presentation today. I was very confident and had prepared well, and I think we've won the contract. I'll go and see them on Thursday to push them a bit.

I bought Mary a designer handbag for her birthday at lunchtime today. I didn't realize how expensive they were. Phew!

8 Wednesday: Weather: Sunny   Temperature: Min. 26 Max. 34

I had lunch with Harry Bingham today. An Italian meal. Very tasty!

Sales are not going well for NuTexture. At least, not as well as we expected. I had to report this to the director, and he wasn't very happy.

9 Thursday: Weather: Sunny   Temperature: Min. 26 Max. 33

We got the C&M contract! I visited them in Kamata today, and they were very happy with the overall proposal. That will please the director...!

Jennifer and Terry will be coming to the party on Saturday. That's good!

I had a painful experience in the dentist's chair this afternoon. One of my teeth had a little decay, so he drilled it out. Ouch!

10 Friday: Weather: Cloud & Sun Temperature: Min. 25 Max. 31

Mike Smith left for America today. He won't be back until the 17th, so I mustn't forget to check his mail every day in case something important comes in.

I ordered a huge bunch of flowers to be delivered tomorrow morning. Mary will be delighted.

11 Saturday: Weather: Fine rain   Temperature: Min. 24 Max. 29

It's Mary's birthday! We had a very pleasant day, and I'm sure she enjoyed herself. Mariko and Daisuke came from Sendai and are staying in the spare room at the moment. I picked them up from the station, and then took them to the supermarket to buy the drinks for the dinner party. A very successful day!

12 Sunday: Weather: Sunny   Temperature: Min. 25 Max. 32

We stayed in bed until nearly 10 o'clock today. Too much drink last night, I guess. We took Mariko and Daisuke back to the station this afternoon, and then came home for a nap.

There was a documentary on the TV about advertising tonight. It was quite interesting, and I'm glad I watched it.

【訳】
2007年8月
6日（月）曇り／雨、最低気温25度、最高気温32度
今日の週例ミーティングはひどく退屈だった！ 経理部のジェイソンが、われわれがいかに金を使いすぎているか、2時間もかけて話したのだ。会社が金を使わなくてどうする？
ガレスに支払い条件の問題で電話をしたが、彼はあまり気にしていないようだった。たぶん契約書の変更はしなくていいだろう。

7日（火）曇り、最低気温25度、最高気温31度
今日は大切なプレゼンテーションがあった。自信をもって臨んだし、よく準備もしたので、契約は勝ち取れたものと思う。木曜日には先方を訪ね、もう一押ししてみるつもりだ。
今日の昼休み、メアリの誕生祝いにブランド物のハンドバッグを買った。どうしてこんなに高いんだろう。やれやれ！

8日（水）晴れ、最低気温26度、最高気温34度
今日はハリー・ビンガムと昼食を食べた。イタリア料理だ。すごくうまい！
ヌーテクスチュアの売り上げは思わしくない。少なくとも、僕たちが期待していたほどではない。これを部長に報告しなければならず、部長は不満そうだった。

9日（木）晴れ、最低気温26度、最高気温33度
C＆Mとの契約を取りつけた！ 今日は蒲田に出向いて彼らを訪ね、彼らはこの提案全般に満足していた。部長が喜ぶだろう……！
ジェニファーとテリーが土曜日のパーティーに来る。よかった！
午後には歯医者で痛い目にあった。少々虫歯になっている歯が1本あり、歯医者にドリルで穴を開けられたのだ。痛っ！

10日（金）曇り／晴れ、最低気温25度、最高気温31度
今日、マイク・スミスがアメリカに出発した。17日まで不在なので、何か重要なメールが届いたときのために、彼のメールを毎日チェックするのを忘れないようにしなければならない。
明日の朝届くように、大きな花束を注文した。メアリが喜ぶだろう。

11日（土）小雨、最低気温24度、最高気温29度
今日はメアリの誕生日！ 楽しい一日だった。メアリも楽しんでくれたと思う。マリコとダイスケが仙台から来て、いま客用の寝室にいる。僕はふたりを駅に車で迎えに行き、それからディナー・パーティーのための飲み物を買いに、彼らとスーパーマーケットに立ち寄った。大成功の一日！

12日（日）晴れ、最低気温25度、最高気温32度
今日は10時近くまでベッドのなかにいた。昨夜、飲みすぎたようだ。午後、僕たちはマリコとダイスケを駅まで送ったあと、家に帰って昼寝をした。
今夜はテレビで広告に関するドキュメンタリーがあった。とてもおもしろい。見てよかった。

■日記の書き方

(1) 短い文で

　前記の日記に顕著な点のひとつとして、どの文も短くシンプルだということがあげられます。1日に5行しか書くスペースがないのですから、ネイティブ・スピーカーでさえ描写を切りつめ、要点だけを書くようにしなければならないのです。

　もうひとつ明らかなのは、ごく短い文を強調するとき、いつも感嘆符を用いているということです。これはほかのジャンルでは避けるべきですが（感嘆符の使いすぎは、読み手をかえってしらけさせてしまいます）、日記の限られたスペースでは、書き手の気持ちを表すのに適しています。また、単語1語に感嘆符をつけることも、長い説明を用いずに意見や感情を表すのに効果的です。たとえば、次の例を見てください。

- I have a date with Simon on Saturday. Yippee!
  土曜日はサイモンとデートだ。やったー！
- I bought the new book by my favorite author. Brilliant!
  お気に入りの作家の新刊を買った。すばらしい！
- It's a beautiful day. Fantastic!
  いい天気。最高！
- Hazel passed her driving test. Unbelievable!
  ヘイゼルが運転免許の試験に通った。信じられない！
- We went to a sushi restaurant. Delicious!
  僕たちは寿司屋に行った。うまい！

　どの例でも書き手の気持ちがはっきり表現されているので、これ以上描写をする必要はありません。この方法は、行ごとに用いたりするとワンパターンになってしまいますが、ときどき随所に用いれば非常に効果的で、日記にスパイスを添えてくれるでしょう。

　その日ごとの文章の構造については、第1部でほかのジャンルの場合について説明したことが、ここでも当てはまります。つまり、まず主題をややセンセーショナルな文で書き、それから、どのようにしてそうなったか、それについてどう感じているかなどを続けるのです。たとえば次の例を見てみましょう。

- Gwen is getting married. She called today to tell me.
  グウェンが結婚する。彼女は今日、それを伝えるために電話をかけてきた。

- I've got a new job. I received the letter of acceptance today.
  就職先が決まった。今日、採用通知を受け取ったのだ。
- I'm thinking of buying a new car. I'm going to the showroom tomorrow.
  新しい車を買おうと考えている。明日はショールームに行くつもりだ。
- Today's my birthday. I hope I get lots of presents.
  今日はわたしの誕生日。たくさんプレゼントがもらえるといいな。
- I got drunk last night. I went out with the girls from work.
  昨夜、酔っ払った。職場の女の子と出かけたのだ。
- My brother's in hospital. He fell off his bicycle and broke an arm.
  兄は入院中だ。自転車から落ちて腕を骨折したのだ。
- We bought a dog! A beautiful little poodle.
  犬を買った！　きれいな小さいプードルだ。

もちろん、話題によっては、センセーショナルなニュースのようには表現できないものもあるでしょう。ほとんどの日は、天気のことや電車のことなど、ごくありきたりなことで始めざるをえないかもしれません。しかし、そのような少し退屈な話題のときも、最初に要点を書くという基本方針は変わりません。以下はその例です。

- It has been raining all day. I hate rainy weather.
  一日中雨が降っている。わたしは雨がきらいだ。
- My train was late this morning. A signal failure, apparently.
  今朝、わたしの乗った電車が遅れた。どうも信号故障らしい。
- I'm reading a great book. It's a suspense thriller.
  すごい本を読んでいる。サスペンス・スリラーだ。
- The cost of vegetables has increased again. I can't believe it.
  野菜の値段がまた上がった。信じられない。
- I cleaned the windows this morning. They get dirty very quickly.
  今朝、窓を磨いた。窓はあっというまに汚れてしまう。
- I had cheesecake after dinner. My favorite.
  夕食のあとチーズケーキを食べた。わたしの好物だ。
- I e-mailed Jonathon today. The first time for ages.
  ジョナサンにeメールを書いた。本当に久しぶりだ。

(2) まずポイントを書き、「理由」や「感じたこと」を追加する

　先ほども書きましたが、もう書くことがないのに無理やり長くしようとしないことが大切です。とはいえ、日記をつけはじめて1、2カ月すると、書いていることがいつも同じように思えてきて、もう書きたいことがないと感じるようになるかもしれません。そんなときにこのルールを厳守しようとすれば、1日に書く分量はどんどん短くなっていき、なんの気持ちの高まりもなくなって、ついには途絶えてしまうでしょう。この段階に達したら、これから説明するような質問リストを使って、その日の出来事を再検討できるようにしてみてはいかがでしょうか。そうすれば何か書くことが見つかるかもしれません。

　このリストは、毎日は使わないほうがいいでしょう。書くことが何も見つからないときだけ使うのです。そうすれば、同じ質問に答えることで同じことばかり書くという事態が避けられます。また、順を追ってこのリストを使うのもいいでしょう。たとえば、もしも質問⑥に答えることで何行か書くことができたら、次に書くことがなくなったときは質問⑦から始める、という具合です。
　以下に、役立ちそうな質問の例をあげておきます。それに対応する答えの例も載せておきましたので、日記を書くときの参考にしてください。

---

① **Have you had trouble sleeping recently, or is it difficult to get up in the morning?**
最近、なかなか寝つけなかったり、朝起きられなかったりすることはありませんか。

- **I couldn't get to sleep until nearly three o'clock this morning. I kept thinking about next week's examination. I'm really tired.**
  朝の3時近くまで寝つけなかった。来週の試験のことが頭から離れなかったのだ。そのせいでひどく疲れている。

- **Next door's baby was crying all night. I didn't get to sleep until past two o'clock.**
  隣りの赤ちゃんが一晩中泣いていた。おかげで2時すぎまで寝つけなかった。

- **It is really difficult to get up in the mornings recently. Maybe I should go to bed earlier.**
  最近は朝、なかなか起きられない。たぶんもっと早く寝るべきなのだろう。

- **I hate getting out of bed on winter mornings. It is so cold and miserable.**
  冬の朝はベッドから出るのがいやでたまらない。すごく寒いんだもの

② Did you have anything different for breakfast?
朝食に何かいつもと違うものを食べましたか。

- We didn't have any orange juice today, so I had grapefruit juice with my breakfast. It was really quite nice.
  今朝はオレンジ・ジュースがなかったので、朝食にグレープフルーツ・ジュースを飲んだ。とてもおいしかった。

- I had waffles for breakfast today. They were delicious.
  今日は朝食にワッフルを食べた。おいしかった。

- I got up late and didn't have time for breakfast. I was really hungry by lunchtime.
  寝坊したので朝を食べる時間がなかった。昼食までにはとてもお腹が空いてしまった。

- The rice-cooker has broken, so I had toast for breakfast. It made a pleasant change.
  炊飯器が壊れたので、朝食はトーストにした。こういう変化もいいものだ。

③ Did you see anything interesting on the news?
何かおもしろいニュースを見ましたか。

- My favorite singer is getting married! Oh, no...!
  わたしの大好きな歌手が結婚するって！ そんな……！

- There are so many cases of violence on the news recently. It is really depressing.
  最近はニュースでやたら暴力事件を耳にする。本当に気が滅入る。

- It said on the news that they are thinking of raising the consumption tax rate. I hope I get a pay rise soon.
  ニュースで、消費税率の引き上げが検討されていると言っていた。わたしの給料、早く上がるといいんだけど。

- There have been terrible floods in Kyushu. I feel so sorry for the victims.
  九州でひどい洪水があったそうだ。被害にあった方々が気の毒だ

④ Did you notice anything interesting on the train?
電車で何かおもしろいことに気がつきましたか。

- Everybody on the train recently is sending e-mail from their mobile phones. It is quite strange.
  電車に乗っている人たちは最近、誰もが携帯からeメールを送っている。かなり異様。

- There was a young man on the train today with blood on his shirt. I wonder what happened.
  今日、シャツに血をつけた若い男が電車に乗っていた。いったい何があったのだろう。

- The man standing next to me on the train stank of alcohol. I hate riding on crowded trains.
  電車でわたしの横に立っていたおじさんは、アルコールの臭いがぷんぷん。満員電車ってほんと、いやになる。

- A girl was putting on make-up on the train today. It was embarrassing to watch.
  今日、電車で化粧をしている女の子がいた。目のやり場に困る。

⑤ Did anything interesting happen at work?
職場で何かおもしろいことがありましたか。

- There is a rumor that one of the managers has been fired. I'd love to know what he did.
  課長のひとりがクビになるという噂だ。何をしでかしたのか、知りたいものだ。

- The computer system crashed again today. Everybody was so angry.
  今日、コンピュータ・システムがまたもやクラッシュした。みんなカッカとしている。

- I received an e-mail from Francesca in the Rome office today. I haven't heard from her for months.
  ローマ支社のフランチェスカから今日eメールが届いた。本当にひさしぶりだ。

- Yumiko spilt coffee all over her desk today. All of her files were ruined.
  今日、ユミコがデスクにコーヒーをこぼした。彼女のファイルはすべてだめになってしまった。

このようなシンプルな質問は、あなたがその日に見たこと聞いたことを思い出すのに、驚くほど効果があるはずです。そして、質問に答えることによって、日記にちょっとしたおもしろいことが書けるでしょう。もちろん質問リストは、

それぞれの人の立場によって違ってきます。たとえば、ここにあげた電車や職場に関する質問は、専業主婦の人には向かないでしょう。したがって、それぞれ自分用の質問リストを作らなければなりません。そのときの参考に、質問の例をさらにいくつかあげておきます。

⑥ Did your husband/wife, children, friends or work colleagues say anything interesting?
あなたの夫／妻、子ども、友人、同僚が、何かおもしろいことを言いましたか。

⑦ Did you notice anything interesting in the street?
街中で何かおもしろいことに気がつきましたか。

⑧ Did you do anything that is not part of your normal routine?
毎日の決まったこと以外に何かしましたか。

⑨ Are you reading an interesting book or magazine?
おもしろい本や雑誌を読んでいますか。

⑩ Are there any books you wish to read or movies you wish to see?
読みたい本、見たい映画はありますか。

⑪ Have you seen any interesting TV programs?
何かおもしろいテレビ番組を見ましたか。

⑫ Have you had any interaction with your neighbors?
近所の人と何かやりとりがありましたか。

⑬ Are any problems apparent in your local community?
あなたの家の近所で何か問題が起きていますか。

⑭ Do you own a pet or want to own a pet?
ペットを飼っていますか、または飼いたいと思っていますか。

⑮ Did you enjoy your lunch and/or dinner?
昼食、夕食は楽しかったですか。

⑯ Are there any electrical appliances that you'd like to purchase? Why?
買いたいと思っている電気器具はありますか。それはなぜですか。

⑰ Is your favorite baseball team/soccer team doing well?
あなたの好きな野球チーム（またはサッカー・チーム）は好調ですか。

⑱ Does anything in your home require repair or replacement?
家のなかに修理が必要なもの、買い替えが必要なものはありますか。

⑲ Who is your favorite or least-liked athlete / singer / group / actor / actress / politician? Why?
あなたの好きな（または嫌いな）スポーツ選手／歌手／グループ／俳優／女優／政治家は誰ですか。それはなぜですか。

⑳ Is there anybody you particularly like or particularly dislike? Why?
特別に好きな人、または嫌いな人はいますか。それはなぜですか。

日記とは、その人自身を映し出すもの。ですから、日記にはあなたの個性を表すような、できるだけさまざまな出来事、情報を盛り込み、将来、読み返したときに、おもしろいと思えるものにしましょう。日記に「語りかける」ときは、喫茶店で友人に向かって、あなたの日常生活、あなたの好きなもの嫌いなもの、社会の出来事についてのあなたの意見などを話しているつもりになりましょう。もしもこれらのことを生き生きと鮮やかに書き留めておくことができれば、あなたは本当に、ひとりの新しい友人を得ることになるのです。

Column

ライティングのためのヒント#4

ある状況を説明する文のあとで、but を使って思わしくない結果を書く場合には、文章をふたつに分けましょう。ふたつめの文を However や Unfortunately、Sadly で始めると、さらにインパクトがあります。

- We wanted to visit Europe for this year's vacation, *but* it is too expensive.
  今年の休暇にはヨーロッパに行きたかったんだけど、値段があまりにも高すぎた。
- →We wanted to visit Europe for this year's vacation. <u>Unfortunately</u>, it is too expensive.
  今年の休暇にはヨーロッパに行きたかった。あいにく、値段があまりにも高すぎた。
- I was looking forward to seeing the movie, *but* it wasn't as good as I expected.
  その映画を見るのを楽しみにしていたんだけど、期待していたほど良くなかった。
- →I was looking forward to seeing the movie. <u>However</u>, it wasn't as good as I expected.
  その映画を見るのを楽しみにしていた。なのに、期待していたほど良くなかった。
- I was hoping to get a good pay rise this year, *but* that didn't happen.
  今年は給料がたくさん上がるといいなと思っていたけど、そんなことは起こらなかった。
- →I was hoping to get a good pay rise this year. <u>Sadly</u>, that didn't happen.
  今年は給料がたくさん上がるといいなと思っていた。悲しいかな、そんなことは起こらなかった。

Taking Messages and Notes

2 メモと伝言の書き方

　メモと伝言を書くことは、おそらくすべてのジャンルのなかで最も簡単でしょう。したがって、ここではあれこれ説明する必要がありません。伝えなければならない情報がちゃんと伝わるように書きさえすれば、それでいいのですから。もちろん、自分のためにメモを取るときと、ほかの人に宛てて伝言を書くときとでは、いくつか違いがありますが、基本的な考え方は同じです。

メモを取る

　実は、この章は書く必要がないといっても過言ではありません。なぜなら、自分のためだけに書くときのスタイルについては、前章の「スケジュールをつける」で説明ずみだからです。自分のためのメモをきちんと手帳に書こうと、乱雑にポストイットに書いてパソコンのモニターの脇に貼ろうと、書き方のスタイルに違いはありません。
　ただひとつ違うスタイルが望まれるのは、ミーティングや会議でメモを取る場合です。この場合は、書かなければならない分量が多いので、記号や略語を使ったなら、その意味を覚えておくことができないでしょう。もしも記号や略語だらけであれば、そのメモを数週間ぶりに見たときに、何が書いてあるのか理解するのに苦労するでしょう。
　したがってこの場合は、すべてを略さずに書くスタイルと、略語を使って書くスタイルの中間をとる必要があります。この過程で最も重要なのがキーワードです。話されている内容から最も重要なキーワードを見つけ出し、それをちゃんと読み取れる形で書いておけば、たとえ文法には注意を払っていなくても、メモの内容は十分にわかるはずです。たとえば、ミーティングである人が次のような発言をしたとしましょう。

> **Sales have been down over the past three months, but our new advertising campaign, which is scheduled to start next month, is expected to pull us out of this trend.**
>
> この3カ月、売り上げが落ちていますが、来月から始まる予定の広告キャンペーンによって、この状況か

ら抜け出せることが期待されます。

あなたがどのぐらい細かい性格かによって、この発言を聞いて取るメモは次の3通りに分かれるでしょう。

1) Sales down 3 mnths ➡ ad campaign starts next mnth ➡ increase sales.
売り上げダウン3カ月→広告キャンペーン来月開始→売り上げ増

　この例は基本的にすべての文法的要素を取り除き、順を追って元の文の語を並べています。もちろんこの方法でも間違いではないのですが、書くのに時間がかかってしまいます。もしもミーティングが2時間続いたとすれば、ノートはびっしり文字で埋まってしまうでしょう。また、そのために集中力も削がれてしまいます。言葉を書くスピードより話すスピードのほうがずっと速いのですから、話し手のペースについていくにはたいへんな努力が必要で、書くのに必死のあまり、結局は実質的な内容が頭に入らない、ということになってしまうでしょう。

2) Ad campaign expected to increase 3 mnth drop in sales.
広告キャンペーンによって3カ月の売り上げダウンが上向くと期待される。

　これは器用なメモの取り方です。余分な装飾語をすべて除いて、元の文を文法的にきちんと書き直しているからです。これもまた、決して間違ってはいないのですが、発言者が文を言い終えるまで待っていなければならないという欠点があります。そうでなければ、自分で文を組み立てることができないからです。そして、文を組み立てているうちに、次の文の内容を聞き逃してしまうでしょう。

3) Ad campaign next mnth. Increased sales?
来月の広告キャンペーン。売り上げ増？

　おそらくこれが最も効果的なメモの取り方でしょう。書き手は元の文を自分の文に置き換えることはしませんが、分析してその言わんとするニュアンスをとらえています。彼は、「この3カ月、売り上げが落ちている」という部分は書く必要がないと判断しました。なぜなら、Increased sales? と書けば、それ

まで売り上げがよくなかったことがわかるからです。彼はキャンペーンの始まる時期を、この発言の最も重要な情報とみなしました。そして Increased sales のあとに疑問符をつけることによって、売り上げの向上は「確実に保証されている」ことではなく、「期待されている」ことであるというニュアンスを表したのです。

　ミーティングでメモを取るときに最も大切なことは、**何が重要で何がそうでないかを見分けること**です。もしもあなたがその会社にとって重要な立場にいるなら、多くの場合、話される内容はすでに知っているでしょうから、その場合は、新しい情報だけ、またはすでに知っていてもさらに具体化されたり変更されたりした情報だけ、書くようにすればいいのです。

　たとえば、あなたの会社がISO9001（製品の品質保証と品質マネージメント・システムの要求事項を規定した国際規格）の取得を目指していて、その基準を満たすために会社全体が従うべき細目を、品質管理部がマニュアルにまとめているところだとしましょう。このマニュアルは10月に配られるものと誰もが思っていたのですが、品質管理部の部長が週例ミーティングで次のような発言をしました。

> **With regards to our efforts to attain ISO9001 certification, progress is being made on a systematic basis and we are coming along nicely with the guidelines that will outline the standards we need to meet. Unfortunately, we noticed that we overlooked one or two points during the editing process of these guidelines, so the distribution date, originally scheduled for October, will have to be put back to November in order to make all of the necessary changes. We are still on target for meeting our own deadline with regards to obtaining the certification, however, so we do not believe that this will cause and significant delays.**
>
> ISO9001認証を取得するためのわれわれの尽力に関して、作業は手順よく進められ、満たさなければならない基準をまとめたガイドラインの作成は着々と進んでいます。残念ながら、ガイドラインの編集の過程において、われわれは、見落としていた点がひとつふたつあることに気づきました。したがって、10月に予定されていた配布の時期は、必要な修正をすべて行うために、11月に延ばさざるをえなくなるものと思われます。しかしながら、認証取得との関連でわれわれの締め切りを守るという目標に変わりはありませんので、これによって重大な遅れが出ることはないと確信しています。

立派な長いスピーチでしたが、聞いていた人たちにとって必要なのは、マニュアルの配布が1カ月遅れる、ということだけでした。したがって、左下の文章をまとめれば、次のことだけで十分なのです。

ISO manual delayed ➡ Due Nov.
ISOマニュアル遅れ→11月の予定

　メモの取り方に関して、これ以上の説明は不要かと思いますが、参考までに、メモの例とその元になった文をあげておきます。

[メモの取り方の例]

Six trainees from our Brussels office are coming to Japan for six weeks on May 14th for training purposes. 6名の研修生がブリュッセル支社から5月14日に来日し、研修のため6週間日本に滞在します。	6 trainees (BRU). 05/14 〜 6 wks
The canteen is to be refurbished and will therefore be closed for two weeks starting from Monday. 社員食堂は改装のため、月曜日から2週間休業します。	Mon 〜 Canteen closed (2 wks)
Mr. McDonald will be retiring from the company after twenty-five years of service this Friday, and we will be holding a farewell party for him in the conference room starting at seven o'clock. Everybody is encouraged to donate ¥1,000 for a farewell gift for him. 今週の金曜日、25年勤続されたマクドナルド氏が退職されます。そこで、7時より会議室で送別会を開きます。餞別の費用として、みなさんから1,000円ずつの寄付をいただければ幸いです。	Mr. McD leave Fri. Party 19:00 (conf. room). ¥1,000 for gift.
I am delighted to inform you that Peter Johnson has been promoted to the position of section manager. このたびピーター・ジョンソン君がめでたく課長に昇進したことを、みなさんに報告します。	PJ ➡ sec. manager.

The IT market in China is growing at an incredible rate, and we have decided to open a small office in Beijing at the beginning of September to evaluate the possibility of expanding our business interests there. 中国のIT市場はめざましい勢いで成長しているため、われわれは9月初め、北京に小規模な支社を開き、中国における事業利益拡大の可能性を探ることになりました。	New office in Beijing (Sept.)
In line with our cost-saving program, all overtime work will be banned from the beginning of April. コスト削減プログラムに従って、4月初めよりすべての残業が禁止されます。	No O/T from Apr.
I want you to write up a report showing the transition across to third-generation cell phones over the past six months. Include some graphs, if you can. ここ6ヵ月の第3世代携帯電話への移行状況を示す報告書を作成してもらいたい。できればいくつかグラフも入れるように。	Report on 3G cell phone trans. Inc. graphs.
Mr. Jones will be traveling to London on Thursday to discuss the contract, and I want you to arrange a car to meet him at the airport. He will be arriving at 16:30 aboard BA006 and be staying at the Ritz Hotel. 契約の件で話し合うため、ジョーンズ氏が木曜日にロンドンに向かうので、空港に車の迎えを出す手配をしてください。16:30にBA006便で到着し、リッツ・ホテルに滞在します。	Mr. J: Arr. Thr. car LHR to Ritz BA6 16:30
The new model of air-conditioner has a self-cleaning function and consumes twenty-five percent less electricity. 新型のエアコンには自浄機能が備わり、消費電力が25パーセント削減できます。	New model self-cleans + 25% less elec. consump.
We want an advertising campaign spread throughout newspapers, magazines, television and radio, and it must emphasize the extra-long battery life and inexpensive running costs. 広告キャンペーンは新聞、雑誌、テレビ、ラジオで広く展開したいと思います。その際、バッテリー寿命の驚くべき長さ、ランニングコストの低さを強調しなければならなりません。	Total media campaign. Emph battery life & cheap running.

伝言を書く

　ほかの人に宛てて伝言を書くときは、簡潔さと正確さが要求されます。そして、職場で日常的に使われている略語以外は、略語を使わないほうがいいでしょう。職場で伝言を書かなければならない状況としては、基本的に、
　(1) あなたから相手への伝言
　(2) 職場の誰かからほかの誰かへの伝言
　(3) ほかの誰かへの電話の伝言
の3つがあります。

(1) あなたから相手への伝言

　この状況が生じるのは、ある人のデスクに行って何かを伝えようとしたら、その人がいなかったときでしょう。あなたはその人に話がしたいわけですから、次のような伝言を書いて、その人のデスクに置いておくことになります。

Jane

Could you contact me when you get back?
I need to talk to you about the C&M contract.

Thanks, Colin
(14:50)

ジェーンへ
戻ったら連絡してくれませんか。C&Mの契約書のことで話があります。
よろしく。コリン
(14:50)

ここでは略語なしに要点だけ書かれています。コリンはジェーンのデスクに伝言を残した時間（14:50）も書いていますが、ふつうはなくてもかまわないでしょう。また、相手のデスクに置いた場合でも、伝言のいちばん上に宛名を書くことを忘れずに。万が一、メモを別の人のデスクに置いてしまった場合でも、宛名があればいずれ本人のところにたどり着くはずです。

　言葉遣いは、職場におけるあなたから見た相手の地位によって違ってきます。上記の場合、ジェーンとコリンは同等の地位にいますから、コリンは伝言をCould you...で始めています。これは、同僚のあいだで何かを頼むときの最も一般的な表現です。伝言の相手の地位によって、最初の文がどのように書かれるかを見てみましょう。

表現のていねい度が高い

高　相手の地位　**低**

- Would you please get somebody to contact me when you get back?
- May I ask you to contact me when you get back?
- Do you think you could contact me when you get back?
- Would you mind contacting me when you get back?
- Could you please contact me when you get back?
- **Could you contact me when you get back?** ← 自分と同等
- Would you contact me when you get back?
- Contact me when you get back.

表現のていねい度が低い

　自分より地位が下の人に対しては、Would you...を使った質問の形か、命令のように聞こえる形が使えます。「自分と同等」から上の4つめまでの文は、それほど違いがありませんので、どれを使ってもかまいません。しかし、いちばん上の文は、相手の身辺に秘書や代行者がいる場合に限られます。本人に直接連絡してもらうには相手の地位が高すぎるので、部下に代行させてください、というニュアンスですから。

伝言のふたつめの文は、相手の地位によってふつう、次のようになります。

表現のていねい度が高い

高 ↑
相手の地位
↓ **低**

- If you don't mind, I'd like to discuss the C&M contract.
- I need some advice on the C&M contract.
- I think it would be a good idea to discuss the C&M contract.
- I would like to discuss the C&M contract.
- I think we need to discuss the C&M contract.
- **I need to talk to you about the C&M contract.** ← 自分と同等
- We need to talk about the C&M contract.
- I want a chat about the C&M contract.

表現のていねい度が低い

　一般に、自分より地位が上の人に対しては、talkではなくdiscussを使ったほうがいいでしょう。talkが一方通行のやり取りを思わせるのに対し、discussは双方向のやり取りを思わせますから。とはいえ、英語では敬語について、あまり心配しすぎる必要はありません。英語の敬語のルールは、日本語に比べればずっと曖昧ですし、あなたが使った敬語のレベルで相手が気分を害することは、まずありません。誠意さえあれば、ふつうは許されるでしょう。

　これまで説明したのは、仕事関連の伝言でしたが、プライベートな伝言でもレイアウトは変わりません。次ページ以降はその例です。

> Jane
>
> We're going for a drink tonight. Interested? We'll be leaving the office at 18:30.
>
> Colin

ジェーンへ
今晩、僕たちは飲みにいきます。一緒にどう？　18:30にオフィスを出る予定です。
コリン

　これもまた、何も凝った書き方はしていない、要点だけの伝言です。ジェーンは、もしも飲みにいくつもりなら、コリンにそう伝えるか、18:30にオフィスを出るようにするでしょう。行くつもりがなければ、ただ無視するだけです。

　先ほど、略語の使用は避けたほうがいいと書きましたが、それは単語を略す場合だけのこと。書き手の意図がはっきり伝わる範囲で、文全体を1語か2語に略すのは、よく用いられる方法です。上記の場合、Interested? は、Would you be interested in coming with us?（僕たちと一緒に来ることに興味はありますか）を略したものです。文の省略の例を以下にあげてみましょう。

- **Heard you are quitting. Right?** ➡ (Is that right?)
  あなたが辞めるという話を聞いたわ。本当？→それは本当なの？
- **The seminar will be held next Saturday. Going?** ➡ (Will you be going?)
  セミナーが来週土曜日に開かれます。行きますか？→あなたは行きますか。
- **Good luck on your business trip. Hotels booked?** ➡ (Have you booked your hotels yet?)
  出張がうまくいくといいね。ホテルは予約した？→君はもうホテルを予約した？
- **I need your sales report by 15:00. Finished?** ➡ (Have you finished writing your report?)
  15:00までに売上報告書が必要だ。終わったか？→君は報告書を書き終えたか？

- We are collecting money for Gail's birthday present. In?
  ➡ (Would you like to be included in the people from whom we are collecting?)
  ゲイルの誕生祝いのプレゼントのためにお金を集めているの。参加する？→あなたも出資者になる？

(2) 職場の誰かからほかの誰かへの伝言

　自分以外の誰かから別の誰かに伝言をするときは、もともと誰からの伝言なのかを明確にしなければなりません。そのためには、次のふたつの方法が考えられます。

```
Jane

Message from Gavin
(Accounts):
I haven't received this
month's invoices yet. Could
you bring them by when you
have time?

Colin
```

ジェーンへ
ギャヴィン（経理部）からの伝言
今月の請求明細書をまだ受け取っていません。時間があるときに持ってきてもらえますか。
コリン

　この伝言は、まるでギャヴィン本人が書いたかのように、1人称で書かれています。でも、Colinという署名があることから、これは発信人と受け手とのあいだをColinが仲介した伝言であることがわかります。これは間接的な伝言として申し分ないのですが、次ページのスタイルのほうがより一般的です。

> Jane
>
> Gavin (Accounts) wants you to take this month's invoices to him when you have time.
>
> Colin

ジェーンへ
ギャヴィン（経理部）が、時間のあるときに今月分の請求明細書を持ってきてほしいとのことです。
コリン

　これは、元のメッセージを解釈しなおし、自分で相手に話しかけているようなスタイルです。元のメッセージは口頭によることがほとんどなので、その人が話したとおりの言葉を再現できない場合もあります。こうした理由から、この方式がより一般的になっているのでしょう。

　どちらの例でも、混乱を避けるために、ギャヴィンの部署がカッコのなかに表示されていることに注意してください。Gavin in Accounts wants you to... と書くこともできるのですが、カッコを使うことによって語数を減らし、すっきりまとめることができるのです。
　参考までに、間接的な伝言としてよく使われそうな例文をあげておきます。

- **Gavin wants you to contact him.**
  ギャヴィンが連絡してほしいとのこと。
- **Gavin said he wants you to contact him.**
  ギャヴィンが連絡してほしいと言っていました。
- **Gavin wants to see you about something.**
  ギャヴィンが何かのことであなたに会いたいそうです。
- **Gavin was looking for you.**
  ギャヴィンが探していましたよ。
- **Gavin asked if you would deliver your invoices to him.**
  ギャヴィンが送り状を持ってきてほしいとのことです。
- **Gavin needs to speak to you.**

ギャヴィンがあなたに話があるそうです。
- **Gavin has something he needs to ask you.**
  ギャヴィンがあなたにたずねたいことがあるそうです。

(3) ほかの誰かへの電話の伝言

　電話のメッセージで必ず聞いておかなければならないのは、電話をかけてきた人の名前です。どんなことがあっても、これをおろそかにしてはなりません。もしもきちんと聞き取れなかったときには、次のようにたずねて確認しましょう。

- **I'm sorry, but could I have your name again?**
  すみませんが、もう一度お名前を伺えますか。
- **I'm sorry, but would you mind repeating that?**
  すみませんが、お名前を繰り返していただけますか。
- **May I have your name again, please?**
  もう一度お名前をお聞かせいただけますか。
- **May I confirm your name, please?**
  お名前を確認させていただけますか。
- **Could you tell me your name again, please?**
  もう一度お名前をおっしゃっていただけますか。

　また、電話をかけてきた相手の会社名も聞いておかなければなりません。それは、次のようにたずねればいいでしょう。

- **May I have your company name, please?**
  そちらの会社名をお聞かせいただけますか。
- **And you are with...?**
  そして、そちら様は……？
- **And your company is...?**
  そして、そちら様の会社は……？
- **Mr. XXXX of...?**
  どちらの○○○○様で……？

　会社名をたずねる質問は、完全な文ではなく途中までのことが多いようです。不思議に思えるかもしれませんが、これがふつうに受け入れられており、相手があなたの言おうとしていることを理解できない恐れはありません。ときには、

相手が自分の所属を言いたがらないことがあり（とくにプライベートな電話の場合）、そんなとき、相手は次のように言うでしょう。

- **Don't worry, she knows who I am.**
  ご心配なく。彼女はわたしが誰だかわかりますから。
- **She will know my name.**
  彼女はわたしの名前を知っていますから。
- **Just tell her my name.**
  ただわたしの名前を彼女に伝えておいてください。

折り返し電話をする必要があるときは、次のように相手の電話番号をたずねましょう。

- **May I have your number, please?**
  電話番号を教えていただけますか。
- **Can you let me have your number, please?**
  電話番号をお聞かせいただけますか。
- **Does she have your number?**
  彼女はそちら様の番号を存じているでしょうか。

相手がShe already has it.（彼女は知っていますよ）と答えることもあり、この場合はもう電話番号を聞き出さなくていい、番号をメモしておかなくていい、ということになります。

さて、必要な情報をすべて聞き終えたら、次のような伝言を書くことができるでしょう。

> Jane
>
> Mr. Smith from ABC Printing Co. (01-234-5678) telephoned. He wants you to call him back.
>
> Colin

ジェーンへ
ABC印刷のスミス氏（01-234-5678）から電話。折り返し電話をくださいとのこと。
コリン

　電話をかけてきた相手についての詳細を書くときは、p.188に書いたように、カッコ内に説明を添えるといいでしょう。

Writing Greeting Cards

3 グリーティング・カードの書き方

　誰でもグリーティング・カードをもらうとうれしいものです。もしもキリスト教国で誰かの家を訪ねる機会があれば、そしてそれがクリスマスの時期や、その家の誰かの誕生日が近づいている時期ならば、何枚ものカード（20枚や30枚あることも）が居間に飾ってあるのを見かけるにちがいありません。カードの表にはふつう、きれいな絵やノスタルジックな絵が描かれていますから、あなたが部屋のなかを歩きまわってカードを1枚1枚眺め、とくに心ひかれるカードを見て小さな感嘆の声をあげれば、家の人たちはきっと喜ぶでしょう。でも、カードを手にとって、なかのメッセージを読んではいけません。それはプライベートなものと見なされているからです。

　グリーティング・カードは形もさまざまなら、用途もさまざま。年間を通じて、カードを送る機会は何度かあります。書くのが簡単なうえ、受け取った相手はきっと喜んでくれます。店で売られているカードには、短いメッセージが印刷されていることが多く、ときには、詩の形でメッセージが入っているものもあります。したがって、わたしたちが書くことはふつう、ごく簡単な短いメッセージだけです。

　カードの書き方は、形式的にはどんな場合もほぼ同じですが、なかに書くメッセージは当然ながら異なります。そこでこの章では、カードの用途別に書き方を説明していきます。

クリスマスカード、誕生日カードなど

　クリスマス、イースター、誕生日、結婚、赤ちゃんの誕生などの機会に送るカードの書式は、どの場合もほぼ共通しています。これらのカードには縦長のものと横長のものがあります。そしてたいていは次のように、縦長のカードなら見開きの右ページに、横長のカードなら見開きの下のページに、メッセージがすでに印刷されています。

Wishing you joy this Christmas

縦長のカード

Wishing you joy this Christmas

横長のカード

カードを書くときの決まり

　最近ではカードの書き方の決まりがゆるやかになりましたが、基本的なエチケットとしては、グリーティング・カードを手紙の代わりにしてはいけない、とされています。そして、自分でメッセージを書くのは、印刷されたメッセージの下の部分だけ（メッセージが印刷されていない場合は、ふつうならメッセージが印刷されるはずのページの中央部だけ）とされています。つまり、自分でメッセージを書くのは、下記に□で示した部分だけなのです。

Wishing you joy this Christmas

□□□□□□□□□□
□□□□□□□□□□

Wishing you joy this Christmas

□□□□□□□□□□
□□□□□□□□□□

この理由のひとつとして、グリーティング・カードはふつう、受け取り手の家庭の公共の場所（暖炉や家具の上など）に飾られるという点があげられます。そのときに個人的な長いメッセージが書いてあると、いくら他人のカードに書かれたメッセージを読むのがエチケット違反とされているとはいえ、プライベートな手紙を公共の場にさらしているようなものです。

　とはいえ、前述のように、最近ではカードの書き方の決まりがゆるやかになり、印刷されたメッセージの上や白紙のページにメッセージが書き込まれたカードを受け取ることも珍しくありません。この場合でも、グリーティングのエッセンスは印刷されたメッセージの下、という原則は変わりません。つまり、手紙文を書くスペースを広く取ろうとして、中心となる挨拶の言葉をカードの別の部分に書いてはならない、ということです。

　あなた自身、メッセージがいろいろな位置に書かれたカードを受け取ることはあるかもしれませんが、自分としてはエチケットを守り、カード本来の目的——つまり、その時々の挨拶を送ること——にかなったカードの書き方をこころがけるようおすすめします。もしもほかに伝えたいことがあれば、ふたつ折りにしたときカードに収まるサイズの別の紙に書けばいいのです。こうしておけば、相手は手紙を抜き取ってから、カードを飾ることができますから。このときの手紙はふたつ折りまでにしましょう。三つ折り、四つ折りとなると、カードにはさんだときにかさばってしまい、見栄えが悪くなります。

カードを贈る相手

　ところで、カードは誰に贈るべきなのでしょうか。ふつう、クリスマスカードなどの季節のグリーティング・カードや誕生日カードを送る相手は、家族（離れて住んでいる場合）と親しい友人に限られます。こうしたカードを、ふだん会っている職場の同僚やよその会社の人、それほど親しくない知人に送る習慣はありません。取引先とのカードのやり取りは、ふつうは経営者側でやっていますから、自分で出す必要はないのです（もちろん、顧客を親しい友人と考えているなら話は別ですが、その場合は会社宛てではなく、相手個人に送りましょう）。とはいえ、同僚やあまり親しいわけではない知人から、あなたを親しい友人と見なしたカードが届くことがあるかもしれません。この場合は、こちらからも送ることがあります。

　グリーティング・カードのもうひとつの役割として、かつて親しかったけれども今はあまり会えなくなってしまった人（たとえば、よその地方や海外に引っ越してしまった人など）と連絡を取り合うという役割があります。この場合は、それを機会に自分の近況を短い手紙に書いて同封するのもいいでしょう。

クリスマスカードやイースターカードなど、宗教的意味合いのあるカードを送るときは、相手の宗教を考慮する必要があります。もちろん、たとえば日本人などのように、クリスチャンではなくてもクリスマスを祝う国民もありますから、その場合は差し支えありませんが。もしも相手の宗教がわからないときは、相手からカードをもらうまでは、こちらから送らないようにするのがいいでしょう。

　グリーティング・カードには、礼辞や結辞をつける必要はまったくありませんが、好みによってはつける人もいます。もしもつける場合、礼辞は「Dear＋相手の名前」ではなく「To＋相手の名前」とするべきでしょう。なぜなら、これがその人へのカードだということを示すのが目的であって、インフォーマルな手紙のように、長いメッセージの冒頭で相手に呼びかけているわけではないからです。

　また、結辞をつける場合は、相手との親しさの程度によって、Love, か Best Wishes, が最も一般的でしょう。Love, はふつう、異性の親しい友人か、男女の混じったグループ（家族など）に対して使われます。

　礼辞と結辞をつけない場合とつけた場合のクリスマスカードの例を、以下にあげてみました。

［礼辞と結辞をつけない場合］

> Merry Christmas and a happy New Year
> I hope you enjoy the holidays
>
> Bernadette and Peter

[礼辞と結辞をつけた場合]

> To Jeff, June and Jimmy
>
> Merry Christmas and a happy New Year
> I hope you enjoy the holidays
>
> Love, Bernadette and Peter

　一般に、グリーティングはふたつの短い文から成ります。まず、相手にその時々の挨拶を述べて、それから短い個人的なコメントをするのです。このふたつの要素の例文を、カードのタイプ別に以下にあげておきます。もしも書くことを自分で思いつかないときは、〈第1文〉からひとつ、〈第2文〉からひとつ、気に入ったものを選んで、メッセージを完成させてください。ただし、これらのメッセージを使う前に、カードに印刷されているメッセージがそれと重ならないことをまず確認しましょう。多くのカードには凝ったメッセージが印刷されていますが、時にはMerry ChristmasやHappy Birthdayのような、シンプルなメッセージのこともあるので、気をつけてください。また、ふたつの文で同じ言葉を使わないようにしましょう。つまり、もし最初の文でNew Yearという言葉を使ったら、ふたつめの文にはそれを使わないようにする、ということです。

■カードの書き方の例

(1) クリスマスカード

　欧米では年賀状を出す習慣がないため、クリスマスカードはクリスマスと新年の挨拶を兼ねることが少なくありません。つまり、メッセージの書き方次第で、新年の挨拶を含めることも含めないこともできるのです。

第1文

- **Merry Christmas.** 楽しいクリスマスを
- **Happy Christmas.** 楽しいクリスマスを
- **Seasons' greetings.** 季節のご挨拶
- **Yuletide greetings.** クリスマスのご挨拶
- **Happy holidays.** 楽しい休暇を
- **Wishing you a merry Christmas.** 楽しいクリスマスをお迎えください
- **Here's wishing you a merry Christmas.**
  楽しいクリスマスをお迎えください
- **I hope you have a wonderful Christmas.**
  すばらしいクリスマスをお迎えください
- **Merry Christmas and a happy New Year.**
  楽しいクリスマスと新年をお迎えください
- **Best wishes to you this Christmastime.**
  このクリスマスの季節のご多幸を祈ります
- **Wishing you peace and prosperity this Christmas.**
  このクリスマスに、平安と繁栄をお祈りします

+

第2文

- **I hope 200X is kind to you.**
  200X年があなたにとってよい年でありますように
- **I hope you have a wonderful New Year.**
  すばらしい新年をお迎えください
- **I hope 200X is prosperous for you.**
  200X年があなたにとって幸せな年でありますように
- **Have a wonderful New Year.** すばらしい新年を
- **Have a lovely New Year.** すてきな新年を
- **I look forward to seeing you in the New Year.**
  新年にお目にかかるのを楽しみにしています
- **I hope you have a wonderful time.** 楽しく過ごされますように
- **I hope you enjoy the holidays.** 楽しい休暇を
- **Don't eat too much.** 食べすぎに気をつけて

(2) 誕生日カード

第1文	■ Happy birthday! お誕生日おめでとうございます ■ Many happy returns of the day. 　この幸せな日が幾たびも繰り返されますように ■ I hope you have a happy birthday. 楽しいお誕生日をお迎えください ■ I hope you have a wonderful birthday. 　すばらしいお誕生日をお迎えください ■ Here's hoping you have a wonderful birthday. 　すばらしいお誕生日をお迎えください ■ I hope your birthday is everything you expect. 　期待どおりのお誕生日でありますように ■ Have a wonderful birthday. すばらしいお誕生日を ■ I hope you enjoy your birthday. お誕生日を楽しんでください
+	
第2文	■ I hope you get everything you want. 　大満足の一日でありますように ■ Have a wonderful day. すばらしい一日を ■ Enjoy every minute of it. お誕生日の一瞬一瞬を楽しんでください ■ Another year older! これでまたひとつ歳をとりましたね！ ■ Enjoy the celebrations. お祝いを楽しんでください ■ Don't celebrate too hard. ハメを外しすぎないようご注意 ■ Don't drink too much. 飲みすぎに注意

(3) イースターカード

第1文	■ Happy Easter. 楽しいイースターを ■ I hope you are in good health this Easter. お元気で今年のイースターをお迎えください ■ Happy Easter holidays. 楽しいイースター休暇をお迎えください ■ I hope you are enjoying your Easter. イースターをお楽しみください ■ I wish you well these Easter holidays. このイースター休暇に、あなたのご多幸をお祈りしています
＋	
第2文	■ I wish you prosperity for the rest of the year. この先も順調な年でありますように ■ May God bless you and your family. 神の祝福があなたとご家族にありますように ■ I hope you are enjoying good health and prosperity. ご健康とご繁栄をお祈りします ■ May God always be with you. 神がいつもあなたとともにありますように

(4) 婚約祝いカード

第1文	■ Congratulations! おめでとう！ ■ Congratulations on your engagement. ご婚約おめでとうございます
＋	
第2文	■ I'm sure you will be very happy together. ご一緒になられて幸せいっぱいにちがいありません ■ I know you will be very happy together. ご一緒になられて喜んでいらっしゃることでしょう ■ I am so pleased for you. たいへん喜んでいます ■ That is absolutely wonderful news. 本当にすばらしい知らせです ■ Enjoy a long and happy life together. ふたりで末長く幸せな人生を ■ Have a wonderful life together. ふたりですばらしい人生を ■ Be happy! お幸せに！

(5) 結婚祝いカード

第1文	■ Congratulations!　おめでとう！ ■ Congratulations on your marriage.　ご結婚おめでとうございます ■ Congratulations on your wedding.　ご結婚おめでとうございます
+	
第2文	■ I'm sure you will be very happy together. 　ご一緒になられて幸せいっぱいにちがいありません ■ I know you will be very happy together. 　ご一緒になられて喜んでいらっしゃることでしょう ■ I am so pleased for you.　たいへん喜んでいます ■ That is absolutely wonderful news.　本当にすばらしい知らせです ■ Enjoy a long and happy life together.　ふたりで末長く幸せな人生を ■ Have a wonderful life together.　ふたりですばらしい人生を ■ Enjoy every day of your lives together. 　ともに人生の日々を楽しんでください ■ Live long and prosperously, and enjoy every minute. 　末永くお幸せに、そして一瞬一瞬を楽しんでください ■ I'm looking forward to hearing the patter of tiny feet. 　よちよち歩きの足音が聞ける日を楽しみにしています ■ I just know you will make a wonderful family. 　きっとすてきな家庭を築かれることでしょう ■ May God protect you both.　神がおふたりを守ってくださいますように

(6) 赤ちゃんの誕生祝いカード

　赤ちゃんの誕生を祝うカードを書くときは、喜びの言葉を別の紙に書いて添えることが多いようです。カードの2行だけではちょっともの足りないですからね。

第1文	■ **Congratulations!** おめでとう！ ■ **Congratulations on the birth of your baby.** 　赤ちゃんのお誕生おめでとうございます ■ **Congratulations on the birth of your baby boy/girl.** 　坊っちゃま／お嬢ちゃまのお誕生おめでとうございます
	＋
第2文	■ **I am so pleased for you.** たいへん喜んでいます ■ **That is absolutely wonderful news.** 本当にすばらしい知らせです ■ **I can't wait to see the baby.** 赤ちゃんに早く会いたくてたまりません ■ **You must be so delighted.** きっと大喜びしていらっしゃるでしょう ■ **How wonderful for you and your husband/wife.** 　あなたもご主人様／奥様もお喜びでしょう ■ **I wish your extended family all the happiness in the world.** お子様にありとあらゆる幸せがありますように

　メッセージを書き終えたら、そのすぐ下に署名します。判読不可能なことが多い公式のサインではなく、相手にカードの差出人が間違いなくわかるように、ちゃんと読み取れる字で書きましょう。親しい相手なら、姓は省きましょう。もしも差出人がふたり以上（たとえばあなたと奥さん）の場合は、John and Susanのように書きます。

　時には、署名のすぐ下に×印が3つから5つぐらい並べて書いてあるカードを受け取ることがあるかもしれません。欧米では、この印はキスを表し、親しい異性の友人に宛てたグリーティング・カードにこの印を書くことがよくあります。この印は自由に使ってかまわないのですが、とはいえ、道で実際に会ったときにもためらわずに挨拶のキスができる相手の場合に限るべきでしょう。

先ほど、グリーティング・カードには本来、その時々の挨拶以外の情報を書くべきではないと書きましたが、もしも相手が家族や親戚、友人で、その人が興味を持ちそうな内容であれば、カードのいちばん下（署名の下）に、短い追伸を添えることができます。その場合は、説明を加えず要点だけを数語で書くようにします。その例をいくつかあげてみましょう。

- P.S. Mike got married.
  追伸：マイクが結婚しました。
- P.S. I passed my driving test.
  追伸：運転免許試験に合格しました。
- P.S. Mary is pregnant again.
  追伸：メアリがまた妊娠したよ。
- P.S. Mum sends her love.
  追伸：ママがよろしくって。
- P.S. We bought a dog.
  追伸：犬を買ったんだよ。
- P.S. Geraldine has a new boyfriend.
  追伸：ジェラルディンに新しいボーイフレンドができた。
- P.S. Dad dented his new car.
  追伸：パパが新しい車をへこませちゃった。

　また、先ほど、会社関連のカードの発送はふつう経営者側が責任を持つと書きましたが、職場でカードに寄せ書きするようにと言われることもあるかもしれません。寄せ書きのカードは、外部の人ではなく、職場内の人に宛てたものであることが多いようです。誕生日祝いや赤ちゃんの誕生祝いのこともありますが、たいていはなんらかの事情で退職する人に宛てたものです。この場合は、カードの空いているスペースを見つけ、そこに自分のメッセージをできるだけ短く簡単に書きます。たとえば、Good luck for the future.（将来のご成功を祈ります）、Hope to see you again.（またお目にかかれることを願っています）などと書けばいいでしょう。そして、そのすぐ下に自分の名前を書きます。もしもあなたがその人と親しければ、カードの中央付近に書いてもいいでしょう。一方、もしも会釈を交わす程度の間柄でしかなければ、カードの隅のほうにできるだけ目立たないように、小さいけれどもきちんとした文字で書きましょう。

　グリーティング・カードの封筒の書き方については、ふつうの手紙の場合と同じです。その詳細は、p.212～の「4. ビジネスレターと個人的な手紙の書き方」で説明してありますので、ここでは省略します。

通知のカード（結婚、誕生、死亡など）

　通知のカードが手書きされることはほとんどなく、たいていは通知の目的に合わせて印刷されます。通知のカードが用いられる機会は、昇進、引越、婚約、結婚、妊娠、誕生、死亡などさまざまです。これらの機会に必ずカードを送らなければならないわけではありませんが、もしも送ると決めた場合は、印刷業者に依頼することをおすすめします。もしもあなたが海外にいるなら、ふつうの文房具店で印刷を頼めることが多いのですが、日本でなら、インターネットを通して海外に注文するといいでしょう。そうすればレイアウトや綴りに間違いがないうえ、この種のカードに最もふさわしい用紙に印刷してもらえます。

　インターネットでは簡単にサンプルのカードを見つけることができます。もしもインターネットで直接注文しない場合は、そのサンプルをダウンロードして日付や名前などを自分用に訂正し、プリントアウトしたものを近所の印刷業者に持っていくといいでしょう。通知のカードには、ハガキぐらいの大きさの硬い上質な紙を常に用います。そして、必ずカードが横長になるように印刷します。日本に多い縦長ではないのでご注意。

　通知のカードはふつう、ごく親しい友人にのみ送ります。職場の同僚や単なる知人に送ることは決してありません。また、たとえば自分の息子の結婚を通知する場合は、相手が必ずしも彼を知っている必要はありません。あなたのことを知っている人でさえあればいいのです。また、手書きのメッセージは添えず、印刷されたカードをそのまま発送します。

　通知のカードは常に、通知される出来事がすんでから発送されます。たとえば、結婚通知のカードなら、ふたりが結婚してから発送されるのです。これはつまり、カードを受け取った人が実際の式には招待されなかったことを意味するわけですが、欧米では身内だけが出席する結婚式が珍しくなく、招待されなかったからといってその人が気を悪くすることはありません。遠方に住んでいる人を招待すれば負担になるかもしれない、という配慮と受け取ってくれるでしょう。

　通知のカードを受け取ったら、ふつうはそれにふさわしいグリーティング・カードで返事を書きます。このようなカードを受け取ったということは、相手があなたを親しい友人と考えているということですから、カードのほかに短い手紙も添えて、お祝いの気持ちを十分に伝えるといいでしょう。とはいえ、死亡通知のカードを受け取った場合には、グリーティング・カードを送ることは

あまりありません。お悔やみの気持ちを表すふつうの手紙で十分でしょう。
参考までに、通知のカードのレイアウト例を載せておきます。

[結婚を知らせるカード]

> *Mr. and Mrs. Roger Otis*
> *announce the marriage of their daughter*
> *Phyllis*
> *to*
> *Mr. Arnold Graystone*
> *on Saturday, June the sixteenth*
> *two thousand and seven*

【訳】
ロジャー・オーティス夫妻は、娘のフィリスがアーノルド・グレイストーン氏と2007年6月16日に結婚いたしましたことをお知らせします

[子どもの誕生を知らせるカード]

> Proud parents Michael and Judy Watts
> are delighted to announce the birth of their
> beautiful new daughter
> Mary Jane
> Born at 13:48 on April 12th, 2007
> 2,048 grams

【訳】
誇らしげな両親マイケルおよびジュディ・ワッツは、2007年4月12日13時48分に、かわいい娘メアリ・ジェーン（2,048グラム）が誕生しましたことを、喜びのうちにご報告します

左記の2例で、これらの通知を送ったのは、1行目に名前が書いてある当人たちなのですが、自分たちの名前がフルネームで書かれていたり、1人称（our）ではなく3人称（their）が使われたりしていて、まるで他人が書いているかのように見えるかもしれません。でも、これが正式な通知を書くときの伝統的な書き方であり、今もその書き方が踏襲されているのです。これは、カードそのものが使者（メッセンジャー）の役割を担わされているためです。つまり、相手に通知をするのはカードそのものであって、カードを書いた人たちではないのです。

　この習慣のルーツを探れば、すべてのコミュニケーションが使者によって行われていた時代にさかのぼらなければなりません。当時、メッセージのほとんどは、識字率の低さなどの理由から、口頭で伝達されていました。そして使者たちは、メッセージの送り手のことを常に3人称で相手に語りました。公式のメッセージや通知には、このコミュニケーションの方法が受け継がれ、今日まで残っているというわけです。

招待状（結婚式、パーティーなど）

　招待状にはフォーマルなスタイルとインフォーマルなスタイルがあります。フォーマルな招待状は、結婚式などのフォーマルなイベントの際に印刷業者に注文し、硬く上質な紙に印刷されます。一方、ホーム・パーティーなどのインフォーマルなイベントでは、ワープロ・ソフトなどを使って自分で招待状を作るのがふつうです。基本的なエチケットとして、招待状の発送はイベントの6週間前とされ、フォーマルなイベントの場合はこれがほぼ守られています。でも、インフォーマルなイベントの場合、実際には守れないこともありますから、あまり気にしすぎる必要はありません。

■ フォーマルな招待状

　先ほど説明したように、フォーマルな招待状は常に印刷業者によって印刷され、ほとんどの場合、固定された書式に従っています。以下は結婚式の招待状の例です。

Miss Emma Louise Stevens and Mr. David Thompson

Request the pleasure of the company of

To celebrate their marriage at the
Chapel of St. Mary Magdalene
Bayfield Close, London SW17

At 3:30 pm on Saturday 15th May 2007

And afterwards at the
Grand Hotel, London SW17

24 Mulberry Court
Kensington, London SW17

R. S. V. P.

シンプルな例ですが、これが標準的な書式です。書体などを凝ったものにすることはできるにしても、内容は必ずここに書かれたようなものになるでしょう。このスタイルの招待状を、部分ごとに説明していきます。

Miss Emma Louise Stevens and Mr. David Thompson

Request the pleasure of the company of

【訳】
ミス・エマ・ルイーズ・スティーヴンズとミスター・デイヴィッド・トンプソンは、(以下の式に)＿＿＿＿＿＿＿＿がご出席くださることを願っております

最初の行は結婚するふたりの名前です。下線部には招待される人の名前が、手書きで書き込まれます。

To celebrate their marriage at the
Chapel of St. Mary Magdalene
Bayfield Close, London SW17

At 3:30 pm on Saturday 15th May 2007

【訳】
2007年5月15日(土)午後3時30分、ロンドンSW17、ベイフィールド・クローズ、マグダラの聖マリア礼拝堂にて、ふたりの結婚を祝うために

この部分には、結婚式の日時、その行われる場所とその住所が書かれています。

And afterwards at the
Grand Hotel, London SW17

【訳】
式後、ロンドンSW17、グランド・ホテルにて

これは、結婚式のあとの披露宴（ふつうは reception、公式には Wedding Breakfast と呼ばれています）にも招待されたということです。結婚式にだけ招待されるというケースはめったにありませんが、とはいえ、もしも招待状にこの部分がなければ、結婚式にのみ招待されたことになります。

---

24 Mulberry Court
Kensington, London SW17

R. S. V. P.

【訳】
ロンドンSW17、ケンジントン、マルベリー・コート24
お返事をお願いいたします

これは返事の宛て先です。招待状の最後にある **R.S.V.P.** は、フランス語 **répondez s'il vous plaît.**（お返事をお願いします）の略。

ほとんどの場合、招待状は、出欠を簡単に記入できる返信用はがきと一緒に送られます。返信用はがきには返答の期限が書かれています。もしも期限を過ぎると、招待客のリストから外されてしまうので、注意してください。標準的な返信はがきの例をあげておきます。

Miss Emma Louise Stevens and Mr. David Thompson

You are cordially requested to reply by April 28, 2007

Name: _____

● I accept your invitation with pleasure: _____
● I'm afraid I must decline your invitation: _____

【訳】
ミス・エマ・ルイーズ・スティーヴンズとミスター・デイヴィッド・トンプソン
2007年4月28日までにぜひご返信ください。

氏名 _____
● 喜んで招待をお受けします _____
● 残念ながら辞退させていただきます _____

Nameと書かれた欄に、フルネームを読みやすい字で書き、出欠がはっきりとわかるように、✔などの印をつけます。

ごくまれに、招待状に返信用はがきが同封されていないことがあります。その場合は、出欠を短い手紙に書き、できるだけ早めに送りましょう。この手紙の内容はごくシンプルでかまいません。以下に例をあげておきます。

〈出席〉の場合

Dear Mr. Thompson;

First of all, please allow me to congratulate you on your coming marriage. I am sure you will be very happy together.

Thank you for sending me an invitation. I would be delighted to accept, and will be at the Chapel of St. Mary Magdalene at 3:30 pm on Saturday 15th May accordingly.

Yours sincerely

【訳】
トンプソン様
まず何よりも、来たるべきあなたのご結婚をお祝いさせてください。ご一緒になられて、喜んでいらっしゃることでしょう。
招待状をお送りいただき、ありがとうございました。喜んで出席させていただきます。5月15日土曜日午後3時半にマグダラの聖マリア礼拝堂にうかがいます。　敬具

〈欠席〉の場合

Dear Mr. Thompson;

First of all, please allow me to congratulate you on your coming marriage. I am sure you will be very happy together.

Unfortunately, I am not able to accept your kind invitation owing to a prior engagement, but I wish you all the happiness for the future.

Yours sincerely

トンプソン様
まず何よりも、来たるべきあなたのご結婚をお祝いさせてください。ご一緒になられて、喜んでいらっしゃることでしょう。
残念ながら先約があり、せっかくのご招待をお受けすることができませんが、将来のご多幸をお祈りいたします。　敬具

■ インフォーマルな招待状

　インフォーマルな招待状は、自分で作っても、印刷業者に頼んでもかまいません。招待の理由、場所、日時など、含まれる情報はフォーマルな招待状と変わりませんが、こちらはもっと装飾的なデザインにすることが多いようです。返信用はがきは同封されていないことが多いので、自分で相手と連絡をとり、出欠を知らせなければなりません。それは手紙でなくても大丈夫。電話でもファックスでもeメールでもかまいません。

　欧米ではふつう、ホーム・パーティーに招待された人は、アルコール飲料を1本持参することが望まれます。もしも主催者がこれを規則にしている場合、招待状ではそのパーティーをBottle Partyと呼んでいたり、どこかにBring a bottle.と書かれていたりします。この場合はワインを1本持っていくのが最も一般的ですが、たとえばそこでウイスキーを飲むつもりなら、もちろんウイスキーでもかまいません。招待状にこのことが明記されていない場合でも、ディナー・パーティーを含むあらゆるパーティーには、アルコール飲料を1本持っていくのがエチケットとされています。

　欧米では食事と飲むことは別物と考えられています。そのため、招待状にただpartyと書いてあったら、そのパーティーのおもな目的はアルコールを飲むことで、食べ物はポテトチップスなどのおつまみ程度と思ったほうがいいでしょう。パーティーの食べ物はふつう主催者が用意していますから、持っていく必要はありません。ただし、ポトラック・パーティー（各自が食べ物を持ち寄るパーティー）の場合は、招待状に何か食べ物を持ってくるようにと書いてあるでしょう。

　招待状にディナー・パーティーと書いてあった場合は、席について食べるちゃんとした食事が出されるという意味です。この場合は必ずワインを持っていきます（蒸留酒を食事のときに飲むことはありません）。

　インフォーマルな招待状の例を右にあげておきます。

第2部　ジャンル別書き方のテクニック

[インフォーマルなパーティーの招待状]

It's Party Time....!

Dear:　Jason & Hazel

You are invited to my party on:
Friday Sept. 21
at
Eight o'clock

Flat 2, Benfleet Court

Let me know if you can make it, and don't forget:
BRING A BOTTLE!!!

【訳】
さあ、パーティー・タイムです……！
ジェイソンとヘイゼルへ
わが家のパーティーにぜひおいでください。
9月21日（金）8時、ベンフリート・コート2号
出欠をお知らせください。そして、
お酒を持ってくるのを忘れずに！！！

　ワープロ・ソフトで招待状を作るときは、色つきの紙を使い、このようにグラスや瓶など、パーティーらしいクリップ・アートをほどこして、にぎやかな楽しいデザインにするといいでしょう。

Writing Business and Personal Correspondence

4 ビジネスレターと個人的な手紙の書き方

　ビジネスレターと個人的な手紙のおもな違いは、書き方のスタイルにあります。それについては、このあとそれぞれ説明していきますが、どちらにも共通する要素もあります。それではまず、この共通の要素から説明していきましょう。

共通の要素

■ レイアウト

　フォーマルであれインフォーマルであれ、ビジネス関連であれ個人的なものであれ、すべての手紙は一般に、右の要素から成っています。

　これらを手紙のどの位置に書くかは、用いるレイアウトによって決まっています。第1部「レイアウト」（p.42～）で述べたように、手紙の書式にはブロック式、新ブロック式、セミ・ブロック式の3種類があります。これらの書式の違いは、ヘッダー、日付、礼辞、署名の位置の違いによるものです。それでは、それぞれの書式について説明していきましょう。

ヘッダー（Header）	書き手の住所
日付（Date）	手紙を発信する日
書中宛名（Inside Address）	相手（個人または会社）の住所。ビジネスレターでは会社の正式名称を含みます。
礼辞（Salutation）	相手の名前を含む呼びかけ
導入部（Introduction）	手紙の目的を述べる最初の段落
本体（Main Body）	導入部で提示した情報の詳細を述べる段落（いくつかの段落に分かれていることもあります）。
結論部（Conclusion）	そこまで書いた内容のまとめ。もしも相手に期待していることがあれば、それもここで述べます。
結辞（Complimentary Close）	署名の前に添える語
署名（Signature）	書き手の署名
追伸（Postscript）〈任意〉	手紙の内容とは直接関係ない情報を、ここに短く書き加えることができます。
特別注記（Special Notation）〈任意〉	手紙のいちばん下に、同封した書類等のリストをつけたり、その手紙のコピーを別の人にも送ったという注意書きをつけたりすることがあります。

［ブロック式の書式例］

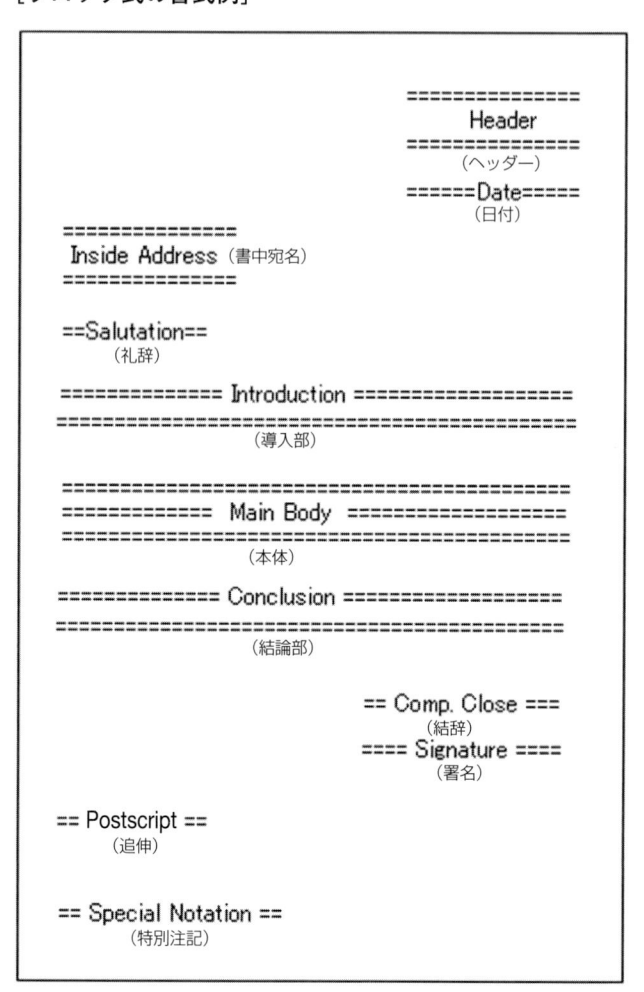

```
                                    ==============
                                        Header
                                    ==============
                                       （ヘッダー）
                                    =====Date=====
                                        （日付）

         ==============
         Inside Address （書中宛名）
         ==============

         ==Salutation==
            （礼辞）
         ============= Introduction ==================
         =============================================
                            （導入部）

         ============================================
         ============= Main Body ====================
         ============================================
                            （本体）
         ============= Conclusion ===================
         ============================================
                            （結論部）

                                    == Comp. Close ===
                                         （結辞）
                                    ==== Signature ====
                                         （署名）

         == Postscript ==
            （追伸）

         == Special Notation ==
              （特別注記）
```

　ブロック式（Block Style）では、ヘッダー、日付、結辞、署名が便箋の右端に並びます。書中宛名、礼辞、手紙の本文、追伸、特別注記は便箋の左端に並びます。手紙の本文にインデント（段落の最初の文字を数文字分右に寄せること）が使われていないことに注意してください。

［新ブロック式の書式例］

```
===============
       Header（ヘッダー）
===============

===============
  Inside Address（書中宛名）
===============

======Date=====   ★←日付の位置に注意
    （日付）

==Salutation==
    （礼辞）

============== Introduction ==================
==============================================
             （導入部）


============== Main Body ====================
==============================================
             （本体）

============== Conclusion ===================
==============================================
             （結論部）

== Comp. Close ===
      （結辞）
==== Signature ====
      （署名）

== Postscript ==
     （追伸）


== Special Notation ==
       （特別注記）
```

　新ブロック式（Modified Block Style）では、すべての要素が便箋の左端に並んでいます。手紙の本文にインデントは使われていません。この書式では、日付はヘッダーの下ではなく、書中宛名の下に置かれていることに注意。

［セミ・ブロック式の書式例］

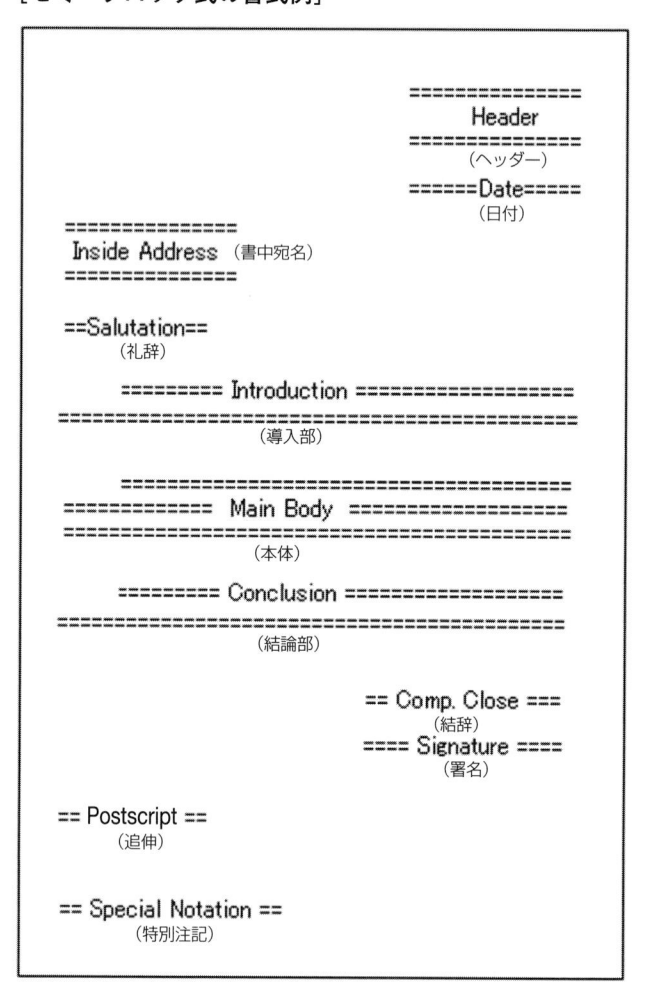

```
                                    ==============
                                        Header
                                    ==============
                                       (ヘッダー)
                                    ======Date=====
                                        (日付)

    ==============
      Inside Address (書中宛名)
    ==============

    ==Salutation==
        (礼辞)
              ========= Introduction ==================
          =========================================
                        (導入部)

                ============ Main Body ==================
          =========================================
                        (本体)

                ========= Conclusion ==================
          =========================================
                        (結論部)

                                    == Comp. Close ===
                                         (結辞)
                                    ==== Signature ====
                                          (署名)

    == Postscript ==
         (追伸)


    == Special Notation ==
          (特別注記)
```

　セミ・ブロック式（Semi-Block Style）はブロック式とほぼ同じですが、手紙の本文にインデントが使われている点が異なります。

［注意①］正式な書き方ではないのですが、どの書式の場合でも、結辞と署名を便箋の中央に書くのを好む人は多いようです。もしもそのようにしたければ、この方式も容認されています。
［注意②］ブロック式とセミ・ブロック式では、書中宛名をヘッダーより下の

位置に置く代わりに、同じ行に並べる（つまり、便箋の左上に書中宛名が、右上にヘッダーが置かれる）こともあります。長めの手紙を便箋1枚に収めようとするときは、このほうが全体のバランスがいいこともありますから、好みに応じてこの方式を用いてもいいでしょう。

　手紙の書式についてのおもな決まりは次のとおりです。

① レターヘッド付きの便箋（自分の住所が印刷されている）を使用する場合は、ヘッダーを省略し、書中宛名の下に日付を書きます。
② 親戚や親しい友人に手紙を書くときは、書中宛名は不要です。この場合、もしも使っているのがレターヘッド付きの便箋なら、レターヘッドの最終行から2行ほど下の右端に日付を書きます。
③ ブロック式では書中宛名と礼辞のあいだに、新ブロック式では日付と礼辞のあいだに、空白行を1行入れます。
④ 本文と結辞のあいだは3行あけます。もしも本文が長くて紙面に余白が十分にない場合は、全体のバランスを考え、空白行を2行に減らしてもいいでしょう。
⑤ ビジネスレターでは、結辞と自分の名前（必要なら役職名も）のあいだを3行から4行あけてタイプし、そこに自筆で署名をします。個人的な手紙の場合、もしも相手と知り合いならば、自分の名前をタイプする必要はありません。
⑥ 結辞の下に自分の名前もタイプする場合は、自筆の署名を通常のサイン（判読できないことが多い）にしてかまいません。一方、自分の名前をタイプしない個人的な手紙の場合は、相手に書き手がはっきりわかるように、読める字でサインをしましょう。相手と親しい間柄なら、姓は省略します。
⑦ 署名には常に黒か青のインクを用います。
⑧ もしも相手がほかの文化圏に属する人で、あなたの名前から性別が判断できないだろうと思われる場合は、署名に敬称（Mr./ Mrs./ Ms./ Miss）を、下記のいずれかの方法で入れましょう。

　　(Mr.) Michio Yamada
　　Michio Yamada (Mr.)

　また、相手に自分の肩書きを知らせたいときも、同じような方法で書き

ます。ただし、この場合は性別を示すことができません。

  (Prof.) Michio Yamada (Dr.) Michio Yamada
  Michio Yamada (Prof.) Michio Yamada (Dr.)

⑨ 追伸を書くときは、文の冒頭にP.S.をつけます。ビジネスレターでは避けたほうが無難ではありますが、もしも追伸が2件以上あるときは、ひとつ増えるごとにPを増やします。つまり、P.S. ➡ P.P.S. ➡ P.P.P.S ……となるわけです。

⑩ 特別注記の冒頭には、目的別に略語をつけます。たとえば、その手紙のコピーをほかの人にも送ったことを示す場合は、carbon copyの略cc.をつけ、次のように書きます。

  cc. H. Baker, Accounts (経理部H. ベイカーにコピー送付)

もしも封筒にほかの書類が同封されているときは、enclosedの略Encl.をつけ、次のように書きます。

  Encl. Fiscal 2006 statistics spreadsheet (2006会計年度統計集計表同封)

⑪ 書式が問題になるのは最初のページだけです。手紙が2ページ以上になるときは、各ページの下部の中央にページ番号を振ります。この場合、結辞、署名、追伸、特別注記は、最初のページではなく、手紙本文の末尾につくことに注意。

■ 礼辞と結辞の関係

どのような手紙を書く場合でも、礼辞と結辞には密接な関係があり、たいていは対になって使われます。地位の高い相手に書く場合の決まりはたいへん複雑ですが、一般的な決まりはそれほど難しいものではありません。それは次のようなものです。

1) 相手の名前を知らない場合

Dear Sir:	Yours faithfully (= Faithfully yours)
Dear Madam:	Yours faithfully (= Faithfully yours)
Dear Sir or Madam:	Yours faithfully (= Faithfully yours)

2) 相手の名前を知っている場合

Dear Mr. Johnson:	Yours sincerely (= Sincerely yours)
Dear Mrs. Peters:	Yours sincerely (= Sincerely yours)
Dear Miss Hockley:	Yours sincerely (= Sincerely yours)
Dear Ms. Argent:	Yours sincerely (= Sincerely yours)

[注意] 相手が女性で、既婚者か未婚者かわからないとき、あるいはその人がMissとMrs.のどちらで呼ばれることを好んでいるのかわからないときは、必ずMs.にします。

3) 部署全体、あるいは組織全体に宛てて書く場合

Dear Sirs:	Yours faithfully (= Faithfully yours)

4) 新聞や雑誌に宛てて書く場合

Sir:	Yours

5) 親しい友人や同僚に宛てて書く場合

Dear John:	Best wishes / Best regards

6) 恋人に宛てて書く場合

Dear Elizabeth:	Love / All my love

　結辞のあとのコンマはつける場合とつけない場合とがありますが、スタイルとして統一されていればどちらでもかまいません。また、Mr.、Mrs.、Ms.、Dr.といった相手の敬称にピリオドを打つのがアメリカ流、打たないのがイギリス流とされていますが、どちらでも失礼になるということはありません。

　地位の高い人に宛てて書くときは、特別な礼辞と結辞を使わなければなりません。そのうえ、書中と封筒に書く宛名の書き方にも決まりがあるのです。その例をいくつかあげてみましょう。

相手	礼辞	結辞	宛名
市長、町長、村長	Dear Mayor [姓]	Very truly yours	The Honorable [姓名]
州知事	Dear Governor [姓]	Very truly yours	The Honorable [姓名], Governor of [州名]
大使／大臣	Dear Mr. Ambassador / Minister	Very truly yours	His Excellency [姓名] The Honorable [姓名]
首相	Dear Mr. Prime Minister	Very respectfully yours	The Prime Minister
大統領	Dear Mr. President	Very truly yours	The President
（イギリスの）上院議員	Your Lordship (or) My Lord	Very respectfully yours	The Right Honorable Lord [名]
王子／王女	Your Highness	I have the honor to be faithful to Your Highness	The Most Noble Highness Prince/Princess [名]
国王／女王	Sire	I have the honor to remain Your Majesty's most obedient servant	The King's Most Excellent Majesty/ The Queen's Most Gracious Majesty

■ 封筒の書き方

　封筒に受取人の名前と住所を書くときの書き方は、北米でもヨーロッパ（イギリス）でも共通ですが、差出人の名前と住所を書く位置は異なります。したがって、両方の書式を以下にあげておきます。どちらの書式で書いても問題なく届きますから、好きなほうを選んでかまわないでしょう。

[北米式]

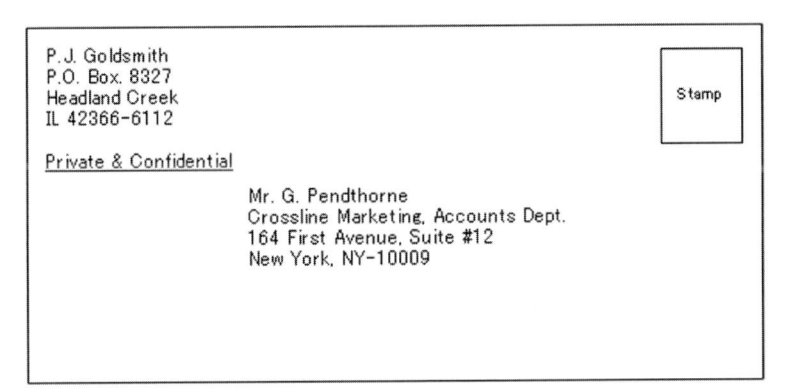

```
P.J. Goldsmith
P.O. Box. 8327
Headland Creek
IL 42366-6112

Private & Confidential

            Mr. G. Pendthorne
            Crossline Marketing, Accounts Dept.
            164 First Avenue, Suite #12
            New York, NY-10009

                                          Stamp
```

　北米式では、差出人の名前と住所が、封筒の表面の左上に書かれます。受取人の名前と住所は中央に書かれます。Private & Confidential（親展）、Air Mail（航空便）などの表示は、差出人の住所から1行分ぐらい空白をあけた下に記します。

[ヨーロッパ（イギリス）式]

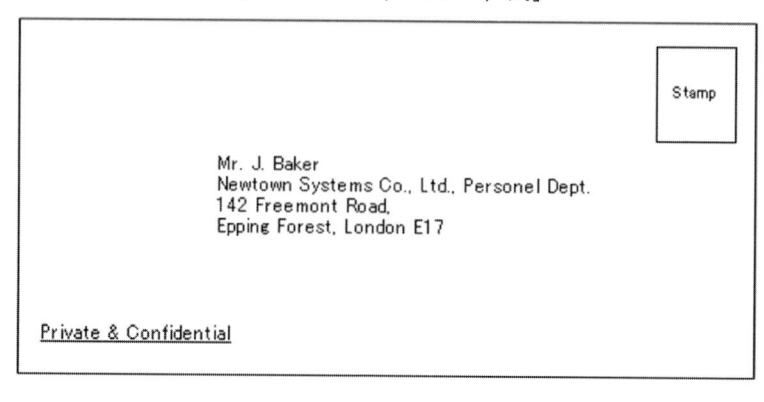

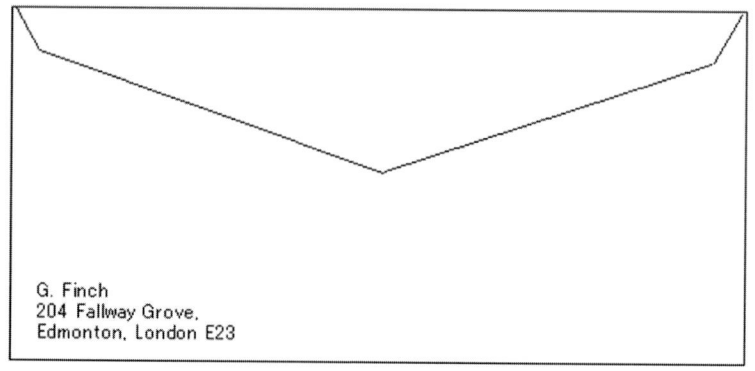

```
Mr. J. Baker
Newtown Systems Co., Ltd., Personel Dept.
142 Freemont Road,
Epping Forest, London E17



Private & Confidential
```

```
G. Finch
204 Fallway Grove,
Edmonton, London E23
```

　ヨーロッパ式では、差出人の名前と住所が封筒の裏面に書かれます。ここでは封筒の左下に書いてありますが、右下でもかまいません。封筒のふたの中央に書かれているのを見かけることもありますが、これはおもに若い人が友人に手紙を出すときに限られ、封を開けるときに破れてしまうかもしれないことを考えると、あまりおすすめできません。受取人の名前と住所は表面の中央に、Private & Confidential や Air Mail などの表示は、左下に書かれます。

　以下の決まりは、どちらの書式を用いるときにも当てはまります。

- 私信の場合には、差出人の名前はファーストネームをフルに書かず、イニシャルにするといいでしょう。
- 差出人や受取人の電話番号を封筒に書かないこと。
- 会社宛てにするときは、受取人の名前をいちばん上に、会社名（知って

いれば部署名も）をそのすぐ下に書きます。もしも受取人の名前自体はわからなくても役職名がわかっているときは、次のように書きます。

>**Manager, Accounts Dept.** （経理部部長）
>Crossline Marketing
>164 First Avenue, Suite #12
>New York, NY-1009

もしもその人の役職名がわからなければ、次のように部署名だけ書きましょう。

>**Accounts Dept.** （経理部）
>Crossline Marketing
>164 First Avenue, Suite #12
>New York, NY-1009

もしも部署名もわからなければ、次のように会社名だけ書きましょう。

>**Crossline Marketing**
>164 First Avenue, Suite #12
>New York, NY-1009

海外に手紙を出すときは、住所のすぐ下に国名を書くのを忘れずに。

>Crossline Marketing
>164 First Avenue, Suite #12
>New York, NY-1009
>**U.S.A.**

このときは自分の住所にも国名（Japan）を書きましょう。

日本語の住所を英語で書くときの決まりは簡単です。基本的に、逆の順序にすればいいのですから。まず番地、それから町名、次に区名／市名、続いて県名と郵便番号という順です。例として、次の住所を英語式に並べ替えてみましょう。

〒162-8055 東京都新宿区矢来町1-12-405

⬇

1-12-405 Yarai-cho
Shinjuku-ku,
Tokyo 162-8055
Japan

ビジネスレターの書き方

　ビジネスレターを書くときは、まず相手の部署名と役職名を正しく書かなければなりません。それまでに連絡を取ったことのある相手なら、部署名と役職名もすでに知っているかもしれませんが、初めて手紙を書くとなると、手紙が別の人に届いたりしないように、正しい用語を使わなければなりません。参考までに、部署名と肩書きの一覧を載せておきます。

[会社の部署名]

営業課／販売課	Sales Section
営業部／販売部	Sales Department
管理課	Administration Section : Executive Section
管理部	Administration Department / Executive Department
企画課	Planning Section
企画部	Planning Department
技術課	Engineering Section
技術部	Engineering Department
経理課	Accounting Section
経理部	Accounting Department
広告課／広報課	Advertising Section / Public Relations Section
広告部／広報部	Advertising Department / Public Relations Department
財務課	Finance Section
財務部	Finance Department
社長室	President's Office
人事課	Personnel Section
人事部	Personnel Department

総務課	General Affairs Section
総務部	General Affairs Department
調査課	Information & Research Section
調査部	Information & Research Department
秘書室	Secretaries' Office
編集課	Editorial Section
編集部	Editorial Department
輸出課	Export Section
輸出部	Export Department
労働課	Labor Section
労働部	Labor Department

[**注意**] 会社によってはDepartmentではなくDivisionという語を使います。どちらも「部」の意味なので、初めて手紙を書くときはどちらにしてもかまいませんが、それ以後は、相手が使っている名称に合わせなくてはなりません。

[会社の役職名]

課長	Manager / Section Chief
課長代理	Deputy Manager / Deputy Section Chief
課長補佐	Assistant Manager
監査役	Inspector / Auditor
局長	Bureau Chief
係長	Assistant Manager / Section Head / Supervisor
最高経営責任者	Chief Executive Officer (CEO)
最高財務責任者	Chief Financial Officer (CFO)
支店長	General Manager
室長	General Manager
取締役	Executive Director
取締役会長	Chairman Of The Board / Chief Executive Officer
取締役副会長	Vice Chairman Of The Board / Deputy Chief Executive Officer
取締役社長	President / Managing Director
取締役副社長	Vice President
常務取締役	Managing Director
専務取締役	Senior Managing Director
相談役	Consultant / Councilor / Advisor
代表取締役	Representative Director
本部長	General Manager
副本部長	Assistant General Manager / Deputy General Manager
部長	Director / Department Head / Department Chief
部長代理	Assistant Director / Deputy Department Head
部次長	Deputy General Manager
編集長	Chief Editor

相手の部署名、役職名に間違いがないことを確認したら、次はフォーマルさのレベルと感情のレベル、手紙の主要な3要素（導入部、本体、結論部）、書式を決めなければなりません。これらはみな、第1部「1. 基本のルールとテクニック」（*p.*10～）ですでに説明しましたが、ここでも同じ手順で進めます。

　手紙の内容は、次のようなものにすることにしましょう。あなたは最近、ある見本市で、新型のデジタル・ディスプレイ・モニターのプレゼンテーションを聞きました。あなたの会社はブティックのチェーンを経営しています。あなたは、このディスプレイ・モニターを各店舗に設置して、ビデオで広告を常時流すようにしてはどうかと考え、さらに情報がほしいと考えています。

　フォーマルさのレベルは〈中〉、感情のレベルは〈好意的〉に設定することにしました。書式はブロック式にします。さて、次は手紙の主要な3要素を決めなくてはなりません。

導入部 **Attended presentation and need more information** 〔←主旨〕
　　　　プレゼンテーションに出席した。さらに詳しい情報が知りたい。
本体 **Details on information needed** 〔←情報〕
　　　　知りたい情報の詳細。
結論部 **Details on when details needed and subsequent process** 〔←まとめ〕
　　　　いつまでに詳細が知りたいか。今後の手順。

　以上の要点が決まったら、次はそれをさらにふくらませます。

プレゼンテーションに参加 さらに情報が必要	■ **When & Where**　いつどこで ■ **Result**　結果 ■ **Why?**　なぜ？ ■ **On what?**　何について？
必要な情報の詳細	■ **Reason for usage**　用途 ■ **Quantity**　数 ■ **Compatibility?**　互換性は？ ■ **Discount?**　割引きは？ ■ **Delivery?**　配達は？
詳細が必要な時期について その後の処理	■ **As soon as possible** ← **Why?** 　　できるだけすぐ←なぜ？ ■ **Decision within one month** 　　1カ月以内に決断

内容が決まったので、今度は必要な情報をすべて盛り込んだ文にしてみます。

導入部	■ I attended your presentation for the Slick Digital Display Monitor at the Epoch Industries Trade Show last week. 先週、新時代産業見本市で貴社のスリック・デジタル・ディスプレイ・モニターのプレゼンテーションに参加した。 ■ I was very impressed with your product. 貴社の製品にたいへん感銘を受けた。 ■ It seems to be just what we are looking for. まさにわれわれが探していたものだ。 ■ I would like to have more information on it. それについてもっと知りたい。
本体	■ My company operates a chain of boutiques, and we would like to use your monitors for advertising purposes. 弊社はブティックのチェーンを経営している。貴社のモニターを宣伝に使いたい。 ■ The entire chain consists of eighty-three shops. チェーンの全店舗数は83。 ■ We wish to use them with digital HDD video players and I want to know if they are compatible. デジタルHDDビデオ・プレーヤーと併用したいが、互換性はあるか。 ■ I also want to know if you give a quantity purchase discount. 大量購入による割引きはあるか。 ■ If we decide to order the monitors, when can you deliver them? モニターを発注した場合、配達はいつになるか。
結論部	■ We would like to have your answer as soon as possible, as we want to install them before the Christmas period. 至急、返事がほしい。クリスマス時期の前に設置したいので。 ■ The final decision on the purchase will be made within one month. 購入についての最終的な決定は1カ月以内にする。

こうして手紙の大まかな下書きができました。次は細かく検討していきます。

導入部

[修正前]

> I attended your presentation for the Slick Digital Display Monitor at the Epoch Industries Trade Show last week. I was very impressed with your product. It seems to be just what we are looking for. I would like to have more information on it.

　最初の文は事実を述べているだけなので、手紙の冒頭としてはやや唐突。この手紙で用いることにした〈好意的〉なトーンが欠けています。そこで、相手との関係を築くために、温かみをほんの少し加えるといいでしょう。書き手と相手に共通のことといえば、同じ時間に同じ部屋にいたということだけですから、ほかに選択の余地はありません。したがって、これを文にすると次のようになるでしょう。

- **You probably don't remember me, but...**
  おそらく覚えていらっしゃらないと思いますが、……
- **I'm sure you didn't notice me, but...**
  お気づきにならなかったとは思いますが、……
- **Although we didn't get the chance to meet...**
  面識を得る機会はありませんでしたが、……
- **Unfortunately I was not introduced to you, but...**
  残念ながら紹介にはあずかりませんでしたが、……

　最初の文に上記のどれかを加えることによって、より好意的、友好的な感じになります。こうして、〈導入部〉は次のようになりました。

[１回目の修正]

> You probably don't remember me, but I attended your presentation for the Slick Digital Display Monitor at the Epoch Industries Trade show last week. I was very impressed with your product. It seems to be just what we are looking for. I would like to have more information on it.

　ふたつめの文は簡潔ではあるのですが、最初の文の結果を述べているので、そのあとにつなげたほうがいいでしょう。ふたつの文をつなげるかどうかは、最初の文に含まれている情報の量にもよります。この場合、最初の文には、プレゼンテーションに出席したというひとつの情報しか書かれていませんが、もしもふたつ以上の情報が盛り込まれている場合は、ふたつめの文をこのままにしておいたほうがいいでしょう。〈導入部〉は次のようになりました。

[２回目の修正]

> You probably don't remember me, but I attended your presentation for the Slick Digital Display Monitor at the Epoch Industries Trade Show last week, and I was very impressed with your product. It seems to be just what we are looking for. I would like to have more information on it.

　３つめの文と４つめの文も、「まさに探していたものだったので、もっと詳しい情報が知りたい」ということで、密接に関連しあっています。ですから、これも１文につなげるといいでしょう。ただし、like to have はやや幼稚な表現に感じられます。これでは自分の好みや欲望を主張しているかのようで、ふつう他人に何かを頼むときに用いるべき「……していただければありがたい」というトーンが欠けています。一般にビジネスレターでは、相手に何かを頼むとき、like to...ではなく、appreciate、grateful、delighted、pleased、please、interested などを用います。これらを使った例をいくつか載せておきましょう。

[依頼するときの表現例]

- I would *appreciate* it if you could ➡ **send me more information**
  さらに詳しい情報をお送りいただければ幸いです。
  call me tomorrow
  明日、お電話をいただければ幸いです。
  check your schedule
  スケジュールをお調べいただければ幸いです。

- I would be *grateful* if you could ➡ **arrange a meeting**
  面会の段取りをつけていただければ幸いです。
  check the contract
  契約書をお調べいただければ幸いです。
  arrange for repairs
  修理の手配をしていただければ幸いです。

- I would be *delighted* if you could ➡ **provide more information**
  さらに情報をいただければ幸いです。
  postpone the meeting
  面会を延期していただければ幸いです。
  meet me at the airport
  空港に出迎えていただければ幸いです。

- I would be *pleased* to ➡ **learn more on the subject**
  このことについてもっと知ることができれば幸いです。
  receive your suggestions
  ご提案をお聞かせいただければ幸いです。
  meet your colleague
  そちらの職場のみなさまにお目にかかれれば幸いです。

- Could (would) you *please* ➡ **e-mail me your price list?**
  価格表をメールでお送りいただけますか。
  send me a brochure?
  パンフレットをお送りいただけますか。
  consider reducing the price?
  割引きをお考えいただけますか。

- I am *interested* in ➡ **receiving more details**
  さらに詳細を教えていただくことに関心があります。→さらに詳細をお教えいただけますか。

seeing your brochure
パンフレットを見せていただくことに関心があります。→パンフレットを見せていただけますか。

hearing your opinions
あなたのご意見を聞くことに関心があります。→ご意見をお聞かせいただけますか。

　今回は、最初の例を使うことにします。したがって、〈導入部〉の最終的な下書きは次のようになりました。

［導入部の最終的な下書き］

> You probably don't remember me, but I attended your presentation for the Slick Digital Display Monitor at the Epoch Industries Trade Show last week, and I was very impressed with your product. It seems to be just what we are looking for, and I would appreciate it if you could send me more information.

本　体

［修正前］

> My company operates a chain of boutiques, and we would like to use your monitors for advertising purposes. The entire chain consists of eighty-three shops. We wish to use them with digital HDD video players and I want to know if they are compatible. I also want to know if you give a quantity purchase discount. If we decide to order the monitors, when can you deliver them?

　〈本体〉を書くにあたって、必要なことを書きもらさないようにするためには、第1部で説明したように、相手がたずねるかもしれない質問のリストを作ってみるといいでしょう。
　しかしその前に、この段落には明らかに直したほうがいい個所があります。下線を引いたふたつめの文に注目してください。この文にはチェーンの店舗数

についての情報だけが書かれていますが、チェーンについては最初の文で書かれているのですから、店舗数についての情報をそちらに移し、文章をすっきりさせることができます。

　文章の見直しをするときは、このように、数や色などの説明だけに使われている文に注目するといいでしょう。それらを1語にして、前の文や次の文に組み入れられることが多いからです。こうして〈本体〉はひとまず次のようになりました。

[1回目の修正]

> My company operates a chain of eighty-three boutiques, and we would like to use your monitors for advertising purposes. We wish to use them with digital HDD video players and I want to know if they are compatible. I also want to know if you give a quantity purchase discount. If we decide to order the monitors, when can you deliver them?

　さて、それでは〈本体〉の内容について、質問と答えを考えてみましょう。実際に相手と会って話している場面を思い浮かべて、相手がたずねそうな質問を考えるのでしたね。

- **My company operates a chain of eighty-three boutiques, and we would like to use your monitors for advertising purposes.**
  弊社は83店舗のブティックのチェーンを経営しており、宣伝用に貴社のモニターを使いたいと考えております。

    Q: One for each shop, or just one to advertise the shops?
    各店舗に1台ですか、それとも全体の宣伝用として全部で1台ですか。

    A: One in each shop, making a total of eighty-three.
    各店舗に1台、つまり合計83台です。

- **We wish to use them with digital HDD video players and I want to know if they are compatible.**
  デジタルHDDビデオ・プレーヤーと併用したいので、互換性があるかどうかを知りたいと思います。

    Q: Didn't you receive a brochure at the trade show?
    見本市でパンフレットを受け取らなかったのですか。

A: Yes, I did, but the model we use is not mentioned?
いえ、いただきました。しかし、私どもが使っている機種については書かれていなかったようですが?

Q: What model are you using?
どの機種をお使いですか。

A: The V-HDD501.
V-HDD501です。

- I also want to know if you give a quantity purchase discount.
大量購入による割引きがあるかどうかも伺いたいと思います。

  Q: What makes you think we give discounts?
  なぜ割引きがあるとお考えになったのですか。

  A: I heard it was a common practice in the electrical appliance industry.
  電化製品業界ではそれが一般的と伺っておりますので。

- If we decide to order the monitors, when can you deliver them?
モニターを注文することにした場合、いつ配達していただけますか。

  Q: Bulk delivery to one place, or individual deliveries to each shop?
  1カ所にまとめてお届けしますか、それとも各店にそれぞれお届けしますか。

  A: Individual deliveries to each shop.
  各店にお願いします。

これらの質問に答えることによって、次のような文を作ることができます。

- My company operates a chain of eighty-three boutiques, and we would like to use your monitors for advertising purposes.

  ⬇

  My company operates a chain of eighty-three boutiques, and we are interested in using your monitors in each of these shops for advertising purposes.
  弊社は83店舗のブティックのチェーンを経営しており、各店で宣伝用に貴社のモニターを使いたいと考えております。

- We wish to use them with digital HDD video players and I want to know if they are compatible.

⬇

I received a brochure at the trade show, but it didn't mention if they could be used with the V-HDD501 model of digital HDD video player that we use, so could you please let me know if they are compatible?

見本市でパンフレットはいただいたのですが、私どもが使っておりますV-HDD501型のデジタルHDDビデオ・プレーヤーとの併用が可能かどうかについては書かれていませんでした。したがって、この機種と併用ができるか教えていただけますか。

- I also want to know if you give a quantity purchase discount.

⬇

I have also heard that it is common in the electrical appliance industry to offer a discount on quantity purchases, and I would be grateful if you could tell me if this applies.

また、電化製品業界では大量購入時の割引きが広く行われていると伺っておりますが、今回もこれが適用されるかお教えいただければ幸いです。

- If we decide to order the monitors, when can you deliver them?

⬇

And finally, if we decide to order the monitors we would need them delivered to each individual shop, so I need to know when this would be possible.

そして最後に、もしもモニターを注文した場合、各店に配達をお願いしたいと考えておりますが、配達時期はいつになるでしょうか。

最後の文の冒頭に And finally というフレーズがついていることに注意してください。これは必ずつけなければならないわけではありませんが、質問が3つか4つ並んでいるときは、このようなフレーズ（ほかにも And lastly、And last but not least など）をつけると、文章の流れがよくなります。

こうして、〈本体〉の最終的な下書きは次のようになりました。

第2部　ジャンル別書き方のテクニック

[本文の最終的な下書き]

> My company operates a chain of eighty-three boutiques, and we are interested in using your monitors in each of these shops for advertising purposes. I received a brochure at the trade show, but it didn't mention if they could be used with the V-HDD501 model of digital HDD video player that we use, so could you please let me know if they are compatible? I have also heard that it is common in the electrical appliance industry to offer a discount on quantity purchases, and I would be grateful if you could tell me if this applies. And finally, if we decide to order the monitors, we would need them delivered to each individual shop, so I need to know when this would be possible.

結論部

[修正前]

> We would like to have your answer as soon as possible, as we want to install them before the Christmas period. The final decision on the purchase will be made within one month.

第1部 (p.22~23) で書いたように、一般に〈結論部〉の最初の文では、読み手の注意を再びその手紙の目的に向けさせます。この役割を担う文は手紙によって異なりますが、たとえば今回の手紙なら、次のような文が使えるでしょう。

[読み手の注意を手紙の目的に向けさせる文例]
- And that is all the information I need at the moment.
  現在のところ伺いたいことは以上です。
- The above information should be sufficient for the time being.
  今のところは以上のことを教えていただければ十分です。
- The above information should enable us to come to a decision.
  以上のことをお教えいただき、検討したいと思います。

- I would also appreciate any other information you feel is relevant.
  このほかにも必要と思われることがありましたら、ぜひお聞かせください。

これらの文のどれかを加え、原案の最初の文にあった like to have を appreciate などを使って書き換えたなら、いよいよ最後の文です。原案の文は、最終的な手順について簡単に説明はしていますが、その結果がどのように知らされるのかを相手に説明していません。したがって、結果を知らせる手段についても書いておく必要があります。

また、第1部では触れなかったことですが、手紙、とくにビジネスレターの最後は必ず、手紙全体をまとめ、結辞に導く文で締めくくります。締めくくりの文はさまざまですが、最もよく使われるのは以下のような文でしょう。

［締めくくりの文例］
- In the meantime, I look forward to your reply.
  それでは、お返事をお待ちしております。
- Thanking you in advance, I look forward to your reply.
  お手数をかけますが、お返事をお待ちしております。
- I eagerly await your reply.
  お返事を心よりお待ちしております。
- Your help in this matter is appreciated, and I look forward to your reply.
  この件に関してどうぞよろしくお願いいたします。お返事をお待ちしております。

こうして、最終的な下書きは次のようになりました。

［結論部の最終的な下書き］

> And that is all the information I need at the moment. I would appreciate it if you could let me have your answer as soon as possible, as we want to install the monitors before the Christmas period. The final decision on the purchase will be made within one month, and I will contact you by mail immediately after that. In the meantime, I look forward to your reply.

書式も含めて（ブロック式にすることに決めたのでしたね）、最終的に右のような手紙が完成しました。

[最終的に完成した手紙]

Quin Apparel Inc.
128 East 32nd ST. NY 10014

Mr. Peter Hanbury
Modern Electronics, Inc.
4506 Green Blvd.
Baltimore, MD21130

August 14 '07

Dear Mr. Hanbury:

You probably don't remember me, but I attended your presentation for the Slick Digital Display Monitor at the Epoch Industries Trade Show last week, and I was very impressed with your product. It seems to be just what we are looking for, and I would appreciate it if you could send me more information.

My company operates a chain of eighty-three boutiques, and we are interested in using your monitors in each of these shops for advertising purposes. I received a brochure at the trade show, but it didn't mention if they could be used with the V-HDD501 model of digital HDD video player that we use, so could you please let me know if they are compatible? I have also heard that it is common in the electrical appliance industry to offer a discount on quantity purchases, and I would be grateful if you could tell me if this applies. And finally, if we decide to order the monitors, we would need them delivered to each individual shop, so I need to know when this would be possible.

And that is all the information I need at the moment. I would appreciate it if you could let me have your answer as soon as possible, as we want to install the monitors before the Christmas period. The final decision on the purchase will be made within one month, and I will contact you by mail immediately after that. In the meantime, I look forward to your reply.

Yours sincerely,

Paul Spencer

Paul Spencer
(PR Division)

【訳】
拝啓　ハンベリー様

おそらく覚えていらっしゃらないと思いますが、私は先週、新時代産業見本市で貴社のスリック・デジタル・ディスプレイ・モニターのプレゼンテーションに出席し、たいへん感銘を受けました。それはまさに私どもが探していたモニターに思われ、さらに詳しく教えていただきたく存じます。

私どもの会社は83店のブティックのチェーンを経営し、各店で貴社のモニターを宣伝に使えないものかと考えています。見本市でパンフレットはいただいたのですが、弊社が使用しておりますデジタルHDDビデオ・プレーヤーV-HDD501と併用できるかどうかについては書かれていませんでした。この機種との互換性があるかどうか、教えていただけますか。また、電化製品業界では大量購入による割引きがよくあると伺っていますので、今回もそれが適用されるか教えていただければ幸いです。そして最後に、モニターを注文することになった場合、各店舗に配達していただきたいのですが、いつ配達していただけるかお知らせください。

現在のところ、おたずねしたいことは以上です。クリスマス時期の前にモニターを設置したいと考えておりますので、できるだけ早めにお返事いただければ幸いです。購入についての最終的な決断は1カ月以内に下し、その結果はすぐに手紙で連絡いたします。それでは、お返事をお待ちしております。

敬具　ポール・スペンサー（宣伝部）

　これは差出人と受取人のあいだで初めて交わされる手紙ですが、受取人が返事を書く場合、その冒頭では以下のように、前の手紙に言及するはずです。

[手紙の受け取り人が返事を書く場合の冒頭の文例]

- **With reference to your letter dated August 14, 2007...**
  2007年8月14日付のお手紙に関連して……

- **Further to your letter of August 14, 2007...**
  2007年8月14日付のお手紙の件ですが……

- **Thank you for your letter of August 14, 2007.**
  2007年8月14日付のお手紙をありがとうございました。

- **I was delighted to receive your letter of August 14, 2007.**
  2007年8月14日付のお手紙をうれしく拝読させていただきました。

　このような形式は、相手からの手紙についてだけでなく、両者のあいだのそれまでのコンタクトすべてについて使えます。いくつか例をあげてみましょう。

[コンタクトした後に書く手紙の冒頭の文例]

- **With reference to our meeting of last Wednesday...**
  先週水曜日にお目にかかったときの件についてですが、……

- **Thank you for visiting my office yesterday.**
  昨日はご足労いただき、ありがとうございました。

- **Further to our meeting held at your office on July 18th...**
  去る7月18日、御社でお目にかかったときの件ですが、……

- **It was wonderful to have met you at the trade show last weekend.**
  先週末は見本市でお目にかかれてうれしかったです。
- **I am so glad that we finally got the chance to meet on Monday.**
  月曜日はようやくお目にかかれてたいへんうれしかったです。
- **To follow up our telephone conversation of yesterday...**
  昨日の電話の件ですが、……

　本書では全体を通じて、手紙には〈導入部〉〈本体〉〈結論部〉の3つの要素が必要だと強調していますが、それは、どんな手紙にも段落が3つなければならないという意味ではありません。主題が段落ごとに異なる側面から論じられているのなら、〈本体〉には段落がいくつあってもかまいません。また、必要なメッセージが相手に伝わりさえすれば、全体の段落はひとつかふたつでもかまいません。参考までに、短いビジネスレターの例を載せておきましょう。

[短いビジネスレターの例 ①]

Modern Electronics, Inc.
4506 Green Blvd.
Baltimore, MD21130

Quin Apparel Inc.
128 East 32nd St.
NY10014

August 17 '07

Dear Mr. Spencer:

Thank you very much for your letter of August 14. Instead of me answering your questions impersonally through the mail system, please allow me to visit you in your office and give you a full explanation. I am planning to be in New York between August 23 and 25, and if 16:00 on August 24 is convenient for you, I would be delighted to visit you in person.

I eagerly await your reply.

Yours sincerely,

David Hanbury

【訳】
拝啓　スペンサー様

8月14日付のお手紙をありがとうございました。郵便でご質問にお答えするのも素っ気ないので、御社に伺って説明をさせていただきたいと思います。

私は8月23日から25日までニューヨークに滞在する予定のため、もしも24日の16時にご都合がよろしければ、直接お目にかかりたく存じます。お返事を心よりお待ちしております。

敬具　デイヴィッド・ハンベリー

[短いビジネスレターの例②]

Quin Apparel Inc.
128 East 32nd St.
NY10014

Mr. David Hanbury
Modern Electronics, Inc.
4506 Green Blvd.
Baltimore, MD21130

August 19 '07

Dear Mr. Hanbury:

Thank you for your letter. I appreciate your swift response very much. 16:00 on August 24 is fine. I look forward to seeing you then.

Yours sincerely,

Paul Spencer
Paul Spencer
(PR Division)

【訳】
拝啓　ハンベリー様

お手紙ありがとうございました。迅速なお返事に感謝いたします。8月24日の16時で大丈夫です。お目にかかれるのを楽しみにしています。

敬具　ポール・スペンサー（宣伝部）

個人的な手紙の書き方

　個人的な手紙にはさまざまな種類がありますが、大きく分けるとフォーマルな手紙とインフォーマルな手紙の2種類に分けられます。フォーマルな手紙には、法人に宛てた製品の問い合わせや苦情の手紙、新聞の読者の手紙欄に投稿するときの手紙、求人に応募するときの手紙などがあります。インフォーマルな手紙は、友人や親戚などに宛てた手紙です。フォーマルな手紙の書き方は前述のビジネスレターと同じなので、ここではインフォーマルな手紙に絞って説明します。

　インフォーマルな手紙を出す目的はさまざまですが、eメールが登場してからは、それまでほど一般的ではなくなりました。とはいえ、世界の誰もがインターネットを使っているわけではありませんし、たいていは郵便で配達された手紙を受け取るほうがずっとうれしいものです。
　インフォーマルな手紙は、〈導入部〉〈本体〉〈結論部〉から成るという点では、ほかの文章を書くときと同じですが、ふつうはそれほどルールに厳密ではありません。なぜならこれらは、相手が目の前にいたら交わすはずの会話の代用として書く場合が多いからです。つまりインフォーマルな手紙は、くつろいだ気持ちで自分の書きたいように書けばいいのです。
　とはいえ、ふつうの会話は、特に意識しなくても〈導入部〉〈本体〉〈結論部〉という構成になっていることがよくあります。もしも手紙を、道で人と会ったときの会話にたとえれば、〈導入部〉は初めの挨拶、〈本体〉は会話、〈結論部〉は別れるときの挨拶、といえます。たとえば、転職したことを伝える手紙を書く場合、その大まかな構成は次のようになるでしょう。

導入部　**Hello, how are you?**
　　　　　こんにちは、お元気ですか。
本体　　**I have a new job as a fashion designer.**
　　　　　ファッション・デザイナーの仕事を始めました。
結論部　**Hope to see you soon.**
　　　　　近いうちにお会いできることを願っています。

　それでは、これをふくらませて手紙の文章にしていきましょう。

導入部

Hello, how are you?

　先ほど述べたように、インフォーマルな手紙の〈導入部〉は、ふつうの会話の挨拶の代わりです。ですから、会話を始める前と同じように、手紙を書く前にいくつか考えなければならないことがあります。たとえば、その人と最後に会ったのはいつだったでしょうか。もしも久しぶりに会ったのなら、"It's been so long." とか、"I haven't seen you for ages."、"Long time no see." などと言いますよね？　手紙でも同じです。ただし、道でばったり昔の友人と会うのと同じように手紙を偶然書くということはありえませんから、このままでは使えません。手紙で久しぶりに連絡する場合、書き手はまず、長いこと相手に手紙を書かなかったことを詫びるのではないでしょうか。

[長いあいだ手紙を書かなかったことを詫びる文例]
- I'm sorry for the delay in contacting you.
  返事が遅くなってごめんなさい。
- I'm sorry for the huge delay between letters.
  なかなか手紙が書けなくてごめんなさい。
- I really am sorry for not writing sooner.
  すぐに手紙が書けなくて本当にごめんなさい。
- Please forgive my inexcusably long silence.
  長いことご無沙汰してしまってすみません。

　手紙が遅くなってしまった弁解を次のようにすることもできます。

[長いあいだ手紙を書かなかったことの弁解例]
- I'm sorry for the delay in contacting you, but I have been so busy lately.
  返事が遅くなってごめんなさい。最近とても忙しかったのです。
- I'm sorry for the huge delay between letters. I never seem to be able to find time for writing recently.
  手紙がなかなか書けなくてごめんなさい。このところ書く時間がなかったのです。
- I really am sorry for not writing sooner, but this has been a hectic year.
  すぐに手紙が書けなくて本当にごめんなさい。今年は大忙しだったのです。
- Please forgive my inexcusably long silence. I have been meaning to write for a long time, but never got around to it.
  長いことご無沙汰してしまってすみません。ずっと書こうと思っていたのですが、余裕がなかったのです。

もちろん、このようなお詫びは必ず必要なわけではなく、長いこと手紙を書かなかった後ろめたさを感じるときだけ書けばいいのです。お詫びを書くか書かないかによって、次の文は手紙の最初の文になったりふたつめの文になったりします。これが実際の挨拶で、必要があれば、次のように相手の家族にも触れます。

[相手の家族のことに触れた文例]
- How have you been?
  いかがお過ごしですか。
- I hope you and the whole family are well.
  あなたもご家族のみなさんも元気でお過ごしのことと思います。
- How have things been with you and Derek?
  あなたとデレクはいかがお過ごしですか。
- What's been going on with you and the kids?
  あなたとお子さんたちはいかがお過ごしですか。

　挨拶を終えたら、相手があなたにも同じ質問をしたと想像して、その答えを書きます。

[自分のことに触れた文例]
- I am fine.
  わたしは元気です。
- Everything is fine with me.
  わたしはすべて順調です。
- Everybody over here is just fine.
  こちらはみな元気です。
- We are all enjoying good health.
  わたしたちはみな元気です。

これにもう少し情報をつけ加えることもできます。

[自分のことに情報を付加した文例]
- I am fine, but dad has been suffering from backache.
  わたしは元気ですが、パパは腰痛に悩まされています。
- Everything is fine with me, but John is recovering from the flu.
  わたしはすべて順調ですが、ジョンはインフルエンザが治りかけたところです。

- Everybody over here is just fine, although now that the winter is approaching, I don't know how long that will last.
  こちらはみな元気ですが、もうすぐ冬になるので、いつまでそれが続くやら。
- We are all enjoying good health, although Graham broke his arm at school at the beginning of the year.
  わたしたちはみな元気ですが、今年の初めにグレアムが学校で腕の骨を折りました。

以上を考慮して〈導入部〉はだいたいこんな感じになりました。もちろん、もっと文を書き加えてもかまいませんが、このように、(必要に応じて)「無沙汰の詫び」、「挨拶」、「簡単な近況報告」といった要素が含まれていれば、インフォーマルな手紙の社交上の約束事は守れているといえるでしょう。

[導入部の最終的な下書き]

> I'm sorry for the delay in contacting you, but I have been so busy lately. I hope you and the whole family are well. Everybody over here is just fine, although now that the winter is approaching, I don't know how long that will last.

本 体

I have a new job as a fashion designer.

相手と非常に親しければ、何かいい知らせがあるときは、センセーショナルに〈本体〉を始めることがよくあります。そしてそのすぐあとに、伝えたい知らせを短く続けます。

[親しい場合のいい知らせを伝える文例]

- **Guess what! I've got a new job!**
  聞いてください！　わたし、新しい仕事を始めたんですよ！
- **You'll never guess what, but I've changed jobs!**
  びっくりするでしょうけれど、わたし、転職したんです！
- **Have I got some news for you! I'm now a fashion designer!**
  大ニュース！　わたしはいま、なんとファッション・デザイナーなんです！
- **You'll never believe it, but I'm a fashion designer!**
  信じられないでしょうが、わたしはファッション・デザイナーなんですよ！

一方、相手とそれほど親しくない場合や、手紙の目的が純粋にその知らせを伝えることというより、ただ相手と連絡を取ることであるような場合は、次のようにしたほうがいいでしょう。

[ある程度距離がある人へ情報を知らせる文例]
- I thought I'd write and let you know that I have changed jobs.
  わたしが転職したことを、お知らせしておこうと思います。
- I thought you might be interested to hear that I have changed jobs.
  わたしが転職したことを、念のためお知らせしておきます。
- I am writing to tell you that I have got a new job.
  新しい仕事を始めたことをお伝えするために、この手紙を書いています。
- The reason for this letter is to let you know that I am now a fashion designer.
  この手紙を書いているのは、わたしがいまやファッション・デザイナーになったことをお知らせするためです。

手紙を書いた目的を述べたら、次は転職した理由を説明します。

[理由を伝える文例]
- My previous job was okay, but the wages were low and the hours long.
  前の仕事もまあまあだったのですが、給料は安いし、労働時間が長かったのです。
- I wasn't planning to leave my old company, but I have always wanted to be involved in fashion.
  前の会社を辞めるつもりではなかったのですが、昔からファッション業界で働きたいと思っていたのです。
- I was quite happy at my previous job, but I just couldn't refuse this opportunity.
  前の仕事にも満足はしていたのですが、こんないい機会、逃すわけにはいかなかったのです。
- I had an argument with my boss, and it was just too uncomfortable to stay at my old company.
  上司とけんかをしていて、前の会社は本当に居心地が悪かったのです。

それから新しい仕事について情報を加えるといいでしょう。

[情報を追加する文例]
- The new company is a fashion design office, and they liked

- my portfolio of designs and offered me a job that starts at the beginning of next month.
  今度働くことになった会社はファッション・デザインの会社です。わたしのデザイン画を気に入ってくれて、そこで雇われることになりました。来月の初めから仕事が始まります。
- My new office will be in downtown Manhattan, and I will get to meet lots of famous people.
  新しいオフィスはマンハッタンのダウンタウン。有名人にたくさん会えそうです。
- The new job pays very well, and I get the chance to travel around the world.
  新しい仕事はお給料がとてもいいし、世界を飛び回るチャンスもあります。
- Apparently, my first job at the new company will be to come up with some ideas for next year's spring line-up.
  今度の会社での初仕事は、どうやら来春のラインナップを考えることのようです。

　新しい仕事について説明するためには、上記の文のうちいくつかを使っても、すべてを使ってもいいでしょう。このときに、必ず推敲して、同じ語が重なっていればそれを削るようにするのを忘れずに（たとえばnew companyとnew job）。それが済んだら、以下のように、新しい仕事についての感想を書き加えるといいでしょう。

[感想を追加する文例]
- I am so excited! I can't wait to start work.
  本当にわくわくします！　仕事を始めるのが待ち遠しくてなりません。
- I am so delighted about this. It has always been my dream to work in fashion.
  うれしくてたまりません。ファッション業界で働くことは、昔からの夢でした。
- I can't tell you how happy I am to finally be working in fashion.
  ついにファッション業界で働けるようになって、言葉にならないほどうれしく思っています。
- It will be wonderful to be working with people who feel the same way about fashion as I do.
  ファッションについて自分と同じように感じている人たちと働けるとは、なんてすばらしいんでしょう。

　これで〈本体〉が完成しました。とはいえ、インフォーマルな手紙は自由に書いていいのですから、もっといろいろ書きたければ、そうしてかまいません。相手が知りたいと思うようなことがすべて書いてあるかどうかをチェックするためには、「ビジネスレターの書き方」で説明したように、相手がたずねそうな質問をリストにしてみるといいでしょう。また、ほかにも伝えたい知らせがあれば、新しい段落を設けて話題を変えましょう。

［本体の最終的な下書き］

> Have I got some news for you! I'm now a fashion designer! I was quite happy at my previous job, but I just couldn't refuse this opportunity. The new company is a fashion design office, and they liked my portfolio of designs and offered me a job that starts at the beginning of next month. My new office will be in downtown Manhattan, and I will get to meet lots of famous people. It pays very well, and I get the chance to travel around the world. Apparently, my first job will be to come up with some ideas for next year's spring line-up. I can't tell you how happy I am to finally be working in fashion.

結論部

Hope to see you soon.

　ビジネスレターと同様、〈結論部〉の最初の文は、相手の注意を再び手紙の目的に向けるとともに、手紙がもうすぐ終わりであることを示すものにしなくてはなりません。その例をいくつかあげておきます。

［相手の注意を再び手紙の目的に向ける文例］

- **Well, now that you know the news, I'd better sign off.**
  さて、わたしのニュースはこのぐらいにして、そろそろ終わりにしましょう。
- **Now that I have told you my news, I really ought to sign off as I have another letter to write.**
  以上、わたしの近況です。もう１通書かなければならない手紙があるので、きょうはこのへんで。
- **So, that's the news, and now that I've told you I had better finish.**
  というわけで、わたしの近況をお知らせしましたので、このへんで終わりにしましょう。
- **And that's about the extent of my news. I'll have to sign off now as it is getting late.**
  以上、わたしの近況でした。もう時間が遅いので、そろそろ終わりにしなくてはなりません。

このあとに、最後の挨拶を書きます。

［最後の挨拶文例］

- **Give my love to the family, and I hope to see you in the near**

future.
ご家族によろしく。近いうちにお会いしたいです。

- It would be great if we could meet up in the future. Let me know when you are coming to New York, and we'll meet up then.
  近いうちに会えたらいいですね。ニューヨークにいらっしゃるときは知らせてください。ぜひ会いましょう。

- I hope you are enjoying the hot summer. Take care, and I'll write again soon.
  暑い夏を楽しんでくださいね。お元気で。近いうちにまた手紙を書きます。

- Look after yourself, and give my love to the kids.
  お元気で。お子さんたちによろしく。

こうして手紙の〈結論部〉は次のようになりました。

［結論部の最終的な下書き］

> So, that's the news, and now that I've told you I had better finish. Give my love to the family, and I hope to see you in the near future.

そして、〈導入部〉〈本体〉〈結論部〉をつなぎあわせると、手紙の最終的な下書きは次のようになります。

[最終的に完成した手紙]

43 Maybeline Ave.
Upstate, NY-10042

August 19

Dear Judy:

 I'm sorry for the delay in contacting you, but I have been so busy lately. I hope you and the whole family are well. Everybody over here is just fine, although now that the winter is approaching, I don't know how long that will last.

 Have I got some news for you! I'm now a fashion designer! I was quite happy at my previous job, but I just couldn't refuse this opportunity. The new company is a fashion design office, and they liked my portfolio of designs and offered me a job that starts at the beginning of next month. My new office will be in downtown Manhattan, and I will get to meet lots of famous people. It pays very well, and I get the chance to travel around the world. Apparently, my first job will be to come up with some ideas for next year's spring line-up. I can't tell you how happy I am to finally be working in fashion.

 So, that's the news, and now that I've told you I had better finish. Give my love to the family, and I hope to see you in the near future.

All my love
Sarah

【訳】
ジュディへ

返事が遅くなってごめんなさい。最近とても忙しかったのです。あなたもご家族のみなさんも元気でお過ごしのことと思います。こちらはみな元気ですが、もうすぐ冬になるので、いつまでそれが続くやら。

大ニュース！　わたしはいま、なんとファッション・デザイナーなんです！　前の仕事にも満足はしていたのですが、こんないい機会、逃すわけにはいかなかったのです。今度働くことになった会社はファッション・デザインの会社です。わたしのデザイン画を気に入ってくれて、そこで雇われることになりました。来月初めから仕事が始まります。新しいオフィスはマンハッタンのダウンタウン。有名人にたくさん会えそうです。新しい仕事はお給料がとてもいいし、世界を飛び回るチャンスもあります。今度の会社での初仕事は、どうやら来春のラインナップを考えることのようです。ついにファッション業界で働けるようになって、言葉にならないほどうれしく思っています。

というわけで、わたしの近況をお知らせしましたので、このへんで終わりにしましょう。ご家族によろしく。近いうちにお会いしたいです。

愛を込めて　サラ

ビジネスレターと同じように、インフォーマルな手紙は1、2段落だけの短いものでもかまいません。とくに自分と相手がたびたび連絡を取りあっている場合、短い手紙で十分でしょう。この場合は〈導入部〉の "Hello, how are you?" にあたる部分を省き、代わりに次のような文で手紙を始めます。

［親しい間で交わす手紙の冒頭の文例］
- **Just a brief note to...**
  ひとこと……
- **This is just a quick letter to...**
  ちょっとお知らせしたいことがあって、……
- **I hope you don't mind me asking, but...**
  お願いがあるのですが、……
- **Excuse the briefness of this letter, but...**
  短い手紙ですみませんが、……

次に短い手紙の例をあげておきます。

252

[例①：夕食をいただいたお礼の手紙]

> Dear Peter:
>
> Just a brief note to thank you very much for dinner the other night. I didn't realize you were such a good cook. I also enjoyed our conversation immensely, and look forward to the chance of chatting with you again.
>
> Best regards
>
> *Raymond*

【訳】
ピーターへ

先日は夕食をありがとう。君があんなに料理がうまいなんて、知らなかったよ。それに、会話も楽しかった。また話ができるといいな。

とり急ぎ、お礼まで。　レイモンド

[例②：子どもを宿泊させてほしいと依頼する手紙]

> Dear Sharon:
>
> I hope you don't mind me asking, but my youngest son, Jimmy, is traveling up to Manchester for a job interview next Monday, and I was hoping he could stay overnight in your home. Don't hesitate to refuse if it is inconvenient. I'm sure he can afford a hotel. I'll call you on Saturday to confirm.
>
> All my love
>
> *Rita*

【訳】
シャロンへ

お願いがあるのですが、きいていただけるでしょうか。下の息子のジミーが来週月曜日に仕事の面接でマンチェスターに行くので、お宅に一晩泊めていただきたいのです。ご都合が悪ければ、どうぞ遠慮なく断ってくださいね。ホテルに泊まることもできるはずですから。土曜日に電話で返事を伺います。

愛を込めて　リタ

[例 ③：娘の結婚を知らせる手紙]

Dear Jennifer:

Just a quick letter to let you know that Carolyn is getting married in April. None of the details are fixed yet, but I thought you would like to know. Her fiancé is a very nice young man with a steady job in the manufacturing industry, and they both seem very happy together.

I'll let you know when I have more information.

　　　　　　　　　　　Your friend

　　　　　　　　　　　Hazel

【訳】
ジェニファーへ

キャロリンが4月に結婚することになりました。詳しいことはまだ決まっていませんが、念のためお知らせしておきます。婚約者は製造業の安定した職についている好青年で、ふたりはとても幸せそうです。詳しいことが決まったら、また連絡します。

とり急ぎ、お知らせまで。　ヘイゼル

最近、ポピュラーになってきたインフォーマルな手紙として、家族のニューズレターがあります。これは1年に1度、家族の近況をまとめたもので、ふつうはクリスマスの前後に複数の相手に送られます。このニューズレターは、1年間、相手と連絡を取らなかった後ろめたさを和らげるためのものといえるでしょう。そして、それからの1年もまた手紙を書かないだろうという含みもあります。

　このようなニューズレターのレイアウトはとてもシンプルです。最初の呼びかけはふつう everyone または all our friends 宛てで、〈導入部〉が挨拶となります。〈本体〉はその年の出来事で、ふつうは家族のメンバーごとに分けて書きます。〈結論部〉は次の年への抱負や期待を述べ、相手の幸福を願って締めくくります。文章を書いた人だけでなく、家族全員が署名します。

　参考までに、家族のニューズレターの例を次ページにあげておきます。

Column

ライティングのためのヒント#5

　良い知らせでも悪い知らせでも、センセーショナルなニュースをインフォーマルなやりとりで知らせる場合には、文の前に Believe it or not というフレーズをつけるのが一般的なやり方です。

- I have been promoted to section manager.
  課長に昇進したんだ。

→ <u>Believe it or not</u>, I have been promoted to section manager.
信じられないかもしれないけど、課長に昇進したんだ。

- My landlord wants to increase my rent by twenty percent.
  大家は家賃を20％上げたがっている。

→ <u>Believe it or not</u>, my landlord wants to increase my rent by twenty percent.
信じられるか、大家が家賃を20％上げたがってるんだ。

- My wife bought me gold watch for Christmas.
  妻がクリスマスに金の時計を買ってくれた。

→ <u>Believe it or not</u>, my wife bought me a gold watch for Christmas.
信じられるかい、妻がクリスマスに金の時計を買ってくれたんだ。

[家族のニューズレターの例]

43 Maybeline Ave.
Upstate, NY-10042

December 28, 2007

Dear everyone:

    I hope this letter finds you all in perfect health. We have all been very lucky with health this year, and apart from Peter catching a minor cold in the spring, the year passed without any serious health problems.

    It has been a very eventful year for us. Peter was promoted to section manager at the beginning of the year, and the increase in salary that this afforded us meant we were able to enjoy a wonderful summer vacation in Italy.

    Jane started high school from September and has already made some very good progress with her work. She wants to be a veterinary surgeon in the future, and has already vowed to work hard in high school so she can enter the university of her choice.

    Glen is now a member of the school baseball team and plays shortstop. He is one of the youngest members of the team, but as he is quite large for his age, he is able to play alongside the older players with no problem. He is also very fast on his feet, and so far this season he has managed to get on base four times with in-field hits. He has promised me a homerun for my birthday, so I am looking forward to that.

    As for myself, I had the wonderful opportunity to change companies at the end of summer, and I started a new job as a fashion designer from September. The job pays well and gives me the chance to travel, and I really love the work. At the moment I am in charge of next year's spring collection, which is very demanding but also very rewarding.

    And that's about all the news we have at the moment. Next year we are planning another vacation in Europe, although in Germany and Austria this time. We all hope that 2008 turns out to be a wonderful year for you all, and we look forward to seeing you soon.

With love from us all

Sarah, Peter, Jane and Glen

【訳】
皆様

　お元気でお過ごしのことと思います。わたしたちもおかげさまで、みな元気にこの1年を過ごすことができました。ピーターが春に軽い風邪をひいた以外は、健康上の大きな問題もなく過ぎた1年でした。

　この1年、さまざまなことがありました。ピーターは年の初めに課長に昇進しました。給与が上がったおかげで、わたしたちはイタリアですばらしい夏休みを楽しむことができました。

　ジェーンは9月から高校生になり、勉強も順調です。将来、獣医を目指しているので、志望の大学に入れるように、高校でしっかり勉強すると言っています。

　グレンは学校の野球部で、ショートをしています。チームのなかではいちばん年下ですが、年齢の割には身体が大きいので、ほかの年上の子たちに交じって問題なくやっています。足も速いので、内野安打を今年だけでもう4本も打っています。私の誕生日にはホームランを打つと約束してくれたので、楽しみにしています。

　わたし自身は、夏の終わりに転職の好機に恵まれ、9月からファッション・デザイナーとして働いています。この仕事は報酬が高く、遠方に出かけるチャンスもあって、とても気に入っています。いまは来春のコレクションを担当中。たいへんですが、やり甲斐のある仕事です。

　以上がわたしたちの近況です。来年もヨーロッパ（今度はドイツとオーストリア）で休暇を過ごす予定です。みなさまにとって2008年がすばらしい年でありますように。そして近いうちにお目にかかれることを願っています。

家族一同より愛を込めて
サラ、ピーター、ジェーン、グレン

Writing E-Mail

5 eメールの書き方

　eメールは楽しいコミュニケーションの手段です。友人同士のインフォーマルなオンラインでのやり取りというイメージが強いものの、ビジネスやフォーマルな場面でももちろん使っています。インターネットは「なんでもあり」の世界ではありますが、それでもヴァーチャルな社会であることには変わりなく、もしもこれを最大限に活用しようとするならば、どんな社会でもそうであるように、守らなければならないルールがあります。

　この章では、ビジネスの場でのeメールとインフォーマルなeメールの書き方を説明していきます。でもその前に、そのどちらにも共通する要素を見てみましょう。

レターとeメールの共通の要素

　インターネットは瞬時に相手とコミュニケーションができる、たいへん便利な手段ですが、使い方を間違えば、相手を怒らせることにもなりかねません。その理由のひとつとして、あまりにも手軽にコミュニケーションが取れるため、ついつい使いすぎ、しかも相手からすぐに返事が来ることを期待してしまう、という点があげられます。1週間に1、2通しかeメールを受け取らない人なら、すぐに返事を書くこともできるかもしれませんが、とくにビジネスでeメールを使っている人などは、毎日大量のeメールを受け取りますから、重要なものとそうでないものを選り分けるだけで、膨大な時間と手間を取られてしまいます。

　そこで、単にインターネットのエチケットを守るというだけでなく、自分の送信したeメールが相手に大きな負担をかけることがないように、ルールを守らなければなりません。次に11のルールをあげておきますので、参考にしてください。

(1) 適切な件名にする

　先ほど述べたように、人によっては毎日大量のeメールを受け取っています。その人たちがメールのソフトウェアを起動したときに最初に目を通すのは、新着メールの「件名」の一覧でしょう。そして、受信トレイに届いているたくさんのスパムメール（＝迷惑メール）をひとつひとつ削除していくわけですが、もしもあなたの送信したメールに適切な件名がつけられていなければ、間違って削除されたり、見落とされたりしてしまうかもしれません。最近のスパムメールには、削除されないように意味ありげな件名がついていることがよくあるので、件名のつけ方を工夫しなければなりません。たとえば、次のような件名は避けたほうがいいでしょう。

［避けたほうがよい件名の例］
- ✕ Important!!! Read immediately!!!
  重要！！！　すぐに読んでください！！！
- ✕ Re: Next week's meeting
  Re: 来週の打ち合わせ
- ✕ I need to talk to you
  お話ししたいことがあります
- ✕ I have an interesting story for you
  おもしろい話があるよ

　これらの件名が不適切なのは、内容が漠然としすぎているからです。次のように、何についてのメールなのかが相手にすぐわかるような件名にしなくてはなりません。

［内容がはっきりとわかる件名の例］
- ● John, would you please call me? (Gerald)
  ジョン、電話をもらえますか（ジェラルド）
- ● C&M Trading meeting
  C&Mトレーディングとの打ち合わせ
- ● Mr. Hollingway's farewell party
  ホリングウェイさんの送別会
- ● Re the problem with the Accounting Depts.' computer
  経理部のコンピュータの問題点について

製品についての問い合わせなど、知らない相手にeメールを送るときは、そのメールが相手にとってなんらかの利益になることがわかるキーワードを、件名に含めるようにしましょう。以下はその例です。

[キーワードを効果的に入れた件名の例]
- **Inquiry about the new MD-19962-AD model**
  新製品 MD-19962-AD 型についての問い合わせ
- **Inquiry re advertisement in the Japan Times**
  ジャパンタイムズに掲載された広告についての問い合わせ
- **Application for part-time job**
  パートタイムの求人への申込み
- **Debugging CAD software**
  CAD ソフトウェアのデバッグ

また、自分のコンピュータにスパムメール・フィルターのソフトウェアをインストールしている人もいます。これは、件名にあるキーワードが含まれていると、そのメールをスパムメールと見なして自動的に削除するというもので、ふつうは次のようなキーワードをターゲットにします。

Nude (ヌード)	**Naked** (裸の)	**Lottery** (宝くじ)
Free (無料)	**Prize** (懸賞)	**Discount** (割引)
Viagra (バイアグラ)	**!!!**	

もしも相手が、たとえば上記のようなキーワードを件名に含むメッセージを自動的に削除するスパムメール・フィルターを使っている場合、次のような件名のeメールを送ったとしても、相手には読んでもらえません。たとえ害のない内容だったとしても、削除されてしまうからです。

[スパムメールに間違われる件名の例]
- ✕ **Are you *free* on Saturday?**
  土曜日はあいてる？
- ✕ **Hey, I won a *prize* in a competition**
  コンテストで賞をもらったよ
- ✕ **My wife thinks we are going to win the *lottery***
  妻は宝くじが当たると思っています
- ✕ **Thanks for the drinks last night*!!!***
  昨夜はごちそうさま！！！

(2) メッセージの冒頭に、もし知っていれば相手の名前を書く

　スパムメールは一度に多数の相手に送信されるので、宛名が書かれていることはまずありません。そこで、あなたが相手の名前を知っている場合は、それをメッセージの冒頭に呼びかけの形で書いておくといいでしょう。スパムメールではなく、ちゃんとした問い合わせだという証拠になりますから。

(3) 自分の身元を明らかにする

　知らない人にeメールを書くときは、メッセージの冒頭に、自分が誰であるかということと、メールの目的をはっきりと書くようにしましょう。知らない相手からメールを受け取った人は、メッセージの冒頭は読むけれど、あとはスパムメールかどうかを判断するためにざっと目を通すだけ、ということが多いようです。冒頭を読んでも、その先を読むだけの理由が見出せなければ、重要な手紙であれスパムメールであれ、その人は読むのをやめてしまうでしょう。

［身元を明らかにする文例］
- My name is Gordon Crest and I recently purchased an Eco-Gain watch manufactured by your company.
  わたしはゴードン・クレストと申します。最近、貴社の腕時計エコ・ゲインを購入しました。
- My name is Helen Watts and I am interested in the secretary's job you are advertising.
  ヘレン・ウォッツと申します。御社の秘書の求人広告を見て関心を持ちました。
- My name is Roland Priest and I would like to receive a copy of next year's prospectus.
  ローランド・プリーストと申します。来年の学校案内をお送りください。
- My name is Elizabeth Hammond and I have a complaint about one of your staff members.
  わたしはエリザベス・ハモンドと申します。そちらの従業員の方に苦情があります。

　それまでに相手と会ったことがあるけれども、相手が自分を覚えているかどうかわからないときは、最初に相手の記憶を呼び起こしてみましょう。

［相手に自分を思い出してもらうための文例］
- You probably don't remember me, but we met at the Book Fair in Frankfurt last month.

覚えてはいらっしゃらないでしょうが、わたしたちは先月、フランクフルトのブックフェアで会いました。

- **I really enjoyed talking to you about PDA technology at your seminar last weekend.**
  先週末の貴社のセミナーではPDAテクノロジーについて話させていただき、たいへんよい経験をさせていただきました。

- **First of all I would like to say thank you for allowing me to visit your office at the end of May.**
  何よりもまず、5月末に御社を訪問させていただきましたことを感謝いたします。

- **You mentioned during the Chamber of Commerce dinner last week that you were thinking of redecorating your office, so I thought I would contact you.**
  先週の商工会議所での夕食会で、オフィスの改装を考えていらっしゃると話しておられましたので、メールを差し上げた次第です。

(4) 単語やフレーズ全体を大文字で書かない

　インターネットでは、単語やフレーズや文を大文字で書くことは、叫んでいるのと同じこと。書いた人は強調しているだけのつもりかもしれませんが、相手によっては気分を害し、大文字で書かれたメールには返事をしないということもあるようです。強調するときは、その単語の前後にアスタリスク（*）をつけるだけにするのがエチケットです。この方法は、フレーズや文全体には使えませんので、注意してください。

○ Guess what? We are going to *Hawaii* for Christmas!
× Guess what? WE ARE GOING TO HAWAII FOR CHRISTMAS!
　聞いて！　わたしたち、クリスマスにハワイに行くの！

○ I told him that I really don't *care* about his car.
× I told him that I REALLY DON'T CARE about his car.
　あなたの車のことなんかどうでもいいの、とわたしは彼に言ってやりました。

○ Monday's meeting has been cancelled. *Cancelled*! Can you believe it?
× Monday's meeting has been cancelled. CANCELLED! Can you believe it?
　月曜日の打ち合わせがキャンセルされました。キャンセルとは！　信じられますか。

(5) 各段落を短くする

eメールでは、質問に答えるときや相手の書いたことにコメントするとき、相手の元のメッセージを「引用」してから、その下に答えやコメントを書く方法が一般的です。引用された行の頭にはすべて > の印がつきます。もしも元のメッセージの段落が長く、たくさんの情報が詰めこまれていると、引用する人は段落のなかの必要な部分だけカット＆ペーストするか打ち直すことになり、どちらにしても手間がかかります。次の例は、相手が引用して返答しやすい、短い段落の例です。

[よいメールの例――段落が短い]

> We're going to watch the Giants vs. Tigers match at the Tokyo
> Dome on Saturday night. Do you want to come?

Yes, I'd love to. Where are you meeting up?

【訳】
> 土曜日の夜、僕たちは巨人対阪神戦を東京ドーム
> に見に行くんだ。一緒に行かない？

行く行く。どこで待ち合わせる？

次は悪い例。段落のなかに質問だけでなく、ほかの余計なことまで書かれていますね。この場合、相手は段落ごと引用するわけにはいかず、答えも上の例と同じようには書けません。

[よくないメールの例――段落が長い]

> We're going to watch the Giants vs. Tigers match at the Tokyo
> Dome on Saturday night. Do you want to come? Greg,
> Helen and George will also be going. We thought we
> could have dinner in that small Yakitoriya by Iidabashi
> Station on the way home. I seem to remember you
> enjoyed that place, didn't you?

【訳】
> 土曜日の夜、僕たちは巨人対阪神戦を東京ドームに見に行くんだ。一緒に行かない？ グレッグとレンとジョージも行くよ。帰りに飯田橋駅のそばの小さな焼き鳥屋で食事をしようかと思ってる。君はあの店が気に入ってたんじゃなかったっけ？

(6) メッセージは簡潔に

　eメールでは元のメッセージを引用することがよくあるので、コメントしたいことだけ読んで、あとは読まないうちに「返信」ボタンを押してしまうことがあります。こんなことにならないように、メッセージはできるだけ短くするといいでしょう。理想的な長さは、**スクロールをしないで全文が読める長さ**です。友人同士のプライベートなメールは、それほど長さを気にしなくていいのですが、ビジネス関連のメールは工夫が必要です。もしもメッセージに何種類かの情報を書く必要があるときは、最初の段落に内容をあらかじめ個条書きにしておくといいでしょう。以下はその例です。

[メッセージを簡潔に個条書きにする文例]
- Sorry for the long mail, but I need to confirm six separate items with you, all of which are outlined below.
  長いメールですみませんが、以下の6つの点について確認させてください。
- I have several items I need to clarify below, including 1) the terms of payment, 2) the issuance of letters of credit, 3) details on the warranty, and 4) the agreement expiration date.
  以下の点を確認させてください。1) 支払い条件、2) 信用状の発行、3) 保証の詳細、4) 契約の有効期限。

(7) eメールでは書式に沿って体裁を整えることはない

　eメールでは、礼辞や結辞も含めたすべての行を左端に揃え、インデントはつけません。また、かわいい絵やおもしろい絵、さまざまな書体、さまざまな文字サイズ、下線、色文字や太字など、工夫を凝らした書式は避けるようにしましょう。eメールのソフトウェアでは、受け取るメールについて、このような書式の諸要素を表示できるHTML形式か、表示できないテキスト形式のどちらかを、ユーザーが選べるようになっています。メールを送るとき、もし相手がテキスト形式に設定していれば、あなたの努力は無駄になってしまいます。強調やカテゴリー分けのために色文字を使ったり文字を大きくしたりしても、相手

にはそれがわからないということにもなりますから、ぜひ注意してください。

(8) 海外にeメールを送るときは全角文字を使わない

　eメールで顔文字（emoticon）を作ろうとするとき、半角文字だけでは表現力に限りがあると感じた人は多いでしょう。もしも相手が日本に住んでいて、日本語オペレーティング・システムのコンピュータを使っていれば、全角文字を使っても問題ないのですが、海外のほとんどのコンピュータは半角文字しか扱うことができません。ですからあなたがせっかく工夫を凝らして作った顔文字も、相手が受け取ったときにはただのメチャクチャな文字の羅列になってしまいます。この現象は顔文字だけでなく、たとえば●、△などの全角の記号を使った場合にも起こります。というわけで、全角文字は使いたくてもあきらめましょう。

(9) ファイルを添付するときはよく考えてから

　デジタル・カメラやデジタル・ビデオ・カメラ全盛のいま、画像やビデオ・クリップなどの容量の大きなファイルを添付して送りたい、という誘惑に駆られることも多いはずです。でも、誰もがブロードバンドによるインターネット接続をしているわけではないことを考慮しなければなりません。最近はブロードバンドが普及してきてはいるものの、いまもダイヤルアップ接続をしている人もいます。その人たちに、3MBもあるビデオ・クリップをeメールに添付して送ったりすれば、ダウンロードに3、40分もかかってしまい、迷惑以外の何ものでもありません。もしも写真などの重いファイルを送りたいときは、まずeメールで相手に希望を聞いてから送るようにしましょう。

　また、テキストだけのeメールのメッセージにウイルスが潜んでいることはありませんが、添付ファイルにはウイルスが潜んでいることがあります。したがって、インターネットに精通している人は、頼んでもいないのに送られてきた添付ファイルは決して開かず、即座に削除します。というわけで、添付ファイルを送るときは、送っていいかどうかを相手にたずねてからにするといいでしょう。その場合、添付するのはテキスト・ファイルにしてほしいと言われたり、データを印刷したものを従来の郵便（snail-mail）で送ってほしいと言われたりするかもしれません。インターネットのエチケットを守るためには、言われたとおりにするしかありませんね。

(10) eメールには重要な個人情報を書かない

　言うまでもないことですが、どれほど安全に思えたとしても、eメールは安全ではありません。あなたの送ったメッセージが相手のコンピュータのなかに何年も残り、何人もの人がそれを見ることになっても、あなたにはそれを防ぐ手立てがないからです。したがって、パスポート番号やクレジットカード番号など、悪用されるかもしれない個人情報は、決してeメールに書いてはなりません。相手からこのような情報を求められた場合は、拒否するか、あるいはそれが悪用される恐れのない要求であると確信できるなら、郵便や安全が保証されているインターネット・サイトからのアクセスなど、別の手段で伝えるようにしましょう。

(11) 返事をせかさない

　eメールの欠点のひとつは、わたしたちの忍耐力のレベルを引き下げてしまったことでしょう。「送信」ボタンを押して数秒以内に相手に届くことがわかっているので、ついつい相手がほかのことを打ち捨てて、すぐにでも返事をくれると思ってしまうのです。しかし相手には毎日の仕事や予定、そして物事の優先順位があり、ときにはすぐに返事が書けないこともあるでしょう。ですから、返事を急がせようとするメッセージを送るときは、よく考えてからにしなければなりません。もちろん、締め切りまでに知りたいことがあるときや、航空券の予約をするときなどは、至急、返事をくれるようにと要求しても当然でしょう。でも、ただ答えが早く知りたくてたまらないというだけなら、急がせるのはひどく無作法と言わざるをえません。

ビジネスのeメールとフォーマルなeメール

　ビジネスにおける遠距離間のコミュニケーション手段は、この数年で、ファクシミリからeメールに取って替わられました。現在、eメールを活用していない会社はほとんどありません。ビジネス関連のeメールやフォーマルなeメールは、ふつうの郵便の手紙と比べるとくだけた書き方をする傾向がありますが、とはいえ、この便利なコミュニケーション手段から最大の効果を得るためには、守らなければならないいくつかの点があります。

　この章で前述したように、eメールでは書式に沿って体裁を整えることはしません。礼辞も結辞も含めてすべての行は、インデントをつけずに左端に揃えます。すべてのeメールには日付が自動的に表示されるので、送信日は書く必要がありません。また、書中宛名も必要なく、送信者の連絡先はメッセージのあと、結辞の下に必ず添えます。

　あらかじめテンプレートを作っておき、そこにあとでメッセージだけ書き込む人も多く、eメールをたくさん書く人にはこの方法がおすすめです。テンプレートには、ふつう礼辞と結辞、連絡先という必要最低限のことを書いておきます。以下に例をあげておきましょう。

[eメールのテンプレートの例]

```
Dear


Regards, Gregory Mason
========================
Gregory Mason, Sales Director
Hope & Glory Systems, Inc.
2364 Oakfield Ave.
Medina, OH44264
Tel: 330-734-8126
http://www.hgsys.com//
gmason@hgsys.com
========================
```

eメールがいつもほぼ同じ形式の場合は、たとえば次のような導入部（はじめの言葉）と結論部（結びの言葉）もテンプレートに含めておくといいでしょう。

はじめの言葉

- Thank you for your e-mail dated....
  ○月○日付のeメールをありがとうございました。
- Thank you very much for your inquiry.
  お問い合わせありがとうございました。
- My name is Gregory Mason and I am the sales director for Hope & Glory Systems, Inc.
  私はグレゴリー・メイソン、ホープ＆グローリー・システムズの営業部長です。

結びの言葉

- I thank you for your continued support and look forward to assisting you again in the future.
  貴殿のいつも変わらぬ支援に感謝申し上げるとともに、今後もどうぞよろしくお願いいたします。
- Please don't hesitate to contact me if you have any questions.
  ご質問などありましたら、どうぞご遠慮なくおたずねください。
- Please visit our web site for additional information.
  詳しくは弊社のウェブサイトをご覧ください。

連絡先については、住所を省略したり、目立つように独自のデザインの枠で囲むなど、工夫を凝らす人もいます。以下はその例です。

```
_/_/_/_/_/_/_/_/_/_/_/_/_/_/
_/ Gregory Mason, Sales Director   _/
_/      Tel: 330-734-8126          _/
_/     http://www.hgsys.com/       _/
_/       gmason@hgsys.com          _/
_/_/_/_/_/_/_/_/_/_/_/_/_/_/
```

■ビジネスレターからビジネスeメールへ

eメールはくだけたコミュニケーション手段だといわれていますが、ビジネスで相手と初めて連絡を取るときは、できるだけフォーマルな書き方にしておくほうがいいでしょう（相手との関係が深まれば、自然とくだけた感じになっていくはずです）。とはいえ、「ビジネスレターの書き方」で説明したほどのフ

ォーマルさは必要ありません。欠けている情報があったとしても、あとで問い合わせてもらえればいいのですから、何もかも完全に書いておく必要はないのです。

　フォーマルなビジネスレターと、ビジネスeメールとのおもな違いを説明するために、まず「ビジネスレターの書き方」で使った手紙をもう一度ここで見てみましょう。

［ビジネスレターの例］　　　　　　　　（*p*.239と同一。訳は*p*.240参照）

　　　　　　　　　　　　　　Quin Apparel Inc.
　　　　　　　　　　　　128 East 32nd ST. NY 10014

Mr. Peter Hanbury
Modern Electronics, Inc.
4506 Green Blvd.
Baltimore, MD21130

　　　　　　　　　　　　　　　　　　　　　　　　August 14 '07

Dear Mr. Hanbury:

You probably don't remember me, but I attended your presentation for the Slick Digital Display Monitor at the Epoch Industries Trade Show last week, and I was very impressed with your product. It seems to be just what we are looking for, and I would appreciate it if you could send me more information.

My company operates a chain of eighty-three boutiques, and we are interested in using your monitors in each of these shops for advertising purposes. I received a brochure at the trade show, but it didn't mention if they could be used with the V-HDD501 model of digital HDD video player that we use, so could you please let me know if they are compatible? I have also heard that it is common in the electrical appliance industry to offer a discount on quantity purchases, and I would be grateful if you could tell me if this applies. And finally, if we decide to order the monitors, we would need them delivered to each individual shop, so I need to know when this would be possible.

And that is all the information I need at the moment. I would appreciate it if you could let me have your answer as soon as possible, as we want to install the monitors before the Christmas period. The final decision on the purchase will be made within one month, and I will contact you by mail immediately after that. In the meantime, I look forward to your reply.

　　　　　　　　　　　　　　　　　　　　　　　Yours sincerely,

　　　　　　　　　　　　　　　　　　　　　　　Paul Spencer

　　　　　　　　　　　　　　　　　　　　　　　Paul Spencer
　　　　　　　　　　　　　　　　　　　　　　　(PR Division)

この手紙をもしもeメールで送った場合は、次のようになったはずです。

[前出の手紙をeメールにした例]

Dear Mr. Hanbury:

You probably don't remember me, but I attended your presentation for the Slick Digital Display Monitor at the Epoch Industries Trade Show last week, and I was very impressed with your product. It seems to be just what we are looking for, and I would appreciate it if you could answer the questions I have listed below.

My company operates a chain of eighty-three boutiques, and we are interested in using your monitors in each of these shops for advertising purposes. The questions I have related to this are:

1. Are your monitors compatible with the V-HDD501 model of digital HDD video player?
2. Do you offer a discount on quantity purchases?
3. If we decide to order the monitors, could you please tell me when you could deliver them to each individual shop?

We want to install the monitors before the Christmas period, so I would appreciate your swift reply. The final decision on the purchase will be made within one month, and I will contact you immediately after that.

Best regards, Paul (Spencer)
****
Paul Spencer (PR Division)
Quin Apparel Inc.
pspencer@quinapparel.com
****

> 【訳】
> ハンベリー様
>
> おそらく覚えていらっしゃらないと思いますが、私は先週、新時代産業見本市で貴社のスリック・デジタル・ディスプレイ・モニターのプレゼンテーションに出席し、たいへん感銘を受けました。それはまさに私どもが探していたモニターに思われます。そこで、以下の点についてお教えいただければ幸いです。
>
> 私どもの会社は83店のブティックのチェーンを経営し、各店で貴社のモニターを宣伝に使えないものかと考えています。質問は以下のとおりです。
>
> 1. このモニターは、デジタルHDDビデオ・プレーヤーV-HDD501と互換性がありますか。
> 2. 大量購入による割引きはありますか。
> 3. モニターを注文することになった場合、各店舗に配達していただけるのはいつになるかお知らせください。
>
> クリスマス時期の前にモニターを設置したいと考えていますので、早めにお返事いただければ幸いです。購入についての最終的な決断は1カ月以内に下し、その結果はすぐに連絡いたします。
>
> では、よろしくお願いいたします。
> ポール（・スペンサー）

　まず初めに気がつくのは、本文が元の手紙より短くなったことでしょう。それは、相手からたずねられるかもしれない質問への答えを省き、要点だけを書いているからです。それでは、個々の要素について見ていきましょう。

(1) 礼辞

　礼辞については、ふつうの手紙の礼辞がそのまま使われています。これは相手に初めて書くeメールなのでDear Mr. Hanburyが使われていますが、やがて関係が深まれば、ファーストネームで呼びあうようになるでしょう。ファーストネームで呼びあう間柄になっても礼儀正しくDearを使う人もいますが、相手のファーストネームだけを書くか、それにHiを加えるほうがより一般的です。つまり、知り合い同士の礼辞は、ふつう次のようになるのです。

- Peter
- Hi, Peter

　自分が相手をファーストネームで呼んでいいかどうかは、相手からのメッセージの末尾の名前の書き方によって判断することができます。もしも相手から来たメールにRegards, Mr. Hanbury、またはRegards, Peter Hanburyと書いてあれば、相手のことをMr. Hanburyと呼び続けなければなりません。一方、もしもPeterと書いてあれば、相手をファーストネームで呼んでいいということになります。

(2) 導入部

　〈導入部〉の大部分はふつうの手紙のままです。なぜなら、まず自分が誰であるかを明確にし、メッセージの目的を述べることは、手紙だけでなくeメールの書き方の決まりでもあるからです。最後の文だけが、eメールの形態に合わせて変えてあります。eメールでは、自分の質問に対して相手がすぐに続けて答えを書けるようにしておくことが望ましいので、eメールに書く質問としては漠然としすぎている send me more information（さらに詳しい情報をお送りください）を、限定された answer the questions I have listed below（以下の点についてお答えください）に変更したのです。

(3) 本体

　〈本体〉は大きく変更されています。相手がたずねるかもしれない周辺的な情報をすべて取り除き、相手が引用しやすいように、長い段落を短く分けているからです。時間の節約のために、メッセージの特定の部分を引用することが多いと前述しましたが、これはその好例です。質問ごとに行を変えることによって、相手はそれぞれを引用しながら、1問ずつ答えていくことができます。この方法は、相手がすべての質問に即答することができず、いくつかの質問には後日答えるという場合にも便利です。また、自分の質問のすぐあとに相手が答えを書いてくれるのですから、返事が読みやすく、eメールの送り手にとっても好都合といえるでしょう。

(4) 結論部

　〈結論部〉では、メッセージの目的をまとめる文が省略されています。フォーマルな手紙に見られるこのような細やかな配慮は、eメールには必要ありません。eメールは、面倒な手間を省き、必要なことだけ素早く書けるコュニケーション手段とされているのですから。In the meantime で始まる文もまた、フォーマルな細やかさのひとつなので、eメールでは削られています。

(5) 結辞

　ここでは送り手の名前が、コンマをはさんで結辞と同じ行に書かれていますが、もちろんコンマのあとで改行して2行にしてもいいのです。結辞として、従来の Yours faithfully や Yours sincerely を使う人もいますが、eメールでは以下の結辞のほうがよく使われます。また、社内連絡や同僚のあいだで交わされるメールでは、結辞を省略し、送り手の名前だけを書くのが一般的です。どんな書き方にすればいいか迷うときは、受け取ったメールに使われている書き

方にしておきましょう。

- Best regards, Paul
- Best wishes, Paul
- Regards, Paul
- Thanks, Paul
- Paul

また、送り手が自分の姓を（　）のなかに入れて書くこともあります。これは、ファーストネームで呼ばれたがっていること、相手にそうしてほしいと願っていることを示すひとつの方法です。また、相手が外国人で自分の性別を間違えそうな場合や、Mr.、Ms.を間違って使ってきた場合には、さりげなく下記のようにMs.、Mr.を（　）のなかに入れて、自分の性別を知らせるといいでしょう。

- Ritsuko Yamada (Ms.)
- Kazuo Tanaka (Mr.)

先ほどのeメールへの返信の例を次ページにあげておきます。

[前出のeメールへの返信例]

Dear Paul:

Thank you very much for your inquiry and your interest in our Slick Digital Display Monitors. From the information you have given me, I am sure they will perfectly match up with your needs. I have answered your questions below:

> 1. Are your monitors compatible with the V-HDD501 model of digital HDD video player?

Yes, our monitors are compatible with all digital HDD equipment.

> 2. Do you offer a discount on quantity purchases?

We offer a maximum of 10% discount on bulk purchases if the entire order is delivered to the same location. If you need them delivered separately to different locations, I'm afraid the discount rate will be less (approximately 5% or 6%).

> 3. If we decide to order the monitors, could you please tell me when
> you could deliver them to each individual shop?

We always keep the monitors in stock, so we should be able to deliver them within a few days of receiving the order.

I hope that answers your questions. Please let me know if you need any additional information. I look forward to hearing from you within the month.

Best regards, Peter
======================
Peter Hanbury
Modern Electronics, Inc.
peterh@modelec.com
======================

第2部　ジャンル別書き方のテクニック

> 【訳】
> ポールさん
>
> お問い合わせ、そしてスリック・デジタル・ディスプレイ・モニターに関心をお寄せくださり、ありがとうございます。伺った内容から、このモニターは貴社のニーズに最適と思われます。ご質問への答えは以下のとおりです。
>
> > 1. このモニターは、デジタルHDDビデオ・プレーヤーV-HDD501と互換性がありますか。
>
> あります。弊社のモニターはすべてのデジタルHDDと互換性があります。
>
> > 2. 大量購入による割引きはありますか。
>
> 大量購入については、注文品をすべて同じ場所に配達する場合は最大で10%の割引きとなります。配達先が何個所かに分かれている場合は、残念ながら割引率が低くなります（5〜6%程度）。
>
> > 3. モニターを注文することになった場合、各店舗に配達していただけるのはいつになるかお知らせください。
>
> モニターは常に在庫していますので、受注後、2、3日でお届けできます。
>
> これでご質問の答えになっていればいいのですが。さらにおたずねになりたいことがありましたら、遠慮なくお申しつけください。ひと月以内のお返事をお待ちしています。
>
> では、よろしくお願いします。ピーター

　脇道にそれることなく要点だけを書いているという点で、このメッセージの書き方にも元のメッセージが反映されています。また、元のメッセージの末尾にファーストネームが使われていたことを受けて、こちらの書き手も自分の名前をファーストネームで書いています。

■ 顔文字、略語、頭字語

　一般に、会社と会社のあいだで交わされるビジネスのeメールでは、顔文字、略語や頭字語を避ける傾向がありますが、誤解を招く恐れのないよく知られた略語と頭字語は使うことがあります。とはいえ、月と曜日の略語以外は、相手との関係が築かれるまでは使わないほうが安全でしょう。

月　Jan, Feb, Mar, Apr, May, Jun, Jul, Aug, Sep, Oct, Nov, Dec

- We will be moving to a new building in *Dec*.
  私どもは12月に新しいビルに引っ越す予定です。
- The beginning of *Aug* has been set for the release date.
  8月初めに発売することになりました。
- I believe I met you last *Apr* at the Santa Monica conference.
  私は昨年4月、サンタ・モニカの会議であなたにお目にかかりました。

曜日　Mon, Tue, Wed, Thu, Fri, Sat, Sun

- I should be able to contact you next *Wed* with the quotation.
  来週水曜日に、見積りについてご連絡できるでしょう。
- I'd like to visit you next *Tue* and show you the new catalogue.
  来週火曜日にそちらに伺い、新しいカタログをお見せしたいと思います。
- The meeting has been rescheduled for *Fri* morning.
  ミーティングは金曜日の午前中に変更になりました。

Congrats　Congratulations （おめでとうございます）

- *Congrats* on winning the contract!
  契約が取れたそうで、おめでとうございます。
- I wanted to send you my *congrats* on your promotion.
  昇進されたとのこと、おめでとうございます。
- I hear you had a pay rise. *Congrats*!
  給料が上がったそうですね。おめでとうございます！

ASAP　As soon as possible （できるだけ早く）

- I need the statistics on East Asian sales *ASAP*.
  東アジアでの売り上げの統計をできるだけ早くいただきたいと思います。
- I will check that and get back to you *ASAP*.
  チェックしてできるだけ早めに連絡します。
- I would appreciate it if you could finish the report *ASAP*.

報告書をできるだけ早く仕上げていただければ幸いです。

BTW　**By the way** (ところで)

- *BTW*, I passed your invoice across to our accounts department.
  ところで、あなたの請求明細書は経理部に渡しました。
- *BTW*, I am due to visit Chicago next week so will call you.
  ところで、わたしは来週シカゴに行く予定ですので、お電話します。
- *BTW*, Harold was transferred to the personnel department, so you will be contacted by somebody else.
  ところで、ハロルドは人事部に異動になりましたので、別の者からご連絡がいくと思います。

CC　**Carbon copy** (写しを送る、コピーを送る)

- When you finish the report, could you also *cc* it to Mr. Smith?
  報告書を書き終えたら、スミスさんにもコピーを送っていただけますか。
- I've asked John to *cc* me the details once he has double-checked them.
  わたしはジョンに、詳細を再確認したらそのコピーを送ってくれるようにと頼みました。
- I lost the original file, but fortunately I'd *cc*'d it to my boss.
  元のファイルはなくしてしまいましたが、幸い、わたしはそのコピーを上司に送っていました。

COD　**Cash on delivery** (代金引き換え払い、代引き)

- I'm afraid our policy is *COD* for small orders.
  申し訳ないのですが、私どもでは、小額のご注文については代金引き換え払いでお願いしております。
- I'll arrange for the order to be delivered *COD* within this week.
  今週中にご注文品を代金引き換え払いでお送りするよう手配いたします。
- Would it be possible to send that to you *COD*?
  それを代引きでお送りすることはできますか。

FYI　**For your information** (ご参考までに、ちなみに)

- *FYI*, I will be out of the office all next week on a business trip.
  ちなみにわたしは来週中ずっと出張で、オフィスには不在となります。
- I have included a copy of the new brochure *FYI*.
  ご参考までに、新しいパンフレットを同封いたしました。
- I know you didn't request this information, but I included it *FYI*.
  この情報についてはご請求がなかったことを存じておりますが、ご参考までに書き添えておきました。

info　**Information** (情報)

- I'll let you have that *info* the moment I have it myself.
  そのことがわかり次第、ご連絡します。
- Do you have any *info* on the latest model?
  最新モデルについて何か情報はありませんか。
- I checked our database, but there is very little *info* on that model.
  データベースを調べたのですが、そのモデルについてはほとんど情報がありません。

Re Regarding （……に関して）

- I spoke to Mr. McDonald *re* next week's meetings.
  来週の打ち合わせについてわたしはマクドナルド氏と話しました。
- I'll answer your questions *re* delivery deadlines next week.
  来週、配達期日についてのご質問にお答えします。
- Our accounts department will contact you *re* the invoice problem.
  請求明細書の問題について、私どもの経理部がそちらにご連絡いたします。

　ビジネス・メールでは本来、顔文字を使うべきではありませんが、とくに相手と親しい場合は、小さなにっこりマークを見かけることもあるかもしれません。また、顔文字とまったく同じように使われる2種類の頭字語も、ビジネスのeメールによく登場します。相手と親しくならないうちは使わないでおくべきだと思いますが、親しくなってからごくたまに使えば、あなたがユーモアのセンスがある、気のいい人物であることが相手に伝わるでしょう。また、これらの頭字語は、ビジネスにおける相手との関係をなごませ、親しさを深めてくれるにちがいありません。どちらの頭字語も、書き手が何かをおもしろがって笑っていることを表しています。そして下記のように、必ず山型のカッコ（< >）のなかに入れます。とはいえ、これらを使うときはくれぐれも注意してください。相手のことを笑うのに使ってはなりませんし（相手が書いたおもしろいことを引用した場合は別ですが）、何か重要なことについて使って、軽薄なやつだと思われないように気をつけなければなりません。これらの頭字語の使い方の例を、以下にあげてみました。

    <G>　　　　　Grin （にっこり）
    <LOL>　　　Laugh out loud （大笑い）

- I am sorry for the delay in replying, but I fell off my bicycle

this morning and was an hour late for work <G>.
返事が遅れてすみません。今朝、自転車で転んで、1時間遅刻してしまったのです（笑）

（この場合は自分の不器用さを笑っているのですから、使ってかまいません。<G> を使うことで、それほどひどいケガではなかったと伝えることにもなります）

● **I would love to buy you dinner after the meeting if you have time.**
I'm sure my expense account will run to a hamburger <G>.
もし君に時間があれば、ミーティングのあと夕食をおごりたいな。
経費をハンバーガーに使うってわけ（笑）

（この場合、夕食代は書き手が個人的に払うのではなく、会社持ちだと伝えています。そうすれば相手は誘いを受け入れやすくなりますね。<G> を使うことによって、それほど高い食事ではないけれど、ハンバーガーというのは冗談、と伝えることにもなります）

● **> I would love to buy you dinner after the meeting if you have time.**
> I'm sure my expense account will run to a hamburger <G>.
That sounds great. Fortunately, I like hamburgers <LOL>.
> もし君に時間があれば、ミーティングのあと夕食をおごりたいな。
> 経費をハンバーガーに使うってわけ（笑）
それはありがたい。幸い、僕はハンバーガーが大好きなんです（笑）

（この場合、相手は元のメッセージを引用して、そのジョークを理解したことを知らせるために <LOL> をつけたのです）

■ e メールでよく使うイディオム

e メールではあまり形式張る必要がないので、ふつうは会話でしか使わないようなイディオムが使われることがよくあります。よく使われるイディオムとその用法をあげておきましょう。

at (to) hand   手元に、すぐ手の届くところに

- I don't have the prices *at (to) hand* at the moment, but I will check them and let you know.
  いまは価格が手元にないのですが、調べてご連絡します。
- Fortunately, I always keep my passport *at (to) hand* in my desk drawer.
  幸い、わたしはパスポートをいつもすぐ取り出せるデスクの引き出しにしまっています。
- The only information I have *at (to) hand* is out of date, I'm afraid.
  残念ながら、わたしの手元には期限切れの情報しかありません。

be free   暇な、時間が空いて

- *Are* you *free* at 10:00 on Thursday morning?
  木曜日の午前10時は空いていますか。
- I'*m free* after lunch today if you want to discuss it.
  そのことで相談なさりたいなら、今日の昼食後は空いています。
- I'll check to see if our accountant *is free* to join the meeting.
  私どもの会計士がミーティングに出席できるかどうか調べてみます。

be up to speed   事情がよくわかって

- I have read the minutes of the meeting and *am* now *up to speed*.
  わたしはミーティングの議事録を読んだので、いまは状況がよく把握できています。
- Would you mind bringing me *up to speed* over lunch?
  昼食を食べながら、事情を説明していただけませんか。
- I'll make sure all of our staff *are up to speed* before the seminar.
  セミナーの前にスタッフ全員によく事情を把握させておくようにします。

call it a day   (その日の仕事などを) 終わりにする

- The client wasn't giving in to pressure, so we *called it a day*.
  その取引先はどんなに説得しても応じなかったので、わたしたちは切り上げました。

- We finally got the problem solved, but it was past midnight before we could *call it a day*.
  ようやく問題が解決しましたが、仕事を終えたときはすでに午前零時を過ぎていました。
- I suggest we *call it a day* if they threaten to use lawyers.
  彼らが弁護士を使うと脅すなら、もう切り上げることにしましょう。

die on　　(……の目の前で、……にとって厄介なことに) 動かなくなる

- Three of the six printers we purchased have *died on* us.
  購入した6台のプリンタのうち3台が、わたしたちの見ている前で動かなくなりました。
- I had nearly finished making the quotation when the computer *died on* me.
  あと少しで見積書が完成というときに、コンピュータが動かなくなりました。
- I was half-way to the meeting when my car engine *died on* me.
  打ち合わせに向かう途中で、車のエンジンが止まってしまいました。

drop (one) a line　　一筆書く

- *Drop me a line* when you arrive in Rome.
  ローマに着いたら一筆書いてください。
- I'll *drop you a line* if I have any questions.
  質問がある場合は一筆書き送ります。
- She *dropped me a line* from Boston to say everything was fine.
  彼女は万事順調と知らせるためにボストンから一筆書いてくれました。

fill (one) in　　(情報を) 与える

- I'll *fill you in* on the details after I have spoken to Ms. McGreggor.
  マグレガーさんとの話を終えたら、詳細をお知らせします。
- Your secretary *filled me in* over the telephone.
  そちら様の秘書が電話で教えてくださいました。
- I'd appreciate it if you could *fill me in* when the decision is made.
  決まり次第教えていただければ幸いです。

get back to...　　……に折り返し連絡する

- Tracy *got back to* me yesterday about the revised schedule.
  トレイシーが昨日、変更されたスケジュールについて折り返し連絡をくれました。
- I'll check the reason why the delivery was delayed and *get*

back to you.
配達が遅れた理由を調べて、折り返しご連絡いたします。
- Would you mind *getting back to* me when the discount rate is fixed?
  割引率が決まりましたら折り返しご連絡いただけますか。

give (one) a buzz　　(……に) 電話をする

- I'll *give you a buzz* when the problem has been solved.
  問題が解決したらお電話を差し上げます。
- Peter promised to *give me a buzz* immediately after the meeting.
  ピーターはミーティングが終わり次第、電話をくれると約束してくれました。
- If you could *give me a buzz* on Friday, I should have the answer for you.
  金曜日にお電話をいただければお答えします。

have/get (one's) wires crossed　　誤解する

- I'm very sorry, but I think we *have our wires crossed*.
  申し訳ありません。どうやら私どもが誤解していたようです。
- Our new salesman is inexperienced and sometimes *gets his wires crossed*.
  私どもの新人販売員は経験が浅く、ときどき誤解してしまうのです。
- Whatever happens, we must make sure we don't *have any wires crossed* over this issue.
  何事があっても、この問題については誤解のないようにしなければなりません。

hard pressed　　追い詰められた、(……するのは) 難しい

- Our production lines would be *hard pressed* to meet that schedule.
  その日程に合わせるとなると、弊社の生産ラインは時間に追いまくられることになるでしょう。
- Unfortunately I am very busy at the moment, so I would be *hard pressed* to get that information within this week.
  残念ながら、わたしはいま非常に忙しく、今週中にその情報を得るのは難しいでしょう。
- I asked John for the figures, but his schedule has him *hard pressed* at the moment.
  ジョンに数字をたずねたのですが、彼はそのときスケジュールに追いまくられていました。

it goes without saying　　言うまでもなく

- *It goes without saying* that our manager was not very happy

about the delay.
課長が遅れを快く思わないのは当たり前です。

- *It goes without saying* that I will contact you the moment I receive the order.
  注文を受け次第、ご連絡差し上げるのは言うまでもありません。
- I am looking forward to seeing you, and *it goes without saying* that I will be at the airport to meet you.
  お目にかかれるのを楽しみにしています。言うまでもないことですが、空港にお迎えに上がります。

on the verge of...　　今にも……しかけて

- The client is *on the verge of* canceling the contract.
  その取引先は今にも契約を取り消そうとしています。
- The company is *on the verge of* bankruptcy and really needs this order.
  その会社は今にも破産しかけており、この注文を心底、必要としています。
- I was just *on the verge of* sending you that information when I received your e-mail.
  この情報をお送りしようとしたちょうどそのとき、あなたのeメールを受け取りました。

put our heads together　　額を寄せて相談する、ともに知恵をしぼる

- We really need to *put our heads together* over this problem.
  わたしたちはこの問題について、なんとしても一緒に考えなければなりません。
- We *put our heads together* and decided we can give you a 7% discount.
  私どもは相談し、7%割引くことにいたしました。
- I'm sure we can come up with a great proposal if we *put our heads together*.
  ともに知恵をしぼれば、すばらしい案を思いつくにちがいありません。

see eye to eye　　意見が一致する

- I'm very glad that we *see eye to eye* over the payment conditions.
  支払い条件について意見が一致し、たいへんうれしく思います。
- Unfortunately, the client didn't *see eye to eye* with me on the delivery date.
  残念ながら、配達日について取引先と意見が一致しませんでした。
- It will take a little time before we *see eye to eye* on the role of the project leader.
  あと少し時間をかければ、プロジェクト・リーダーの役割について意見が一致するでしょう。

snow under (大量の仕事で) 圧迫された、多忙な

- Jason is *snowed under* at the moment, so I will be at the meeting instead.
  ジェイソンはいま忙しいので、わたしが代わりにミーティングに出席します。
- I can visit your office this afternoon if you're not *snowed under*.
  もしもご多忙でなければ、今日の午後、そちらのオフィスに伺うことができます。
- I'm *snowed under* at the moment, but I should be able to reply sometime next week.
  いまは非常に忙しいのですが、来週にはお返事できるでしょう。

sort out 解決する、整理する

- I've given the problem to my boss to *sort out*.
  わたしはその問題を上司に解決してもらうことにしました。
- I'd like to *sort out* the details on quality control as swiftly as possible.
  品質管理についての詳細をできるだけ早く解決したいと思います。
- I'd appreciate it if you could *sort out* the mix-up and get back to me.
  混乱を整理し、折り返しご連絡いただければ幸いです。

work out 考え出す、練り上げる

- I am hoping to *work out* the proposal within this week.
  今週中に提案をまとめることができればと思っています。
- Let's agree on the concept and *work out* the details later.
  そのコンセプトに同意し、詳細についてはあとで考えましょう。
- I am meeting her at 15:00 to *work out* the contract details.
  契約の詳細を練るために、彼女と15時に会うことになっています。

インフォーマルなeメール

　インフォーマルなeメールはインターネットによるコミュニケーションの真骨頂で、居酒屋で友人と、心に浮かぶことを語りあっているのと同じような自由さがあります。公式の書き方の決まりなどは打ち捨てて、書きたいことを好きなだけ書けばいいのですから。もちろん、プライベートなeメールはすべて友人宛てというわけではありませんから、ときには知らない人に宛ててフォーマルなeメールを書かなければならないこともあります。しかし、それについては「ビジネスのeメールとフォーマルなeメール」（p.267〜）で説明しましたので、ここでは親しい相手との会話調のeメールだけに絞って説明することにします。

　eメールが自由なのは、どんな決まりにも従わずに自分の好きな書き方ができるからです。ところが、日常の小さなことにルールを作りたがるのが人間の本性なのでしょうか、eメールにも奇妙な約束事が忍び込んできました。これらを必ずしも守る必要はありませんが、eメールならではの約束事を含むメールを受け取ったときのために、理解しておく必要はあるでしょう。そこで、簡単に説明しておきます。

■ eメールの約束事のいろいろ

(1) 礼辞と結辞

　eメールを書くときに決めなければならないことのひとつに、どんな礼辞と結辞を使うかという問題があります。もちろん、メッセージごとにこれらを変えることはできますが、eメールの冒頭と結びは書き手のサインのようなもの。相手はそれによってそのメールがあなたからのものだと見分けるのです。ですから多くの人は、いつも同じ礼辞と結辞を使っているようです。これは非常にシンプルなものでかまいません。たとえば、礼辞は相手の名前だけ、結辞は自分の名前だけでもいいのです。あるいは、単語ひとつや短いフレーズにすることもあります。最もよく使われる礼辞と結辞を以下にあげておきましょう。これらの礼辞と結辞は対になっているわけではありませんから、好きな組み合わせで使ってかまいません。

礼辞	結辞
Hi	Bye
Yo	Take care
Guess who!	Love
It's me!	Cheers
How're you doing?	I'm outta here
How's things?	I'm off
What's happening?	Best
What's up?	Kisses

　末尾の自分の名前をイニシャルだけ、時にはファーストネームのイニシャルだけにする人もいます。イニシャルだけで名前を示した短いメッセージの例をあげておきましょう。

Hi, Jack

I'll be at the gym from about 3 'clock on Saturday if you fancy a work out. We could have a beer afterwards.

T

【訳】
ハーイ、ジャック

あなたがトレーニングするなら、土曜日の3時ごろジムに行きます。
そのあとでビールを飲まない？

T

　このような署名の書き方は、ごく親しい友人同士、つまり、たびたびやり取りをしていて、誰からのメールか相手に確実にわかってもらえる場合に限られます。
　また、自分で決めたハンドルネームを使う方法もありますが、ハンドルネームはチャット・ボードやブログなどで、自分の身元を隠しておくときに使うものですから、友人同士のeメールではほとんど使われません。

(2) 頭字語

「ビジネスのeメールとフォーマルなeメール」で説明した頭字語のほかに、最近の若者文化はeメールでよく使われる頭字語を次々と生み出しています。そのおもなものを以下にあげましたが、これらは続々と登場するので、本書が出版されるころにはこのリストは倍の長さになっているでしょう。知らない頭字語を使ったeメールを受け取ったときは、その意味を相手にきいても、ちっとも恥ずかしいことはありません。たとえば、IWBNI we could meet up at the concert.と書かれたメールを受け取ったとしましょう。もしもその意味がわからないときは、次のように相手にたずねればいいのです。

- Sorry, but I don't recognize "IWBNI."
  ごめん、IWBNIの意味がわからないんだけど。
- What does "IWBNI" mean?
  ISBNIって？
- "IWBNI" went straight over my head. What does it mean?
  IWBNIって言われても……。いったい何の意味？
- You'll have to tell me what "IWBNI" means.
  IWBNIの意味を教えて。

AFK	Away from keyboard	キーボードから離れます→しばらくはROMしてます
ATMB	According to my beliefs	わたしの信念では
BBL	Be back later	また来ます
B4N	Bye for now	今日はこれで
BFN	Bye for now	今日はこれで
BRB	Be right back	すぐ戻ります
BTA	But then again	(IOWに対応して) また元に戻って
BTW	By the way	ところで
BYKT	But you knew that	でも知ってたんでしょ
CMIIW	Correct me if I'm wrong	間違っていたら直してください
DTRT	Do the right thing	正しいことをする
F2F	Face to face	顔と顔を合わせて
FOAF	Friend of a friend	友人の友人
FWIW	For what it's worth	それはそれとして
GA	Go ahead	どうぞ続けて

GAL	Get a life!	ちっぽけなことを気にしないで！
GMTA	Great minds think alike	賢者の考えはみな同じ
HHOJ	Ha-ha, only joking	はは、ただの冗談ですよ
HSIK?	How should I know?	そんなのわたしが知るわけないでしょ
HTH	Hope this helps	お役に立ちますように
IAC	In any case	とにかく
IAE	In any event	いずれにしても
IMHO	In my humble opinion	わたしのつつましい意見では
IMO	In my opinion	わたしの意見では
IMPO	In my professional opinion	専門的な観点からのわたしの意見としては
IOW	In other words	言い換えれば、つまり
IWBNI	It would be nice if	もし……できればいいですね
IYO	In your opinion	あなたのご意見では
IRL	In real life	現実的には
\<J\>	Joking	冗談でした
JFYI	Just for your information	ご参考までに
MOTOS	Member of the opposite sex	異性
MOTSS	Member of the same sex	同性
NBD	No big deal	たいしたことはない
NOYB	None of your business	あなたの知ったことではない、余計なお世話
NRN	No reply necessary	返事は不要
OIC	Oh, I see	ああ、わかりました
OMG	Oh, my God!	おやまあ！
OTOH	On the other hand	一方
PITA	Pain in the ass	悩みの種、イライラさせるもの
ROFL	Rolling on floor laughing	笑い転げています
SO	Significant other	大切な相手（妻、夫、ガールフレンド、ボーイフレンドなど）
TAFN	That's all for now	では今回はこれで
TIA	Thanks in advance	あらかじめ感謝します→お世話になります
TIC	Tongue in cheek	からかい半分に
TLC	Tender loving care	優しく思いやりある世話
TNX	Thanks	ありがとう
TTFN	Ta ta for now	じゃあね、バイバイ

TTYL	Talk to you later	それではまたあとで
TVM	Thanks very much	ありがとうございました
TYVM	Thank you very much	どうもありがとうございました
WRT	With regard to	……に関して

　上記のような頭字語に加え、携帯電話でのメールの普及によって、新しい略し方が登場しました。一見、意味不明に見えますが、実はただ発音をアルファベットに置き換えているだけですから、とても単純なのです。この書き方は、やがて携帯だけでなく、ふつうのコンピュータでのeメールにも広がり、最近ではますます一般的になってきました。
　この略し方には、次のような2つの基本コンセプトがあります。

1) 単語の発音を表すのに、1文字か2文字のアルファベットを使います。たとえば、BCNUは次のような意味です。

B = be	C = see	NU = nyu	
ビー	シー	ニュー	= Be seeing you
			（では、また）

2) 単語の発音を表すのに、数字を使います。たとえば、CUL8Rは次のような意味です。

C = see	U = you	L8R (L+eight+R)	
シー	ユー	レィター	= See you later
			（それじゃ、また）

　この方法で書いた文の例をあげてみます。

- **tnx 4 2day's d8. ur gr8!**
  tnx = Thanks　　4 = for　　2day's = today's　d8 = date
  ur = you're　　gr8 = great

　つまり、「今日はデートしてくれてありがとう。君は最高！」というわけです。

このような語の組み合わせはたくさんありすぎて、ここにすべて載せることはできませんが、参考までにいくつかあげておきましょう。

2day	today	今日
2gether	together	一緒に
2night	tonight	今夜
4bidden	forbidden	禁じられた
4got	forgot	忘れた
4go10	forgotten	忘れられた
4ever	forever	永遠に
4tun8	fortunate	幸運な
8	ate	食べた
BCNU	Be Seeing You	それでは、また
BCNUL8R	Be Seeing You Later	それじゃ、また
CU	See You	じゃあね
CUL8R	See You Later	またあとで
d8	date	デート、日付
gr8	great	すごい、大きい
h8	hate	嫌う
L8R	later	あとで
Nin10do	Nintendo	任天堂
ur	your, you're	あなたの、あなたは

(3) 縮約語

eメールでは、ふたつかそれ以上の語を縮めてひとつにした語が、比較的よく使われます。これは、you will を縮めて you'll にするような縮約語だけでなく、ふつうの文法にはない縮約語を作って、その発音を書き表したものも含みます。たとえば got to というフレーズは、くだけた口調では gotta と聞こえますから、その発音をそのまま文字で表すのです（この場合、to が発音に似せて ta になっていることに注意）。よく使われる縮約語をいくつかあげてみましょう。

have to	hafta	……しなければならない
going to	gonna	……に行こうとしている、……しようとしている
good one	good'un	いいもの

got to	gotta	（haveのあとに続けて）……しなければならない
don't know	dunno	知らない
might have	mighta	……したかもしれない
must have	musta	……にちがいない
ought to	oughta	……しなければならない
out of	outta	……から（外へ）
should have	shoulda	……すべきだった（のにしなかった）
would have	woulda	（〜だったら）……していただろう

(4) 顔文字

　半角文字を使った顔文字には限界があり、今ではもう廃れ気味ですが、よく使われる :-) はおそらくいつまでも残るでしょう。1990年代後半には100種類近い顔文字が使われていましたが、相手には意味が伝わらないものも多かったため、現在では15〜20種類しか使われなくなってしまいました。最もよく使われている顔文字は次のとおりです。

:)	大喜び、大満足
:-)	ふつうの笑顔
:->	からかい半分の笑い
>:-)	悪魔の笑い（ぴりりと皮肉をきかせて相手をからかうとき）
O:-)	光輪つきの天使の笑顔（無邪気に相手をからかうとき）
:-D	大笑い
:-o	あっ！とびっくり
:*	キス
:(	悲しい、しょんぼり
:<	すごく悲しい
;-)	ウィンク
:-l	無表情
:-9	舌なめずりして「おいしい！」
@}-;-'--	贈り物のバラの花（感謝のしるし）
m(_ _)m	お詫びまたはお礼

■ 自分でeメールを書いてみる

　eメールの書き方は、ほかのジャンルの文章を書くときと基本的には同じですが、センセーショナルに書いたり、書き手の感情を視覚的に表したりすることが多いという特徴があります。それは相手との親しさ次第です。たとえば、海外にペンフレンドがいて、その1週間の出来事を書いて送るとしましょう。同じ内容を書くとしても、相手とどれだけ親しいかによって書き方が次のように違ってきます。

[例①：最近、文通を始めたばかりで、まだ会ったことのない相手への2通目のメール]

Hi, Kathleen

How's the weather in Boston? The weather over here has been awful recently. It never stops raining.

Did I mention my boyfriend Yutaka in my last e-mail? Well, he took me out for an expensive dinner on Saturday. He got paid the day before and had lots of money. It was a French restaurant, and was so romantic (:-9).

I also had an argument with my boss. I was late for work, and he got so angry! I might think about changing jobs soon. I don't think I can stand him much longer.

What about you? Anything exciting this week?

Love, Yuka

> 【訳】
> こんにちは、キャスリーン
>
> ボストンの天気はいかがですか。このところ、こちらの天気はひどいものです。来る日も来る日も雨降りなのですから。
>
> このあいだのメールで、ボーイフレンドのユタカのことをお話ししましたっけ？ 彼は土曜日に豪華なディナーに連れて行ってくれました。給料日の直後だったので、お金持ちだったのです。フランス料理のレストランで、すごくロマンチックでした。
>
> 上司と口げんかもしました。遅刻して、ひどく怒られてしまったのです！ そろそろ転職を考えなくては。もうすぐ、上司に耐えられなくなりそうな気がします。
>
> あなたはいかがお過ごしですか。今週、何かおもしろいことはありましたか。
>
> ではまた。ユカ

　この場合は、個人的な手紙の書き方とほぼ同じです。省略なしにすべてがきちんと書かれていますし、相手が返信するときに何を書いていいか困らないように、質問も添えています。

[例②：文通を始めてから数カ月経ち、親しさが増してきた相手へのメール]

Kathleen

What's the weather like in your neck of the woods? Here it's just rain, rain, rain, rain, rain and more rain... :(

Hey, my boyfriend Yutaka took me out for an expensive dinner on Saturday! He got paid the day before and was very rich! It was a French restaurant, and soooooooooooooo romantic (:-9).

I had another argument with my boss. I was late for work, and he got so angry! I definitely think I'll change jobs soon. There's no way I can stand him much longer.

Anything happening with you?

Best, Yuka

【訳】
キャスリーン

そちらの天気はいかが？　こちらはひたすら雨、雨、雨、雨……。

あのね、土曜日にボーイフレンドのユタカが豪華なディナーに連れて行ってくれたの！　給料日のあとだから、大金持ちだったってわけ！　フランス料理のレストランで、すご———くロマンチックでした。

それから、また上司とけんかしちゃった。遅刻したのでガミガミ怒られたの！　これはもう転職するしかない。いまに我慢できなくなりそうだから。

あなたのほうはどうしてますか。

それじゃ、また。ユカ

　この例からは、ふたりの親しい間柄が伝わってきます。だいぶくだけた書き方で、イディオムやスラングを使うようになってきました。でも、相手が返事を書きやすくするための質問がまだ書かれています。

[例 ③：海外に引っ越して以来、ずっと連絡を取りあっている中学の同級生へのメール]

> Guess who...!!!
>
> God, I hate this weather! Rain, rain, rain, rain, rain and more rain... :(
>
> Hey, you know Yutaka, right? Well, he got paid and took me out for an expensive dinner on Saturday! French!!! And veeeeerrrry romantic (:-9).
>
> I had another run-in with my boss. And just because I was late for work. What a jerk! If he pushes me too far, I'm outta there!
>
> Get back to me...
>
> Yuka

> 【訳】
> だ〜れだ？
>
> こっちはひどい天気でいやんなっちゃう。雨、雨、雨、雨……。
>
> ねえ、ユタカって知ってるよね？　彼、給料をもらったんで、土曜日に豪華なディナーに連れて行ってくれたの！　フランス料理よ！！！　すご———くロマンチックだった。
>
> それから、また上司とけんかしちゃった。遅刻しただけなのに。いやな奴！　これ以上ガミガミいうなら、あんなとこ辞めてやる！
>
> お返事待ってるよ……
> ユカ

　このeメールは親友とお茶を飲みながらおしゃべりしているような書き方です。質問は書かず、すべてセンセーショナルに、感嘆符をたくさん用いて書いています。

　上記のような違いをあげてみましたが、eメールは自分の性格を表しやすいことも長所のひとつ。ですから、相手との親しさのレベルが上記のどれかに当てはまるからといって、同じような書き方をしなければならないわけではありません。もしも例①があなたの性格を最もよく表すのなら、相手とどんなに親しくなっても、常にこの書き方でかまいません。実をいえば、例③の書き手の性格は軽くて自己中心的ともいえるでしょう。でも、もしもそれが相手と顔を合わせて話すときのあなたの話し方だとすれば、それがあなたの書き方になるのです。

　また、相手の書き方にならう必要もありません。たとえば、感嘆符やスラングや顔文字や頭字語だらけのeメールをもらったからといって、同じような書き方で返事を書く必要はないのです。eメールはコミュニケーションの一手段にすぎません。いつもの自分らしくふるまえばいいのです。

　書き手の性格によって、同じ内容がどのように書き分けられるか、その例をあげておきます。

いい知らせ

- You'll never believe it, but I passed my driving test.
  信じられないでしょうけれど、運転免許の試験に合格しました。
- Hey, guess who passed their driving test!!!
  誰が運転免許の試験に合格したと思う？
- I nailed the test! I'm now an official driver!!!
  試験に合格！　これでわたしも晴れてドライバー！！！

- Yutaka proposed to me last night. I'm still in shock!
  きのうの夜、ユタカにプロポーズされました。まだその衝撃から抜け出せません！
- OMG, Yutaka proposed! What a shock!
  なんと、ユタカにプロポーズされちゃった！　びっくり！
- Yutaka popped the question! I'm gonna be married!!!
  ユタカにプロポーズされちゃった！　わたし、結婚するの！！！

よくない知らせ

- I'm afraid I won't be able to go to the party on Saturday.
  残念ながら土曜日のパーティーには行けません。
- There's no way I'm going to make Saturday's party. Sorry!
  土曜日のパーティーには行けないよ。ごめん！
- Sorry, but Saturday's party's out! Not a chance...!
  土曜日のパーティーは無理。望みなし……！

- I had an awful experience today. I was fired.
  今日はとんでもない目にあいました。解雇されたのです。
- Damn! I got fired today!
  くそっ！　今日、クビになった！
- Hey, the bastards fired me!
  あいつら、俺をクビにしやがった！

お詫び

- I'm really sorry if my comment offended you.
  もしわたしの言ったことに気を悪くしたのでしたらすみません。
- I'm sorry about that comment. Don't take it to heart.
  あんなこと言ってごめんなさい。気にしないで。
- Hey, I offended you! I'm sorry, okay?
  悪いこと言っちゃったみたいだね！　ごめん、許してくれる？

- I'm so sorry I didn't call you yesterday.
  きのうは電話をしなくてすみませんでした。
- I forgot to call!!!! Sorry... m(_ _)m
  電話するの忘れちゃった！！！！　ごめんなさい……
- Hell, I forgot all about calling. I'm sorry...!
  くそっ、電話のことなんか忘れてた。ごめん……！

誘い

- If you're free tomorrow, would you like to have lunch?
  明日もしお時間があれば、ランチをご一緒しませんか。
- Interested in having lunch tomorrow?
  明日、ランチを食べに行きませんか？
- Does lunch work for you tomorrow?
  明日、ランチはどう？

- Would you like to come to the party with me on Friday night?
  金曜日の夜、わたしとパーティーに行きませんか。
- How about coming to the party on Friday night?
  金曜日の夜にパーティーに行かない？
- Hey, you've gotta come to this party on Friday!
  ねえ、金曜の夜はこのパーティーに行かなくちゃ！

お礼

- Thank you so much for the beautiful birthday card!
  きれいな誕生日カードをどうもありがとうございました！
- Hey, you remembered my birthday! Thanks for the card!
  誕生日を覚えてくれたんだね！　カードをありがとう！
- Hey, a birthday card!!! You're the best!
  わっ、誕生日カードだ！！！　君は最高！

- Thank you for dinner last night. It was delicious!
  昨晩は夕食をごちそうさまでした。おいしかったです！
- Great dinner last night! Thanks a lot!
  きのうの夜の夕食は最高！　どうもありがとう！
- Hey, thanks for last night's chow!
  きのうの晩飯ありがとう！

依頼

- Would you mind lending me your Arctic Monkeys CD?
  アークティック・モンキーズのCDを貸してもらえますか。
- Hey, can I borrow your Arctic Monkeys CD?
  アークティック・モンキーズのCD、貸してくれる？
- You've just gotta lend me your Arctic Monkeys CD.
  アークティック・モンキーズのCDを貸してくれなくちゃ。

- Do you think you could meet me at the airport?
  空港に迎えにきていただけますか。
- It'd be great if you could meet me at the airport.
  空港に迎えにきてもらえればありがたいです。
- I hope you're planning on meeting me at the airport... :-)
  空港に迎えにきてもらえるといいんだけどな……

了解

- I'd be delighted to stay overnight at your apartment. Thanks very much!
  喜んであなたのアパートに泊まらせてもらいます。ありがとうございます！
- I'd love to stay the night. Thanks!
  ぜひ泊めてね。ありがとう！
- No problem! Sounds like fun!
  もちろん！　楽しそう！

- Of course you can borrow my suitcase.
  スーツケース、もちろんお貸しします。
- Sure, no problem. It's yours!
  もちろんいいよ。自分のと思って使って！
- Consider it done...
  もちろんオーケー。もう貸したようなものだよ……

断り

- I'm sorry, but I can't make it this Saturday.
  すみません。今週の土曜日は都合が悪いのです。
- Sorry, but Saturday won't work for me.
  すみませんが、土曜日はだめなんです。
- Saturday? Not a chance!
  土曜日？　ぜんぜんダメ！

- I'm so sorry, but I already lent that DVD to another friend.
  すみません。そのDVDはもう別の友人に貸してしまいました。
- Sorry, but it's already out on loan.
  ごめんなさい。もう他の人に貸しちゃいました。
- Forget it! A friend's got it.
  まあ、あきらめて。友だちが持ってっちゃった。

賞賛

- I thought your dress really suited you. It was beautiful!
  ドレスが本当によくお似合いでした。すてきでしたよ！
- Great dress you were wearing! Really beautiful!
  あなたのドレス、すごくいいわね！ ほんとにきれい！
- Nice dress! Really cool!
  いいドレスね！ かっこいい！

- You're so clever to have graduated with honors!
  優等で卒業とは、とても優秀でいらっしゃるんですね！
- Wow, an honors graduate! I'm impressed!
  わあ、優等で卒業だって！ すごい！
- An honors graduate? Way to go!
  優等で卒業？ やるね～！

　eメールの長所のひとつは、1行かほんの数行の短いメッセージでも失礼にならないことです。ふつう、このような短いメッセージは親しい友人同士で交わされますが、メッセージを書くのに時間がかからないのは、たいへん魅力的です。たとえば、eメールでの次のようなやり取りを見てみましょう。

［短いeメールのやりとりの例］

> John
>
> I should be able to get off work early tomorrow. Fancy a drink?
>
> T

> ジョンへ
> 明日は仕事が早く終わるんだ。
> 飲みに行かない？
> T

↓

> Sure! What time? Where?

> もちろん！　で、時間と場所は？

↓

At the Green Dragon on the corner of Grange St. and Oakland Ave. 7 o'clock okay for you?	グレインジ・ストリートとオークランド・アベニューの交差点にある、グリーン・ドラゴンで。7時でいいかな？

⬇

That's fine. I'll see you there!	いいよ。それじゃ、その店で！

⬇

Cheers...	じゃあな！

　「返信」ボタンを押せば、前のメッセージは新しいメッセージの下に自動的にコピーされるので、2通目のメッセージ以降は、礼辞と結辞をつける必要さえありません。それまでのやり取りの記録が発信人の名前とともに残るからです。このように手軽で便利なコミュニケーション手段であるeメールは、とくに遠距離間では経済的・時間的節約になるので大いに効果を発揮し、また、友人や知人同士だけでなく、社内のコミュニケーション手段としても活用されています。

■ メッセージの文例

それでは、このようなシンプルな短いメールによく使われるメッセージの例を、ビジネスのメールとプライベートなメールに分けて、いくつかあげてみましょう。

(1) ビジネスのeメールの表現例

- I need to contact Helen Graves at ABC Inc. Do you have her number?
  ABC社のヘレン・グレイヴズと連絡を取りたいのですが、電話番号を教えていただけますか。

- The meeting's at 3 this afternoon. Make sure you're there.
  ミーティングは今日の午後3時からです。どうか忘れずに出席してください。

- Can you spare somebody to help me prepare for the meeting?
  ミーティングの準備に、誰かを手伝いにまわしてくれませんか。

- We need to talk. I think C&M Trading are going to cancel the contract.
  わたしたちは話し合う必要があります。C&Mトレーディングは契約を破棄しようとしているように思われるのです。

- Can you confirm the dates of your trip to Seoul?
  あなたのソウル出張の日付を確認してもらえますか。

- We've had a complaint about a late delivery. Can you handle it?
  納品遅延について苦情がありました。処理してもらえますか。

- I need the details on your business expenses ASAP.
  あなたの必要経費の明細をできるだけ早く持ってきてください。

- We've got some customers arriving tomorrow, and I want you to meet them at the airport.
  取引先の人たちが明日、到着するので、空港に迎えに行ってくれませんか。

- There is a rumor going around that TYB Holdings is close to bankruptcy. Have you heard anything?
  TYBホールディングズは倒産寸前という噂ですが、あなたは何か聞いていませんか。

- We've got a truck at the docks without a bill of loading. Can you contact the customs immediately?
  船荷証券を持たないトラックが埠頭に到着しています。今すぐ税関と連絡を取ってもらえますか。

301

(2) プライベートなeメールの表現例

- I'm going shopping in Shibuya tomorrow. Want to come?
  明日は渋谷に買い物に行くの。一緒に行かない?

- I saw Jennifer yesterday and she said she wants to contact you. Okay if I give her your address?
  きのう会ったとき、ジェニファーはあなたと連絡を取りたいと言っていました。あなたの住所を教えてもいいかしら?

- My parents are away for the weekend. How about a party...?
  両親は週末、出かける予定。パーティーをしようかと思うんだけど、どう?

- My brother and I are thinking of going to Okinawa for the summer vacation. Interested?
  兄とわたしは夏休みに沖縄に行こうと考えています。あなたもいかが?

- I have a job interview on Tuesday and I need a brown bag to go with my shoes. Can I borrow your Vuitton?
  火曜日に就職の面接があるので、靴に合う茶色のバッグが必要なの。あなたのヴィトンを貸してくれない?

- I've got to go to Osaka on business over the weekend, so I'll have to cancel tennis. Sorry!
  週末は大阪に出張しなければならないので、テニスに行けなくなった。ごめん!

- Jason sent me some photographs of last week's dinner. Do you want a set?
  ジェイソンが先週のディナーのときの写真を送ってくれたの。あなたもほしい?

- I didn't pay my cell phone bill and it got cut off. If you need to contact me, it'll have to be by e-mail.
  携帯電話の料金を払わなかったので、使えなくなっちゃった。もしわたしに連絡をくれるときは、eメールにしてね。

- I've rented a couple of comedy movies. Fancy coming over to watch them?
  コメディ映画をいくつか借りてきた。見に来ない?

- I'll be in the Shinjuku area tomorrow evening. How about dinner?
  明日の晩は新宿方面にいるよ。夕飯を食べに行かない?

このような例はあげたものの、eメールでのコミュニケーションでいちばん大切なのは、自分らしく書くことです。頭字語や顔文字が嫌いなら、それで結構。使う必要はありません。〈導入部〉〈本体〉〈結論部〉から成るきちんとしたメッセージが書きたければ、それも結構。そのように書けばいいでしょう。もしも長いメッセージを書くのが面倒で、要点だけを書きたいなら、それも結構。そうすればいいのです。

　eメールが流行遅れになったり消滅したりすることはないでしょう。eメールはコミュニケーションの分野に小さな革命を起こしました。自分なりに最も使いやすい方法を見つければ、末永く使えるにちがいありません。

Column

ライティングのためのヒント#6

五感を表すことばといっしょに like を使うと、あなたの感じ方を説明することができます。

- John's new girlfriend <u>looks like</u> a movie star.
  ジョンの新しいガールフレンドは映画スターみたいだ。［視覚］

- His voice <u>sounds like</u> he constantly has a cold. [Hearing]
  彼の声はいつも風邪をひいているように聞こえる。［聴覚］

- Her perfume <u>smells like</u> flowers in spring.
  彼女の香水は春に咲く花のような匂いがする。［嗅覚］

- To me, sweet potatoes <u>taste like</u> pumpkins.
  サツマイモはカボチャみたいな味がすると僕は思う。［味覚］

- It is only a cheap bag, but it <u>feels like</u> real leather.
  ただの安いカバンだけど、本物の皮のような手触りだ。［触覚］

Writing Speeches (From Impromptu Toasts to Formal Speeches)

6 スピーチの書き方
（乾杯の辞からフォーマルなスピーチまで）

　公の場で話すことは、ほとんどの人にとってトラウマにもなりかねない体験です。とくに外国語でスピーチをしなければならないとなれば、なおさらでしょう。あなたの名前が呼ばれ、人々の期待に満ちたまなざしが注がれているステージに向かっていく……。このときの恐怖は、パラシュートで初めて飛行機から飛び下りようとする直前の恐怖に近いといっても過言ではないでしょう。それはもちろん、自分の話す内容が人々にきちんと伝わるだろうか、間違えずに話し終えることができるだろうかという不安の混ざり合った恐怖です。

　一方、うまくスピーチを終えることができたとき、とくに聴衆が共感してくれたように思えるときの喜びと満足感は、ほかに比べるものがないほどです。

　スピーチの前の不安を静めるために本が1冊書かれることはまずありませんが、公の場でより自信をもって話せるようになるためのヒントは提供することができます。スピーチのあとで、喜びと満足を味わうことができるように。

　公の場で話すときに成功するためには、次の4大ルールを守らなければなりません。

　　1）短く簡潔に
　　2）聴衆を楽しませる
　　3）はっきりとした口調でゆっくり話す
　　4）"er"（えー、あのー）と言わないようにする

　この4点が守られていれば、あまり内容のないスピーチでさえ立派に聞こえ、聴衆はいい印象を持ってくれるでしょう。一方、たとえ内容はよくても、長すぎたり、おもしろみがなかったり、聞き取りにくかったり、"er"だらけだったりすれば、聴衆は興味を失い、退屈してしまうでしょう。

　スピーチを依頼される機会はさまざまですが、一般には、
　　1）準備をする時間がない即興のスピーチ
　　2）前もって依頼されるフォーマルなスピーチ
の2種類に分けられます。どちらの状況であっても、上記の4つのルールをしっかり守れば、聴衆を満足させる可能性が高くなるでしょう。

たびたびスピーチを依頼される人は、いつでもどこでも使えるスピーチのモジュール（構成単位）を集めていることがよくあります。モジュールの内容はその人の専門分野によってさまざまですが、たとえ専門的なスピーチを頼まれることはなくても、いくつかモジュールを用意しておけば、何かの機会にそれが役立つことがあるでしょう。では、スピーチ・モジュールとは？　これからそれを説明しましょう。

スピーチ・モジュールとキューカード

　一般に、スピーチはいくつもの小さなネタ（skit）で構成されています。これらの小さなネタひとつひとつを「スピーチ・モジュール」と呼びます。おもしろくて説得力のあるスピーチを聞いたことがある人は、話し手がときどきハガキ大のカードの山に視線を落とし、いちばん上のカードを山の下に差し込んでいるのを見たことがあるのではないでしょうか。これはキューカード（cue card）と呼ばれ、1枚のカードにスピーチ・モジュールから抜き出したポイントやキーワードが個条書きで書かれています。話し手は家を出る前に、モジュールのコレクションに目を通し、その日のスピーチにぴったりのキューカードを何枚か選び出しておいたのです。

　スピーチ・モジュールを使うことには、いくつか利点があります。なかでも最大の利点は、スピーチを頼まれたときに、何を話すかあれこれ迷わずにすむという点です。また、スピーチの原稿を書く時間が大幅に節約できます。たとえば10分間のスピーチを頼まれたとき、そのうちの9分間をコレクションのなかのモジュールに費やすことにすれば、実際には1分間のスピーチの原稿を書くだけですむのです。さらに、さまざまな機会に同じモジュールを繰り返して使えば、練習を重ねることができます。聴衆がどの部分で共感してくれるか、どの部分で反応が鈍いか、それを知ることによって、スピーチに磨きをかけることができるでしょう。

　スピーチの達人は、決して原稿をそのまま読んだりはしません。詳しいことはあとで説明しますが、基本的に、スピーチの原稿を一語一語読みあげたりすれば、ますます緊張して声が不明瞭になるだけでなく、聴衆と視線を合わせることができなくなってしまうでしょう。達人は代わりに、記憶を呼び起こすキーワードやキーフレーズだけを選んで書いておきます。これは難しそうに思えるかもしれませんが、思っているよりずっと簡単です。このような理由から、キューカードに書くスピーチ・モジュールは、モジュールの内容を忘れないよ

うにするための単語やフレーズを並べたものとなります。たとえば、結婚披露宴用のモジュールについて、それを文章で書いたものとキューカードにしたものの例を見てみましょう。

［文章で書いた結婚披露宴用のモジュール例 ①］

> Module #16: Wedding
>
> Believe it or not, I have been married now for thirty-six years. And that's a lot of years to be married, I can tell you. Many people have asked me in the past if there is a secret to a long and happy marriage. My answer is always the same: Yes, there is.
>
> Given his youth, I don't know if [groom's name] is ready to accept the wisdom of an old married man like myself on this day of all days, but in the hope that it will provide him with a small insight into what the future holds for him, I am willing to reveal my secret before you all today.
>
> On my wedding day thirty-six years ago, my wife and I concluded a verbal agreement that we have adhered to right up until the present day. The details of that agreement stated that throughout our married life my wife would make all of the small decisions and I would make all of the big decisions with regard to our daily lifestyle. This proved to be enormously effective, and there is no doubt that this is the secret of our long and happy married life.
>
> To give you a few examples, the decisions on where we live, where our children go to school, where I work, how much I earn, how much beer I drink and all of the other small decisions are made by my wife. I, on the other hand, make all of the really big decisions, such as whether the next President of the United States should be a republican or a democrat, whether South Korea and North Korea should unify, whether the United Kingdom should abolish the monarchy, and whether overseas troops should be pulled out of Iraq.

【訳】
モジュール#16：結婚式

信じられないかもしれませんが、わたしは結婚してこれで36年になります。長い年月ですね。これまで多くの人に、長く幸せな結婚生活の秘訣はあるかと聞かれました。わたしの答えはいつも同じ。「ええ、あります」と答えています。

年若い〔新郎の名前〕さんが、よりによってきょうこの日、わたしのような年寄りの既婚者の知恵に耳を傾けてくださるかどうかわかりません。とはいえ、将来、ささやかな助けになることを願って、きょうはみなさんの前でわたしの秘訣をお話しさせていただくことにしましょう。

36年前の結婚式の日、妻とわたしは口頭である取り決めをし、それを今日まで守っています。その取り決めとは、結婚生活において、日常生活に関して小さなことはすべて妻が決め、大きなことはすべてわたしが決めるというものでした。この取り決めは驚くほど効き目があることがわかり、これこそが間違いなく、わたしたちの長きにわたる幸せな結婚生活の秘訣なのです。

いくつか例をあげてみましょう。どこに住むか、子どもたちをどの学校に通わせるか、わたしはどこで働くか、いくら稼ぐか、どれだけビールを飲んでいくか――このような小さなことは、すべて妻が決めます。一方、わたしは、大きなことをすべて決めます。アメリカの次期大統領は共和党であるべきか民主党であるべきか、韓国と北朝鮮は統一されるべきか、イギリスは君主制を廃止すべきか、外国部隊はイラクから撤退すべきか、などです。

[結婚披露宴用のモジュール例①の要点をまとめたキューカード]

Module #16: Wedding　　　　　　　　Time: 1:50min
Happy Married Life

- Secret to happy married life? ➡ Yes.
- Concluded agreement: Wife = small decisions, Me = big decisions.
- Wife: Where we live, where children go to school, where I work, how much I earn, how much beer I drink.
- Me: President of US = republican or democrat, S. Korea and N. Korea, UK abolish monarchy, overseas troops pulled out of Iraq.

【訳】
モジュール#16：結婚式　　時間：1分50秒
幸福な結婚生活

● 幸せな結婚生活の秘訣？→ある。
● 取り決め：妻 = 小さな決断、わたし = 大きな決断。
● 妻：住む場所、子どもたちの学校、わたしの勤務先、わたしの稼ぎ、わたしが飲むビールの量。
● わたし：アメリカ大統領 = 共和党か民主党か、韓国と北朝鮮、イギリスの君主制廃止、イラクからの外国部隊撤退。

話し手はあらかじめスピーチ・モジュールを書いておいたので、上のようなキューカードさえあれば、内容を十分に思い出すことができます。右上に書かれた時間は、このモジュールを話すのに必要な時間の目安で、こうしておけば、スピーチ全体を組み立てるのに役立ちます。

結婚式に使えるモジュールの例をもうひとつあげておきましょう。

[文章で書いた結婚披露宴用のモジュール例 ②]

Module #21: Wedding

As the happy couple will soon learn from experience, marriage is a wonderful institution that provides those involved with numerous pockets of joy throughout their entire lives. In order to make sure that these pockets of joy can be fully appreciated, it is necessary that both parties fully respect each other and try to move through life at the same pace. If one begins to speed ahead at a faster pace, the other will have trouble keeping up and an unnecessary vacuum of space will build up between them.

The vows you made to each other today are binding throughout your entire lives. Love each other, cherish each other, care for each other, and, above all, respect each other.

John Jensen once said, "The trouble with life in the fast lane is that you get to the other end in an awful hurry." If either of you ever feel yourself beginning to move ahead of your partner, I want you to remember these words. It is my sincerest hope that you will both live together, love together, and move slowly into the future together while enjoying every minute of the pockets of joy you are afforded.

第2部　ジャンル別書き方のテクニック

【訳】
モジュール#21：結婚式

幸せなおふたりはまもなく、結婚は一生を通じてたくさんの喜びのポケットを与えてくれるすばらしい制度だということを、経験を通じて知ることになるでしょう。この喜びのポケットを十分に味わい尽くすためには、ふたりがお互いを尊敬し合い、同じペースで人生を歩んでいくように努めなければなりません。もしもどちらかが歩く速度を上げたなら、もうひとりはそれに追いつくのがたいへんになり、ふたりのあいだに不必要な空間がぽっかりとできてしまうでしょう。

おふたりがきょう立てた誓いは、一生を通じておふたりを結ぶ誓いです。互いに愛し合いなさい、相手を大切にしなさい、相手を思いやりなさい、そして何よりも、互いに尊敬し合いなさい。

かつてジョン・ジェンセンは言いました。「競争社会のあわただしい生活の問題点は、あまりにも急いでゴールに達してしまうことである」。もしもおふたりのどちらかが相手より先に進みはじめたら、この言葉を思い出してください。おふたりがともに生き、愛し合い、与えられた喜びのポケットを一瞬一瞬味わいながら、ゆっくりと未来に向かって歩んでいかれることを、心から願っています。

[結婚披露宴用のモジュール例②の要点をまとめたキューカード]

Module #21: Wedding　　　　　　　　　Time: 1:00min

Moving into the Future

- Marriage = institution providing pockets of joy.
- Respect & move at same pace. Different pace = vacuum of space.
- Vows are binding. Love, cherish, care, respect.
- John Jensen: "The trouble with life in the fast lane is that you get to the other end in an awful hurry." ➡ Remember this if pace changes.
- Live, love, move through life slowly (with enjoyment.)

【訳】
モジュール#21：結婚式　　　　時間：1分
　　　　　未来への歩み

- 結婚＝喜びのポケットを与えてくれる制度。
- 尊敬と同じペースの歩み。違うペース＝ぽっかりと空いた空間。
- 誓いはふたりを結びつけるもの。愛、いつくしみ、思いやり、尊敬。
- ジョン・ジェンセン：「競争社会のあわただしい生活の問題点は、あまりにも急いでゴールに達してしまうことである」→ ペースが変わったらこれを思い出してほしい。
- 生きる、愛する、ゆっくりと人生を歩む（喜びとともに）。

もしもコレクションのなかに#16と#21というふたつのモジュールがあれば、結婚式のスピーチの構想は次のようになるでしょう。

[モジュールを使ったスピーチの組み立て例]

> First of all, I would like to give my heartfelt congratulations to [groom] and [bride] on this the happiest day of their lives.
>
> ⬇
>
> Module #16
>
> ⬇
>
> Module #21
>
> ⬇
>
> Once again I would like to extend my deepest congratulations to the happy couple. I sincerely wish them true happiness and success in their future together.

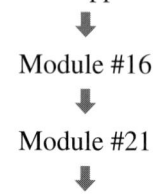

【訳】
おふたりの人生最良の日であるきょうこの日、何よりもまず、〔新郎の名〕と〔新婦の名〕に心からお祝いを申し上げたいと思います。
⬇
モジュール#16
⬇
モジュール#21
⬇
もう一度、幸せなおふたりに心からのお祝いを申し上げます。おふたりに末永く真の幸福と成功がありますように。

　これなら結婚式のスピーチとして申し分ありません。全部で3分ほどにしかなりませんが、短いスピーチとしてちょうどよい長さであり、聞き手を楽しませるために、ふたつの異なる話題——ひとつはちょっぴりふざけた話、もうひとつは真面目な話——が盛り込んであります。3分はスピーチとしては短めですが、おもしろい3分間のスピーチは、退屈な繰り返しばかりの10分間のスピーチに比べて、はるかに聞き手の記憶に残るでしょう。

　また、スピーチ・モジュールは多くの場合、さまざまな目的に使い回すことができます。上記のモジュール#21は、婚約パーティーや結婚披露宴にしか使えませんが、モジュール#16は、さまざまな目的のスピーチにおける自己紹介部分で、主題に入る前に場をなごませるのに使えるでしょう。

　スピーチ・モジュールは、自分自身の経験によるものもあれば、なんらかの教訓を含む話のこともあります。また、短かったり長かったり、真面目だったり愉快だったり、優しかったり意地悪だったり、とさまざまです。さらにいくつか例をあげてみます。

[文章で書いた日本文化についてのモジュール例 ①]

> Module #1: Japanese Culture
>
> Japanese culture tends to be very passive in its approach to problems. I don't mean to say that people of other cultures are aggressive, but the way in which we solve problems in Japan is very unique. Let me provide you with two actual examples to explain this.
>
> Some years ago, a famous sightseeing area in Japan was experiencing a serious problem with litter. Litter bins were placed at ten-meter intervals along the side of the road from the train station to the gates of a famous shrine, and these litter bins soon became full up and overflowed. But still people placed their litter on the top. On windy days, paper bags, empty drink cans and discarded lunch boxes were blown here and there throughout the area, and the local residents were at their wits end. The mayor of the town thought about this and came up with an idea that solved the problem overnight. I don't know how other cultures would deal with this problem—maybe use more litter bins or fine the people who discarded their litter?—but in Japan, our approach was much more passive. We simply removed all of the litter bins from the streets. Having nowhere to place their litter, people took it home with them.
>
> In another example, a small town in Yokohama was plagued with the problem of people dumping garbage in a river. The river soon became clogged with old bicycles, refrigerators, washing machines, televisions and other household appliances. The local council sat down to discuss the situation and came up with an idea that turned the river into a beautiful garbage-free oasis within a week. Once again, I have no idea how other cultures would deal with this problem, but I suspect it would have something to do with building high fences or increasing police patrols. What do you think they did in Yokohama? They stocked the river with beautifully colored carp. From the river banks, these large yellow, black, red and white fish could easily be seen swimming lazily around, and would-be dumpers were suddenly faced with the dilemma of destroying the habitat of living creatures. Needless to say, garbage dumping quickly became a thing of the past.

【訳】
モジュール#1：日本文化

日本文化では、問題に対して非常に控え目なアプローチをする傾向があります。ほかの文化圏の人々が攻撃的だと言っているわけではありませんが、日本における問題の解決の方法はたいへんユニークです。実例をふたつあげて説明しましょう。

数年前、日本のある有名な観光地が深刻なゴミ問題に悩まされていました。鉄道の駅から有名な神社の鳥居まで、道路に沿って10メートルおきにゴミ箱が置かれているのですが、これらのゴミ箱がすぐいっぱいになってあふれてしまうのです。それでもなお、人々はその上にゴミを捨て続けました。風の強い日には、紙袋や空き缶や捨てられた弁当箱がそこかしこに飛ばされ、地元の住民は困り果てていました。町長がこれについて頭をひねり、その考えついた方法で問題は一夜にして解決しました。ほかの文化圏の人たちならこの問題をどう解決したか、それはわかりません——ゴミ箱を増やすとか、ゴミをポイ捨てした人に罰金を科すとかでしょうか。しかし日本人のアプローチは、よその国に比べてずっと受身的でした。道端のゴミ箱をすべて撤去しただけな

のです。ゴミを捨てる場所がなくなったので、人々はそれを持ち帰りました。

もうひとつ例をあげましょう。横浜のある小さな町は、人々がゴミを川に捨てるという問題に困っていました。川はまもなく、古い自転車や冷蔵庫、洗濯機、テレビなどの家電用品でせき止められてしまいました。地元の自治体はこの状況について話し合い、ある解決策を考えつきました。それによって川は1週間のうちに、ゴミのない美しい憩いの場になったのです。これについてもまた、ほかの文化圏の人たちならこの問題をどう解決したか、わたしにはわかりません。でもおそらく、高い柵を張りめぐらせるとか、警察のパトロールを強化するといったことでしょう。では、横浜の人々はどうしたのでしょうか。彼らは川に、美しい色とりどりの鯉を放したのです。川岸からは、黄色、黒、赤、白の大きな魚が悠々と泳いでいるのが容易に見えるようになりました。そしてゴミを捨てていたかもしれなかった人たちは、生き物のすみかを破壊するというジレンマに、突如として直面することになったのです。言うまでもなく、ゴミ捨てはたちまち過去の出来事となりました。

[日本文化についてのモジュール例 ① の要点をまとめたキューカード]

Module #1: Japanese Culture　　　　Time: 1:55min
Passive Approach to Problems

- Japanese culture = passive.
- Example #1: Problem of litter ➡ Litter bins every 10m ➡ Overflowing ➡ Local residents troubled ➡ Solution = remove all litter bins.
- Example #2: Problem of garbage dumping in Yokohama river ➡ Bicycles, refrigerators, washing machines, televisions ➡ Solution = stock river with carp.

【訳】
モジュール #1：日本文化　　時間：1分55秒
　　　　　問題への控え目なアプローチ

● 日本文化 = 控え目。

● 例 #1：ゴミ問題 → 10メートルおきにゴミ箱 → あふれる → 住民の困惑 → 解決策 = ゴミ箱をすべて撤去。
● 例 #2：横浜の川にゴミを捨てる問題 → 自転車、冷蔵庫、洗濯機、テレビ → 解決策 = 川に鯉を放す。

[文章で書いた日本文化についてのモジュール例②]

Module #2: Japanese Culture

It is a common trait of Japanese culture to treasure the process more than the result. This trait can be seen in a wide range of everyday activities, but is particularly noticeable in the arts.

For example, the beauty of the tea ceremony is not the taste of the tea, but the way in which it is made. The tranquility of the atmosphere, the kimono worn by the tea master, the agility of the master's hands as the tea is prepared, the words of praise provided by the guests; all of these elements are as important—if not more important—as the final result of the actual tea.

We can also find this custom in the field of music. Before a student of the shamisen learns to play even a note on his instrument, he is given many hours of training on the correct way to sit, the correct way to hold the instrument, and the correct way to hold the plectrum.

I heard an amusing story about an American businessman stationed in Tokyo who sent his daughter to violin lessons during his stay in Japan. His daughter received tutelage for two years in this instrument until his tenure in Japan was over and he returned to the United States. Not wanting to waste the skills that she had built up over this time, he sent her to a music tutor in New York, and after her first lesson, her teacher had this to say about her: "Mr. Gray, your daughter is the worst violinist I have ever heard in my life. However, her stance and the way she holds the instrument are just beautiful!"

【訳】
モジュール#2：日本文化

日本文化には、結果よりも過程を重んじるという特徴があります。この特徴は、日常的な活動のなかで幅広く見られますが、とりわけ芸術のなかで顕著です。

たとえば、茶道の美はお茶の味ではなく、お茶がたてられるその過程にあります。雰囲気の静けさ、お茶をたてる人の着物、お茶をたてるときの無駄のない手の動き、客たちのほめ言葉。これらすべてが、実際のお茶そのものと同じぐらい大切——それ以上ではないにしても——なのです。

この習慣は音楽の分野にも見られます。三味線の生徒は音の出し方を習う前に、正しいすわり方、楽器の正しい持ち方、バチの正しい持ち方を何時間も訓練します。

わたしは東京駐在のあるアメリカ人ビジネスマンから、おもしろい話を聞きました。彼は日本滞在中に娘をバイオリンのレッスンに通わせました。そして2年間習わせたあと、日本での駐在期間が終わったので、アメリカに帰国しました。せっかく身につけた技術を無駄にさせたくなかったので、彼は娘をニューヨークのある音楽教師のもとに連れていきました。最初のレッスンが終わったあと、教師は彼女についてこう言いました。「グレイさん、あなたのお嬢さんはこれまでわたしが聞いたなかで最低のバイオリニストです。とはいえ、姿勢と楽器の持ち方は本当に美しい！」

[日本文化についてのモジュール例②の要点をまとめたキューカード]

Module #2: Japanese Culture　　　　　Time: 1:15min
Process over Result

- Japanese culture treasures process over results.
- Example #1: Tea ceremony ➡ tranquility, kimono, agility, praise more important than the taste of the tea.
- Example #2: Shamisen ➡ Before learning to play, learn how to sit, how to hold instrument, how to hold plectrum.
- Story: American in Japan ➡ daughter to violin lessons ➡ resume lessons back in US ➡ teacher comment: "Mr. Gray, your daughter is the worst violinist I have ever heard in my life. However, her stance and the way she holds the instrument are just beautiful!"

【訳】
モジュール#2：日本文化　　時間：1分15秒
結果より過程

- 日本文化は結果より過程を重んじる。
- 例 #1：茶道 → 静けさ、着物、無駄のない動き、ほめ言葉が、お茶の味よりも大切。
- 例 #2：三味線 → 弾き方を習う前に、すわり方、楽器の持ち方、バチの持ち方を習う。
- 例話：日本在住のアメリカ人 → 娘をバイオリンのレッスンに → アメリカ帰国後、レッスン再開 → 教師のコメント「グレイさん、あなたのお嬢さんはこれまでわたしが聞いたなかで最低のバイオリニストです。とはいえ、姿勢と楽器の持ち方は本当に美しい！」

[文章で書いた激励についてのモジュール例]

> Module #8: Encouragement
>
> There is a famous saying that I am sure you all know: Practice makes perfect. This is a very appropriate saying and many people have relied on it throughout history. However, if you want my opinion, I believe it is slightly flawed. Practice alone does not make perfect. If the practice is imperfect, then the result will be imperfect. To attain perfection, the practice must also be perfect. I therefore feel that this saying should be changed to "Perfect practice makes perfect."
>
> You may feel that this is too ambiguous a point to think too deeply about, but it is very important for your future in this world. Every small experience you have is practice for the future. If you have the ability to recognize whether the practice you are receiving is perfect or imperfect and then act accordingly, then you are sure to excel at every challenge you attempt.
>
> If, on the other hand, you lack this ability, then in the future you will not be able to look back on the past and proudly state, "I have ten years experience in this field." Instead you must say, "I have one year's experience in this field repeated ten times."

【訳】
モジュール#8：激励

みなさんがご存じの有名な格言に「練習が完全さをもたらす（習うより慣れよ）」というものがあります。これは実に的を射た格言で、昔から多くの人がこれを頼りにしてきました。しかしながら、わたしの意見を言わせていただくなら、これには少し難点があると思います。練習さえすれば完全になるわけではありません。もしも練習が不完全なら、その結果も不完全になります。完全さに達するためには、練習も完全でなければならないのです。したがって、わたしは、この格言を「完全な練習が完全さをもたらす」と言い換えたいと思います。

こんなことを言っても漠然としすぎていて、深く考えるには及ばないと思うかもしれませんが、この世で生きていくためにはこれが非常に重要なのです。小さな経験のひとつひとつが、将来のための練習なのですから。自分のやっている練習が完全か不完全かを見極める能力があれば、そしてそれに応じて行動することができれば、すべての試みにおいてよい結果を出すことができるにちがいありません。

一方、もしもこの能力が欠けていれば、将来、過去を振り返って誇らしげに、「わたしはこの分野において10年の経験があります」と言うことはできないでしょう。その代わりに、こう言わなければなりません。「わたしはこの分野において1年分の経験を10回繰り返してきました」

[激励についてのモジュール例の要点をまとめたキューカード]

Module #8: Encouragement　　　　　　Time: 1:05min
Perfect Practice Makes Perfect

- Practice makes perfect = flawed. Should be corrected to perfect practice makes perfect.
- Every experience = practice for the future. Ability to sort good practice from bad practice important.
- With ability = in the future say "I have ten years experience in this field."
- Without ability = in the future say "I have one year's experience in this field repeated ten times."

【訳】
モジュール#8：激励　　　　　時間：1分5秒
　　完全な練習が完全さをもたらす

- 「練習が完全さをもたらす」＝欠点あり。「完全な練習が完全さをもたらす」に訂正すべき。
- すべての経験＝将来のための練習。よい練習と悪い練習を見分ける能力が重要。
- この能力があれば、将来、「わたしはこの分野において10年の経験があります」
- この能力がなければ、将来、「わたしはこの分野において1年分の経験を10回繰り返してきました」

ここでは参考にできるよう、スピーチ・モジュールの全文を書き出しておきましたが、キューカードだけを頼りに、これだけ雄弁に語れる人はほとんどいないでしょう。でも、気にすることはありません。あらかじめ書いておいた原稿どおりに語る必要はないのですから。メッセージの要点だけを、自分自身の話し言葉で語ればいいのです。たとえばわたしの場合、スピーチを依頼されたときのために、スピーチ・モジュールのコレクションを用意していますが、上記のような形で全文を書き出したことはありません。キューカードは紙に書いてありますが、実際のスピーチは頭のなかに入っているのです。ときには、いつもよりうまく話せたな、ということがありますが、それは結局、内容がおもしろいので聴衆が言い間違いなどに気づかず、よい印象をもってくれたということなのです。

　もしもあなたがたびたび（またはときどき）英語のスピーチを依頼されるような立場にいるならば、日本語でいくつかモジュールを書き、それを英訳しておくといいでしょう。文のひとつひとつは、長いものである必要も複雑にする必要もありません。シンプルな文であっても、複雑な文と同じぐらい、メッセージを伝えることができるものです。各モジュールは、状況によく合ったものにするよう心がけましょう。たとえば、海外支店の従業員に向けたスピーチをする機会が多い人は、会社での逸話や従業員への励ましを中心にするべきでしょう。もちろん、先ほど述べたように、モジュールは状況に応じて使い回すことができますから、ほんの少し修正を加えるだけで、目的に合ったものにすることができます。たとえば、先ほどの日本文化についてのモジュールは、日本文化の美を説明するための目的で、自分と直接関係のない一般的な聴衆に向けたスピーチに使えるだけでなく、日本人の考え方がほかの文化圏の人の考え方と少し違っていることを説明する目的で、会社の従業員に向けたスピーチにも使えるでしょう。後者の激励のモジュールの場合、聴衆（従業員）はいま日本の会社で働いていること、日本人の考え方への理解をもってほしいということに、力点が置かれるかもしれません。

モジュールを書くときは、次の3点に留意しましょう。

1）ひとつのモジュールにはひとつのコンセプト

　ひとつのモジュールにふたつ以上のコンセプトを含めてはなりません。話がふたつの異なるコンセプトに分かれていくように思えたら、別々に書きましょう。それらはあとで、組み合わせて使うことも、単独で使うこともできます。

2）長さは気にしない

　モジュールは短くても長くてもかまいません。ひとつの逸話が完全に含まれてさえいれば、段落がひとつしかなくても問題ありません。

3）要点を強調しすぎないように

　話の要点やオチをいったん話し終えたら、それを繰り返したり、言葉を替えて言い直したりする必要はありません。あまりしつこく繰り返すと、聞き手は自分たちが鈍くて理解できずにいると思われているのではないかと感じ、しらけてしまうでしょう。

即興のスピーチ

即興のスピーチとは、予期していないときに急に依頼され、準備する時間のないスピーチです。ディナー・パーティーや宴会などで頼まれることが多く、指名されたらすぐに立ち上がってスピーチをしなければなりません。こんなとき、スピーチ・モジュールを作って覚えておけば、驚くほど役に立ちます。

即興のスピーチには、①乾杯の辞、②自己紹介、③イベントでのスピーチなどがあります。では、これらをひとつひとつ説明していきましょう。

■ 乾杯の辞

欧米では、乾杯の辞を依頼されることは、イベントのフォーマル度によって意味合いが異なります。フォーマルなディナーの場合、乾杯の辞を述べる人（toastmaster）はまず立ち上がり、ナイフかフォークでグラスを叩いてみなの注意を引き、それから乾杯の呼びかけをします。このとき、スピーチや自己紹介は必要ありません。乾杯の辞に続いて全員がそれを繰り返し、それで終わりです。乾杯はふつう、そのディナー・パーティーの開かれた目的に捧げられます。ですから、たとえば次のようなものになるでしょう。

- **Ladies and gentlemen. Would you please raise your glasses to the organization? The organization!**
  紳士淑女のみなさん、この会（組織）のためにグラスを掲げていただけますか。では、会のために！
  （全員が "The organization!" と繰り返し、自分のグラスから飲む）

このような場で、乾杯の辞を突然頼まれることはめったにありません。ふつう、公式の乾杯の辞を述べる人はあらかじめ指名されているか、その場にいる人々のなかで最も重要な人と決まっているからです。もしも依頼されることがあるとすれば、事前に知らされているはずですから、即興ではありません。そのときは、自分を招待してくれた人に、どのような乾杯の辞が望ましいのかを確認しておくといいでしょう。

もうひとつはインフォーマルな場での乾杯です。この場合は、その場の雰囲気から、どの程度のスピーチが適当かを判断しなければなりません。どんな場合であれ、乾杯の辞は短く切り上げることを忘れずに。あなたが話し終えない

かぎり、誰も飲んだり食べたりすることができないのですから。10分も話したら恨まれてしまいますよ。ふつうは、フォーマルな乾杯と同じような内容で十分でしょう。つまり、そのイベントの目的のために乾杯するのです。いくつか例をあげてみましょう。

[簡潔な乾杯の辞の例]

- Would you please raise your glasses to the success of this project? To the project!
  みなさん、このプロジェクトの成功を願って、グラスを掲げていただけますか。では、プロジェクトのために！
- I would like to propose a toast to Mr. Hardman and wish him health and prosperity in his retirement. To Mr. Hardman!
  ハードマンさんの退職後のご健康とご繁栄を祈って、乾杯したいと思います。ハードマンさんのために！
- I would like to raise my glass to Ms. Rolland and congratulate her on her promotion to executive director. To Ms. Rolland!
  ローランドさんのためにグラスを掲げ、常務取締役に昇進されたことを祝したいと思います。ローランドさんのために！

もしもあなたが出席者のなかで最年長なら、何か言い添えてほしいと期待する人もいるでしょう。そんなときは、スピーチが長くなりすぎないように注意して、たとえば次のように言ってみてはいかがでしょうか。

[ひとこと言い添えた乾杯の辞の例]

- Now that the project has officially been inaugurated, I have great hopes for the future of this company. I would like to extend my sincerest gratitude to all of the people involved in setting up the logistics, and inform them that I have full confidence in their achievements. Please raise your glasses to the success of the project. To the project!
  プロジェクトが公式に開始されたいま、わたしはこの会社の未来に大きな望みを抱いています。計画の詳細を準備してくださったすべての方々に心から感謝するとともに、この方々が成し遂げてくださったことに絶大な信頼を寄せていることを申し上げておきましょう。どうかこのプロジェクトの成功を祈って、グラスを掲げてください。では、プロジェクトのために！
- Mr. Hardman has worked for us for nearly thirty years, and

第2部　ジャンル別書き方のテクニック

his work has always been of the highest quality. We shall be very sorry to lose him, and I would like to take this opportunity to thank him sincerely and wish him health and prosperity in his retirement. Raise your glasses, please. To Mr. Hardman!

ハードマンさんはこの会社で30年近く勤務なさり、その仕事はいつも非常に質の高いものでした。もうここにいらっしゃらなくなるのだと思うと、残念でなりません。この機会に、ハードマンさんに心から感謝を捧げ、退職後のご健康とご繁栄をお祈りしたいと思います。みなさん、どうぞグラスを掲げて。では、ハードマンさんのために！

● Ms. Rolland has the distinction of being the youngest person ever to be elected to the board of directors. There is no doubt that she is fully equal to the challenge, and I look forward to working closely with her in the future. Will you please raise your glasses and congratulate her on her promotion to executive director. To Ms. Rolland!

ローランドさんは最年少で取締役会の一員に選ばれたという栄誉に浴しておられます。ローランドさんがこの使命にふさわしい活躍をしてくださることは間違いなく、これから緊密に連絡を取り合って働けることを楽しみにしています。どうかグラスを掲げ、ローランドさんの常務取締役への昇進を祝おうではありませんか。では、ローランドさんのために！

乾杯のスピーチの〈導入部〉〈本体〉〈結論部〉

　これらの乾杯用のコメントは内容がそれぞれ少し異なりますが、共通点があります。それは、文章の3要素、つまり〈導入部〉〈本体〉〈結論部〉が見られるという点です。

導入部

　〈導入部〉についてはまず、その乾杯はただパーティーの開始を告げているのではなく、パーティーの目的となっている事柄を祝うためなのだと告げる必要があります。もちろん出席者はみな、自分がそこに出席している理由を知っているわけですから、直接的ではなく間接的に、つまり、祝うべき事柄のある一側面だけを述べるようにします。それはたとえば次のようなものになるでしょう。

［切り出し方の例］

- Mr. Holsten has been the manager of this branch for thirteen years.
  ホルステンさんは13年間、この支店の支店長を務めてこられました。
- I have enjoyed working with you all for the past few years.
  この数年間、一緒に働かせていただいたことをうれしく思います。
- I never doubted that our new sales campaign would be successful.
  わたしは、わが社の今回の販売キャンペーンの成功を疑ったことは一度もありませんでした。
- I never dreamed how successful this project would be.
  わたしは、このプロジェクトがまさかこれほど成功するとは思ってもいませんでした。
- Saying goodbye to one's friends is not an easy thing to do.
  友人に別れを告げることは容易なことではありません。

本 体

乾杯は何かを祝うためのものですから、〈本体〉はイベントの主役に対して、賞賛、感謝、健康や繁栄の祈願、祝賀を述べることになります。それはたとえば次のような文になるでしょう（上記の〈導入部〉の文を受けた文であることに注意）。

［祈願・祝賀を述べる例］

- I would like to take this opportunity to thank him for all of the wonderful work he has done for us.
  この機会を借りて、彼がわたしたちのためにしてくださったすばらしい仕事のすべてに感謝したいと思います。
- I am sad to leave the company, but I would like to thank you all for all of the friendship you have given me.
  会社を離れるのはさびしいことですが、みなさんが与えてくださった友情に感謝したいと思います。
- Everybody involved in this success has my heartfelt gratitude.
  この成功に関わったすべての方々に心から感謝を捧げます。
- This success comes as a direct result of everybody's hard work.
  この成功はみなさんの努力の賜物です。
- But, I would like to thank you all for the wonderful memories you have given me.
  しかし、みなさんが与えてくださったすばらしい思い出のすべてに感謝したいと思います。

結論部

　常に、出席者全員にグラスを掲げるよう促すというパターンになっています。これはスピーチが終わったことを示すだけでなく、全員に実際の乾杯の準備をさせることになります。したがって、〈結論部〉はふたつの部分に分かれるわけです。前半は、「グラスを掲げて」という内容が含まれてさえいれば、ほかに何と組み合わせてもかまいません。

[グラスの準備をさせる例]

- **Please raise your glasses (to Mr. Holsten's success in the future.)**
  （ホルステンさんの将来のご成功を願って）どうぞグラスを掲げてください。
- **Raise your glasses, please.**
  どうかグラスを掲げてください。
- **Will you please raise your glasses and (sing your own congratulations.)**
  グラスを掲げて（お祝いを高らかに述べてください）。
- **So, if you will raise your glasses, (I would like to toast your wonderful efforts.)**
  さあ、グラスを掲げたら（あなた方のすばらしい努力をたたえて乾杯したいと思います）。
- **If you will please raise your glasses, (I would like to drink to meeting you all again in the future.)**
  グラスを掲げていただけましたか（それでは、将来の再会を願って乾杯をしたいと思います）。

　〈結論部〉の後半は、実際の乾杯です。乾杯の音頭に続いて、出席者全員が同じせりふを繰り返します。ふつうは次のような形になります。

[乾杯の音頭]

- **To Mr. Holsten!**
  ホルステンさんのために！（出席者全員：To Mr. Holsten!）
- **To friendship!**
  友情を祝して！（出席者全員：To friendship!）
- **Congratulations!**
  おめでとうございます！（出席者全員：Congratulations!）
- **To everybody!**
  みなさんのために！（出席者全員：To everybody!）
- **To the future!**
  未来を祝して！（出席者全員：To the future!）

■ 自己紹介

　自己紹介は即興のスピーチのなかでは最も簡単ですが、めったに行われません。欧米では、自分自身のことをあれこれ公の場で述べるよう依頼されることは、きわめて稀です。たとえ依頼されることがあったとしても、せいぜい自分の名前を述べる程度でしょう。たとえば、あなたが大きな会社の社員で、それまでに会ったことのないほかの部署の人たちとともに、ある委員会やプロジェクトの一員に選ばれたとします。そして最初のミーティングのとき、自己紹介するようにと言われたとしましょう。そんなときは次のように言うはずです。

[自己紹介の切り出し方の例]
- **Heather Montgomery.**
  ヘザー・モンゴメリーです。
- **Hi, Heather Montgomery.**
  こんにちは。ヘザー・モンゴメリーです。
- **Hi, everybody. Heather Montgomery from Quality Control.**
  みなさん、こんにちは。品質管理部のヘザー・モンゴメリーです。

　パーティーやその他のインフォーマルなイベントでも、同じことが言えます。ほかの人たちがすでに集まっているところにあとから加わるときは、ただ "Hi, I'm Heather." とだけ言い、それ以上の詳しいことは何も言わないのがふつうです。

　とはいえ、もしもあなたが日本の会社の社員で、海外の支店を訪問することになれば、朝礼や夕方、飲みに連れ出されたときなど、日本式に自己紹介を求められることもあるかもしれません。そのときは、日本語で自己紹介をする場合と同じにすればいいでしょう。その例を次にあげておきます。

[日本からのゲストとしての自己紹介例]
- **Good morning, everybody. My name is Hiroyuki Yamada, and I work for the head office in Tokyo. I joined the company immediately after graduating from university twelve years ago, and since then I have worked in the Sales Department and in the Personnel Department. I will only be staying in Atlanta for three days, and will be returning to Japan on Saturday. I look forward to seeing you around the office dur-**

ing that time. Thank you.

> みなさん、おはようございます。わたしはヒロユキ・ヤマダと申します。東京の本社で勤務しております。12年前、大学を卒業してすぐに入社し、それ以来、営業部と人事部で働いてきました。アトランタには3日間だけの滞在で、土曜日には日本に帰ります。この間、オフィスでみなさんにお目にかかれるのを楽しみにしています。よろしくお願いいたします。

- My name is Hiroyuki Yamada, and I am in Atlanta for a series of meetings for just three days. This is my first time in the United States, and I am enjoying it very much. I am thirty-four years old and work for the Personnel Department in the Tokyo head office. I am married and have a four-year old son. Thank you for inviting me out drinking tonight. I will try not to get too drunk.

> ヒロユキ・ヤマダと申します。3日間だけですが、会議に出席するためにアトランタに参りました。アメリカは今回が初めてなので、たいへん楽しんでいます。わたしは34歳で、東京本社の人事部におります。家族は妻と4歳の息子がいます。今晩は飲み会に誘ってくださり、ありがとうございました。あまり酔いすぎないように気をつけます。

■ イベントでのスピーチ

　パーティーなどの集まりでは、即興のスピーチを頼まれることがあるかもしれません。これは、乾杯の直後かイベントの半ば頃が多く、とくにそのイベントの主役となっている場合に指名されます。ふつうは出席者の誰かが「スピーチ」と騒ぎ出し、そのうちにほかの人たちも一緒になって、いつのまにか拍手されてしまう、というパターンでしょう。突然スポットライトを当てられると、ひるんでしまうかもしれませんが、あなたがスピーチを準備していないことは誰もが知っているのですし、深遠な道徳的メッセージを含む雄弁な長いスピーチなど誰も期待していません。こんなとき、もしもスピーチ・モジュールが頭に入っていれば、みなを驚かせ、楽しませることができるでしょう。もしそうでなければ、とにかくリラックスして、イベントの目的と関係あることで何か思い浮かぶことを話しましょう。

　自分と同じような立場の仲間たちを相手に即興のスピーチをするとき、上手に話せる人などほとんどいません。たいていはみな、驚くほど下手くそなのです。ですから、もしも〈導入部〉〈本体〉〈結論部〉という構成を意識して話せば、おそらく9割方のネイティブ・スピーカーよりいいスピーチができるのではないでしょうか。ネイティブ・スピーカーといえども、緊張すれば構成どこ

ろではなくなり、やみくもにとりとめのない話をするだけでしょうから。

導入部

　〈導入部〉はふつう、まずイベントの出席者に感謝を述べます。それから聴衆の誰かについて名指しでコメントするのは、よく使われる方法です。このとき、やんわりとその人をからかえば、聴衆はどっと笑ってくれるでしょう。からかう内容は、本当のことである必要はありません。聴衆を楽しませるちょっとしたギャグなのですから。たとえば、次の例を見てください。

[出席者への感謝＋聴衆のひとりを名指しでコメントする例]

- Well, first of all I'd like to thank you all for coming. I hope there is enough drink to go around. If there isn't, you'll probably find a few bottles of whisky in Mr. XXXXXX's desk.
  まず初めに、きょうはみなさんご出席くださってありがとうございます。飲み物は十分足りているでしょうね？　もし足りなければ、○○さんのデスクにウィスキーが何本かあるはずですよ。

- Thanks for coming everybody. I'm having a great time, as I'm sure all of you are. Except, of course, Mr. XXXXXX, who has already visited the toilet six times.
  みなさん、きょうはご出席くださってありがとうございます。おかげさまで楽しくやっています。きっとみなさんも楽しんでおられることでしょう。もちろん、○○さんを除いて、ですが。○○さんはもう6回もトイレに行っていますからね。

- I really don't know how to thank you all for this party. It really is the best party I have ever been to, with the exception of Mr. XXXXXX's birthday party when she danced naked on the table.
  このパーティーを開いてくださったみなさんに、なんとお礼を言っていいのかわかりません。これまでで最高のパーティーです。ただし、○○さんの誕生パーティーは別ですが。○○さんはあのとき、テーブルの上で裸踊りをしたのでしたね。

本体

　こうしてみなが笑っているうちに、〈本体〉で話す内容を考える時間が稼げます。インフォーマルな集まりでは、誰も長いスピーチは望んでいないことを、

くれぐれも思い出してください。ですから〈本体〉の途中で、"errrrr"と言いながら次に何を話すか考えるのはやめましょう。話すことがなくなったら、すぐに〈結論部〉に移ればいいのです。〈本体〉の例をいくつかあげておきましょう。

[例①：送別会で]
- As Mr. XXXXXX said earlier, I have worked at this branch for thirteen years, and I will be very sad to leave it. I have enjoyed working with you all and hate to say goodbye, but I think it is time for me to move on. My new company is located quite close by, so I hope you will sometimes contact me and invite me out for lunch.

   ○○さんが先ほどおっしゃったように、わたしはこの支店で13年間働いてきました。ここを離れればさぞさびしい気持ちになるでしょう。みなさんとともに働けたことは本当にすばらしい経験でしたので、お別れを言いたくはありません。しかし、どうやら次のステップに進むときが来たようです。今度の会社はごく近所ですから、ときには声をかけ、昼食に誘っていただければと思います。

[例②：表彰式で]
- It never occurred to me when I first started working at this company that I would be presented with the Salesman of the Year award one day. But, it seems, I have. I am sure there are other people here who deserve it more than me, but in the meantime, it's mine...!

   この会社で働きはじめたとき、自分がいつか年間の最優秀販売員賞を贈られるとは夢にも思いませんでした。でも、どうやらわたしが賞をいただいたようですね。わたしよりそれにふさわしい方がここにいらっしゃることは承知しておりますが、とりあえずはわたしがいただいておくことにします……！

[例③：プロジェクトが成功して]
- The work involved in making sure this project was a success was enormous, but I enjoyed every minute of it. Why? Because it gave me the opportunity to work with a wonderful group of people. That means everybody in this room! It was an honor to be the project leader, but it was even more of an honor to work with you all.

   このプロジェクトの成功を確実にするための労力は膨大なものでしたが、わたしはその毎分毎秒を楽しみました。なぜでしょうか。それは、すばらしい仲間たちと働くことができたからです。つまり、この部屋にいらっしゃるすべての方々です！　プロジェクト・リーダーを務めさせていただいて光栄でしたが、みなさんとともに働けたことは、それに勝る光栄です。

結論部

〈本体〉で言うことが尽きたときは、すぐに〈結論部〉に移りましょう。スピーチが短すぎると感じたときは、次のように述べてカバーすることができます。

[本体から結論部へ移る例]

- Well, I can't think of anything else to say, so I will end here.
  さて、ほかにもうお話しすることがないようなので、このへんで終わりにしましょう。
- That's about all I can think of saying at the moment, so I'll end here.
  思いつくことはこれでだいたいお話ししましたので、このへんで終わりにしましょう。
- Well, I'm sure you'd all prefer to drink than listen to me speak, so I'll end here.
  みなさん、わたしの話など聞くより飲むほうがいいに決まっていますよね。というわけで、このへんで話を終わりにさせていただきます。

そして最後の文に移ります。それは次のような文になるでしょう。

[最後の文の例]

- And so, I would like to thank you all again, and I hope to see you again in the near future.
  というわけで、最後にもう一度みなさんにお礼申し上げます。近いうちにまたお目にかかれることを願っています。
- Once again I would like to thank everybody for this wonderful award, and I assure you that aim to get it again next year.
  最後にもう一度、このすばらしい賞をいただきましたことについて、みなさんにお礼申し上げます。来年もまたこの賞を目指したいと思います。
- Thank you all once again, everybody, for your amazing effort throughout the course of the project. I hope we get the chance to work together again soon.
  最後にもう一度、プロジェクトのはじめからおわりまで驚くばかりの努力を尽くしてくださったみなさんに感謝を捧げます。近いうちにまた、一緒に仕事させていただけることを願っています。

即興のスピーチを頼まれたときに忘れてはならないこと——それは、みなの注目が向けられた瞬間から、何もかもあなたの思うままだということです。もしも長いスピーチにしたければ、あなたにはその権利があり、誰もそれを止め

ることができません。また、もしも短いスピーチにしたければ、たとえみなから長めのスピーチを期待されていると感じた場合でさえ、短くする権利があるのです。話し手がスピーチを終えたとき、話をもっと長くしろと誰かが突然言ったとしたら、それはひどく無礼なことですから、そんなことは決して起こらないでしょう。

　というわけで、とにかくリラックスして、〈導入部〉〈本体〉〈結論部〉のあるスピーチにするよう心がけましょう。"er"と言うのを避け、最後まで自信を持ってしっかりした声で話すことができれば、スピーチのあと、きっとみながやって来て「よかったよ」と声を掛けてくれるにちがいありません。

フォーマルなスピーチ

　フォーマルなスピーチは、即興のスピーチよりも事前に準備ができるのだから簡単ともいえるし、聞き手の要求度が高いので難しいともいえるでしょう。どちらの考え方をするにしろ、フォーマルなスピーチをすることは、そもそも自分にとって有利なのだということを思い出してください。聴衆はあなたに悪意を持っているわけではありませんし、あなたのスピーチ能力の品定めをしようとしているわけでもありません。できればあなたのスピーチから何かを学んだり、楽しんだりすることができればと思っているだけなのです。つまり、最初の段階から聴衆はあなたの味方なので、最後まで彼らを味方につけておくことさえできればいいのです。

　このためには、本章の冒頭（p.304）であげた4つの黄金律を思い出しましょう。もう一度、今度はさらに詳しくこの4つを説明します。

1) 短く簡潔に

　フォーマルなスピーチの場合、どのぐらいの長さにしてほしいと事前に知らされることが多いはずです。「数分」という曖昧な指示のこともあれば、3分、5分、10分というように具体的な数字があげられることもあるかもしれません。これより長くなると、それはもうスピーチではなく、講義やプレゼンテーションと見なされ、話の組み立て方などが少し違ってきます。長めのスピーチを依頼された場合、この「短く簡潔に」というルールが当てはまらなくなるように思うかもしれませんが、そんなことはありません。前述したように、スピーチとは小さな情報――わたしが「モジュール」と呼んでいるもの――をジグソーパズルのようにつなぎ合わせたものにすぎないのです。各モジュールを簡潔にまとめることは、聞き手の注意を引きつけておくうえで非常に大切です。聞き手はふつう、同じことを繰り返し話さなくても理解してくれるものです。あるメッセージを語り終えたら、すぐに次のメッセージに移るようにしましょう。

2) 聴衆を楽しませる

　イベントがどれほどフォーマルなものであっても、また、聴衆にお偉方が大勢いるとしても、スピーチに笑いの要素を含めることを忘れるわけにはいきません。ユーモアの効果は絶大です。ユーモアがあれば、多少難ありの内容だったとしても、聞き手は好印象を持ってくれるでしょう。スピーチのなかに自由自在に小さなジョークやおもしろいコメントを散りばめることができる人こ

そ、話の達人と見なされます。とはいえ、もちろん、やりすぎないようにしなくてはなりません。実質的な内容のないジョークだけのスピーチは、ジョークのない実質的な内容だけのスピーチと同じぐらい退屈です。また、これは一般的なスピーチだけに当てはまることも忘れずに。児童労働虐待、核の拡散、戦争など、深刻なテーマのスピーチでは、ユーモアやジョークは禁物です。

3) はっきりとした口調でゆっくり話す

　人前であがってしまうと、話し方のスピードがふつうの会話より速くなりがちです。早口になればなるほどつっかえやすくなるので、ますます緊張してしまう——まさに悪循環ですね。何を言っているのかわからないスピーチを10分間も聞かされることほど苦痛なことはありません。ですから、はっきりとした口調でゆっくり話すように心がけましょう。最初のうちはそのために努力が必要ですが、自分の声が最後列の聴衆にまできちんと伝わるよう意識し続けるうちに、いつのまにか緊張が解けていることに気づくでしょう。

4) "er"（えー、あのー）と言わないようにする

　"er" は罠のようなもの。一度使うと、だんだん増えはじめ、やがて文末ごとにつけるようになってしまいます。聴衆があなたのスピーチで覚えているのは "er" の回数だけ、などということにもなりかねません。同じぐらいの間隔をおいて繰り返される雑音は、いらだたしいものです。外から道路工事の機械音が一定間隔ごとに聞こえてくるなかで読書に集中しようとした経験があれば、わたしの言う意味がよくわかるでしょう。文と文のあいだは沈黙するほうが、"er" を挿入するよりずっと好ましいものです。"er" を避けるようにすれば、聴衆に無用の苦痛を与えずにすみ、スピーチに好印象を持ってもらえるでしょう。

■ スピーチを組み立てる

　スピーチの達人は原稿を一語一語読みあげることはしないと、わたしはこの章のなかですでに述べました。人前で話すとき、話し手はそれと気づかないうちに、聞き手とのあいだにある種の絆を築いているものです。そしてこの絆こそ、話し手に自信を与え、聞き手に共感を抱かせるのです。この絆はアイコンタクトによって生まれます。もしも原稿ばかり見ていたなら、聴衆と視線を合わせることができませんから、聴衆の共感を得ることもできません。わたし自身、この罠に陥って、悲惨な結果を招いたことがあります。

昔、イングランド北西部のある町で開かれた町長の就任披露晩餐会で、15分のスピーチを頼まれたときのこと。わたしは自分としてはとてもおもしろいと思うスピーチの原稿を書きあげ、演壇にあがると、字のぎっしり詰まった18枚の原稿を一語一語読みはじめました。ところが、1枚目の最下行にも達しないうちに膝が震えはじめ、重大な誤りを犯したことに気づきました。わたしは孤立していたのです。聴衆と視線を合わせる余裕がなく、彼らがスピーチを楽しんでいるのか、居眠りをしているのか、見当もつきません。わたしはますますあがってしまい、声は震え、冷や汗が額を伝って目に流れ込みました。そしてついに、入念に作った原稿を読みあげることさえ困難になってしまったのです。

　また、この恐怖を味わっているあいだに、おもしろいはずの逸話やジョークも、原稿で読みあげたのではおもしろくも何ともないことを発見しました。ユーモラスな逸話やジョークは、自然に口から出てきたように見えてこそ、聴衆に笑ってもらえるのです。原稿に書かれたジョークを読みあげるのでは、わざとらしく安っぽいものになってしまいます。また、わたしのスピーチをはっきり聞き取れたのは、演壇のすぐそばに座っていた人たちだけだったにちがいないということにも気づきました。それ以外の人たちは、冷や汗を流して震えている哀れな男が何かもごもご言っているのを見ながら、実に居心地の悪い15分間を過ごしていたのでしょう。原稿を読むために下ばかり見ていると、聴衆に声が届かなくなってしまうのです。

　わたしの次にスピーチをした人は、公の場で話すときの見事な手本を示してくれました。彼は上院議員で、堂々たる貫禄と自信が満ちあふれていました。演壇に立つと、落ち着いた様子で内ポケットから小さなカードの束を取り出し、いちばん上のカードを一瞥して、すばらしいスピーチを始めました。そのあいだずっと聴衆と視線を合わせつつ、こともなくジョークを言ってのけました。オチを言い終えると、聴衆の笑いが収まるまで間をあけ、その間を利用して手のなかのカードにちらりと目をやりました。彼が下を向いたまま話したことは、ただの一度もありませんでした。

　このような経験から、わたしは「原稿を読みあげないように」とみなさんに強くすすめます。途中でつまずかずに話し終える自信がないときは、もちろん原稿を書いてもかまいませんが、つっかえたときの助けにだけ使うのです。また、もしも原稿を書くことにした場合は、大きな文字（16ポイントぐらい）を使用し、ダブルスペース（1行おき）にするといいでしょう。ぎっしり文字の詰まった原稿からあるフレーズを探し出すことは、人前に立っているときにはとりわけ難しいものです。

スピーチの構成を考えるとき、〈導入部〉と〈結論部〉は状況に応じてその都度、言葉を考えなければなりませんが、〈本体〉はいくつかのスピーチ・モジュールをつなぎ合わせたものとなります。スピーチ・モジュールの準備がない場合も、このコンセプトに基づいてスピーチを組み立てるといいでしょう。つまり、話そうと考えていることを個条書きし、それからそのひとつひとつについて書いていくのです。

　スピーチ・モジュールについて説明する前に、まず〈導入部〉と〈結論部〉について見ていきましょう。

導入部

　スピーチの〈導入部〉は長い必要はありませんが、あなたが聴衆にどのように紹介されたかによって多少、語るべき内容が違ってきます。たとえば、もしもあなたに関して、名前、所属団体名、専門分野、過去の業績などを含む長めの紹介がなされた場合、〈導入部〉は次のようになるでしょう。

[例①：携わってきた仕事＋本日のテーマ]
- Thank you very much for that wonderful introduction. As Mr. XXXXXX mentioned, I have been involved in the field of XXXXXX for many years now, and today I would like to talk to you about XXXXXX.

   すばらしい紹介をありがとうございました。○○さんがおっしゃったように、私は長年○○に携わってまいりました。そこできょうはみなさんに○○についてお話ししたいと思います。

[例②：所属団体での役職＋本日のテーマ]
- Good afternoon (morning/evening,) ladies and gentlemen. As you have just heard, I am the director of XXXXXX, which is a non-profit organization working to eradicate poverty in the world. Today I would like to talk to you about XXXXXX.

   みなさん、こんにちは（おはようございます／こんばんは）。いまお聞きになったように、私は○○の理事長をしております。○○は世界の貧困をなくすための非営利団体で、きょうはみなさんに○○についてお話ししたいと思います。

[例③：司会者に対するお礼＋本日のテーマ]
- First of all I would like to thank Mr. XXXXXX for that very informative introduction. After such a wonderful build-up, I

just hope I can live up to your expectations today as I talk to you about XXXXXX.

> まず初めに、いろいろと情報の詰まった紹介をしてくださった○○さんにお礼を申し上げます。このようなすばらしい紹介のあとで、○○についてみなさんのご期待に沿うお話ができればと思います。

　一方、もしも紹介があなたの名前と肩書き程度なら、簡単な自己紹介も含めるといいでしょう。

[例 ④：携わってきた仕事＋最近の携わっている仕事＋本日のテーマ]
- Good afternoon, ladies and gentlemen. I have been working in the field of civil engineering for most of my life, and the most recent project I was involved in was the construction of the XXXXXXX Bridge over the River XXXXXX. The main topic of my speech today is XXXXXX.

  > みなさん、こんにちは。私は長年、土木の分野に携わってきました。最近では○○川の○○橋の建設に関わりました。本日のスピーチのテーマは○○です。

[例 ⑤：テーマについて話す資格がある理由＋本日のテーマ]
- Having been a musician for most of my life, I believe I have collected together enough experience to speak quite knowledgeably on the subject. What I would like to speak to you about today is XXXXXX.

  > わたしは人生の大半をミュージシャンとして過ごしてきましたので、この主題について十分にお話しできるだけの経験を積み重ねてきたと言えるのではないかと思います。きょう、みなさんにお話ししたいのは、○○についてです。

[例 ⑥：テーマについて話す不安な気持ちも述べる]
- When I was first asked to give today's speech, I was a little apprehensive. Although I have been involved in the field of psychology for most of my life, I am not sure if I am qualified to pass on my experiences to such an august gathering. However, I can assure you that I will give it my best shot.

  > 本日のスピーチを依頼されましたとき、私は少し不安になりました。長年、心理学に携わってきたものの、このような立派な方々の集まりで自分の経験をお話しするだけの資格があるかどうか、確信がありません。しかしながら、全力を尽くす所存でございます。

さらに、めったにないことではありますが、まったく紹介をされず、いきなり聴衆の前に立って話さなければならない場合もあります。そんなときは、自己紹介もしなければなりません。そして、自己紹介を終えてから、例①〜⑤のように、本日話すテーマを述べればいいのです。

[例⑦：自己紹介＋所属会社についての説明]
- Good afternoon, ladies and gentlemen. My name is XXXXX XXXXX and I run a small company developing computer software. Maybe some of you have heard of it. It is called XXXXXXX Inc., and we have gained quite a reputation for our word-processing software.

  みなさん、こんにちは。私は○○と申します。コンピュータのソフトウェア開発の小さな会社を経営しております。おそらくみなさんも耳にしたことがおありでしょう。○○という会社で、ワープロソフトに定評があります。

[例⑧：自己紹介＋本日のテーマ]
- My name is XXXXX XXXXX and I have been asked to speak to you today about XXXXXX owing to the experience I have built up over the years in the field of XXXXXX.

  私は○○と申します。本日は、○○の分野に長年携わってきた経験から、○○についてお話しするようにと依頼されました。

[例⑨：自己紹介＋本日のテーマ]
- My name is XXXXX XXXXX and I am a reporter for the Daily News. I often get the chance to travel to many different countries throughout the world, and today I would like to talk to you about XXXXXX.

  わたしは○○、「デイリー・ニューズ」の記者です。たびたび世界各地を訪問しております関係で、本日はみなさんに○○についてお話ししたいと思います。

"Good afternoon, ladies and gentlemen."（みなさん、こんにちは）という挨拶は、してもしなくても自由です。力強いスピーチにするために、ただちに話しはじめる人もいれば、聴衆との絆を築くため、にこやかに挨拶をしたいという人もいます。また、自分の会社や所属団体、専門分野などについてもっと説明する必要があると思うなら、〈導入部〉が上記の例より長くなってもかまいません。

結論部

　〈結論部〉は以下のように、ひとつかふたつのごく短い文でシンプルにまとめてもいいし、さらに情報をつけ加えたり広範囲の人々に感謝を述べたりしてもいいでしょう。

[例①：感謝の言葉で終える短い結び]

- And that concludes my talk for today. Thank you all for listening.

  本日の私の話はこれでおしまいです。ご清聴ありがとうございました。

[例②：感謝の言葉＋α]

- Thank you very much ladies and gentlemen. I really enjoyed speaking to you today, and I hope I get the chance to speak to you again in the future.

  みなさん、どうもありがとうございました。本日はおかげさまで楽しく話させていただきました。またいつかこのような機会がありますことを願っております。

[例③：質問を受けつける〈その1〉]

- And that brings me to the end of today's talk. If any of you have any questions, please don't hesitate to tap me on the shoulder and ask me at this evening's reception. I will be happy to answer any questions you may have.

  本日のお話はこれでおしまいです。ご質問がございましたら、今晩の懇親会で遠慮なく肩を叩いて声をかけてください。どんなご質問にも喜んでお答えします。

[例④：質問を受けつける〈その2〉]

- Thank you very much for listening to me today. I believe all of you have been handed press-packs containing more detailed information than I have been able to cover today. The press-packs also contain my contact information, so if you have any inquiries, please not hesitate to contact me.

  本日はご清聴ありがとうございました。みなさまには、きょう、私がお話しできたことより詳しい内容が書かれた広報資料が配布されていることと思います。資料には私の連絡先も記載されておりますので、ご質問などございましたら、どうか遠慮なくご連絡ください。

[例 ⑤：主催者、聴衆に対してていねいに謝意を述べる]

- And that is the end of today's talk. I would like to thank Mr. Halliday of the Organization of Freelance Journalists for inviting me to speak before you today, Ms. Freeman for her hard work in arranging this very successful conference, the management of the Hotel Grand for providing these extremely comfortable facilities, and our chief sponsor, the Daily News. I would also like to extend my deepest gratitude to all of you present today for attending this conference and listening so patiently to my speech. Thank you all.

本日の話は以上です。きょうこうしてみなさんの前で話すように招いてくださったフリーランス・ジャーナリスト協会のハリデイさんに感謝を申し上げます。また、この会議を成功させるべく尽力してくださったフリーマンさん、たいへん心地よい設備を提供してくださったホテル・グランドの経営者の方々、チーフ・スポンサーのデイリー・ニューズ社にお礼申し上げます。また、本日、この会議に出席して忍耐強くわたしの話をご清聴くださったみなさんにも、心から感謝を申し上げます。ありがとうございました。

さて、スピーチの〈導入部〉と〈結論部〉が決まったら、次は〈本体〉を考えなければなりません。〈本体〉の原稿の書き方に特別なルールはなく、内容はテーマや長さによってさまざまなので、ここで詳細な例をあげることはできませんが、本書の第1部で説明した書き方のルールを守り、各モジュールを簡潔にすることを心がければ、問題なく書けるでしょう。

■ スピーチにユーモアを取り入れる

先ほど書いたように、スピーチでは聴衆を楽しませなければなりません。とはいえ、スピーチの深刻度を見極め、それに応じてユーモアを取り入れる必要があります。たとえば、経験談や身近な話題の軽めのスピーチなら、ユーモアの効果が発揮されるでしょう。一方、たとえば世界の貧困や大量破壊兵器、地球温暖化などの深刻な話題なら、ユーモアは軽薄で場違いに聞こえるので、避けなければなりません。

ユーモアを取り入れる場合は、できるだけさり気なくやりましょう。お笑い芸人のようなあからさまなユーモアは、聴衆を当惑させるだけです。有名な引用や格言はユーモラスで気の利いた言葉の宝庫。ひとつの言葉でひとつのスピーチ・モジュールになり、あなたのコレクションに加えることができます。例をあげてみましょう。

[スピーチのなかのユーモアの例]

> Benjamin Disraeli once said, "When I want to read a novel, I write one." In my case, when I want to hear a speech, I give one.

【訳】
ベンジャミン・ディズレイリはあるとき言いました。「小説が読みたいとき、わたしは小説を書く」。わたしの場合、スピーチが聞きたいときは、自分がスピーチをします。

　このようなスピーチに直接関連した短い引用は、スピーチを始めるにあたって場の空気をなごやかにするのに最適なので、ふつうは〈導入部〉と最初のスピーチ・モジュールのあいだに置かれます。このような引用には、短いながらも3つの効果があります。
　1) その場に合った有名な言葉を引用することによって、博識さを聴衆に印象づける
　2) 聴衆がたぶん忘れてしまっている名言を思い出させる
　3) 引用した言葉から話を広げ、自分の状況と結びつけることによって、聴衆を楽しませる
このようなささやかな引用は、聴衆を笑いの渦に巻き込むというわけにはいきませんが、みなをほほえませ、しっかりあなたの味方につけるでしょう。

　多くの場合、有名な引用は自分を卑下するために使われます。つまり、話し手は公衆の面前で自分を笑い者にしているわけで、これが聴衆に受けるのです。この例をあげてみましょう。

[自分を卑下するために引用を使った例 ①]

> Wilson Mizner once said, "Be nice to people on your way up because you'll meet them on your way down." My life up until now has been such that I am currently meeting them all for the fourth time.

【訳】
ウィルソン・ミズナーはあるとき言いました。「上り坂のときは人々に親切にせよ。なぜなら下り坂で彼らに再会するからだ」。わたしの人生はこれまでこの言葉のとおりでした。そしていま、彼らに会うのは4回目です。

[自分を卑下するために引用を使った例 ②]

> Gore Vidal once said, "It is not enough to succeed. Others must fail." Today, ladies and gentlemen, you are looking at one of the "others."

【訳】
ゴア・ヴィダルはあるとき言いました。「成功するだけでは十分ではない。ほかの者たちは失敗しなければならない」。みなさんはきょう、「ほかの者たち」のひとりを目にしているわけです。

[自分を卑下するために引用を使った例 ③]

> There is a saying that states, "History repeats itself. Historians repeat each other." Well, the same is true of speeches and speakers, so I hope you are not expecting to hear anything new today.

【訳】
「歴史は繰り返す。そして歴史家は互いの言うことを繰り返す」という格言があります。そう、スピーチと話し手についても同じことが言えますね。ですから、みなさんがきょう、新しい話が聞けると期待なさってはいないことを願っています。

　このようにして使える引用はたくさんあり、ここにすべてを載せることはできません。しかし、有名な引用を集めた本もたくさん出版されていますから、どれか1冊買っておくと重宝するでしょう。どの本にするか迷うかもしれませんが、ユーモラスな引用を集めた本を探せば、真面目な引用ばかりの本よりスピーチに役立てやすいはずです。

諺もまた、スピーチに使える言葉の宝庫です。ただし、ネイティブ・スピーカーのあいだではすでに使い古されているため、誰もが知っているような諺にユーモラスなコメントをつけるのは難しいという問題があります。そこで、代わりに日本の諺を英語に訳して使ってみてはいかがでしょうか。日本の文化を海外の聴衆に紹介することになるうえ、ユニークな素材が豊富にあります。もしも次のように話しはじめれば、きっと聴衆の注意を引きつけることができるでしょう。

[日本の諺を英語で紹介するときの切り出し方の例]

- **There is a proverb in Japan that states...**
  日本には……という諺があります。
- **We have a proverb in Japan that says...**
  日本には……という諺があります。
- **There is an old Japanese proverb that states...**
  日本の古い諺に……というものがあります。

例をあげてみましょう。

日本の諺例 ①：「教えることは学ぶこと」

> We have a proverb in Japan that states, "To teach is to learn," so you will be pleased to know that I will also benefit from my speech today.

【訳】
日本には「教えることは学ぶこと」という諺があります。したがって、きょうのわたしのスピーチから、わたし自身も益することがあるとわかれば、みなさんも喜んでくださるでしょう。

日本の諺例 ②：「虎穴に入らずんば虎子を得ず」

> Please excuse me if my nervousness makes my voice quaver. There is a proverb in Japan that states, "To obtain a tiger's cubs you must enter the tiger's den," but at the moment I am feeling as if I have been foolish enough to enter a tiger's den that contains no cubs.

【訳】
緊張のあまりわたしの声が震えているとしたら、どうかお許しください。日本には「虎穴に入らずんば虎子を得ず」という諺があります。しかし、わたしはいま、愚かにも虎子のいない虎穴に入ったかのような気分です。

日本のキャッチコピー例：「亭主元気で留守がいい」

> There is a saying in Japan that states, "A good husband is healthy and absent." Well, as you can see I am healthy, and as I am also absent from home today, I stand before you as the perfect example of a good husband.

【訳】
日本で昔流行した言葉に「亭主元気で留守がいい」というものがあります。ご覧のとおりわたしは元気ですし、きょうは家を留守にしているのですから、わたしはよき夫の手本としてみなさんの前に立っているわけです。

　スピーチに引用や諺を使うときは、ひとつのスピーチにひとつだけ使うようにしましょう。引用や諺は使いすぎるとワンパターンになりがちで、中心となるメッセージの価値を損ねてしまうからです。ユーモアは聴衆を味方につけるための手段にすぎないことを忘れずに。スピーチの主要素になったりしないように、ときどき使うだけにしましょう。

Writing Business Presentations

7 ビジネス・プレゼンテーションの原稿の書き方

　ここではビジネス・プレゼンテーションについて解説していきますが、この章を読む前に、前章「スピーチの書き方」(*p.*304～)をぜひ読むようにしてください。この章では省略した公の場での話し方の基本と、あとで触れるスピーチ・モジュールの作り方の説明について、前章に書いておいたからです。

　ビジネス・プレゼンテーションとスピーチは非常によく似ていますが、プレゼンテーションでは用いる語を慎重に選ばなければなりませんし、ユーモアはほどほどにしなければなりません。また、スピーチの場合以上に、聴衆とのアイコンタクトが欠かせません。プレゼンテーションで聴衆の前に立つとき、あなたはセールスマンの役割を演じているのです。ですから、聴衆のひとりひとりに直接話しかけているかのようにふるまわなければなりません。

　プレゼンテーションを念入りに計画することは非常に大切です。スピーチなら自分の話したいことを話す自由がありますが、プレゼンテーションでは、聴衆が聞きたがっていることを話さなければならないのです。つまり、与えられた時間を最大限に活用して、彼らが知りたいと思っている情報を提供しなければなりません。また、あまり多くの情報を詰め込みすぎるのも禁物です。プレゼンテーションが終わったとき、いったい何が要点だったのかと聴衆がとまどってしまいますから。プレゼンテーションの計画を立てるにあたっての詳細をこれから説明していきます。

プレゼンテーションの計画を立てる

　プレゼンテーションの計画を立てる前に、あなたはどのような聴衆に向かって話すのかを見極める必要があります。製品のメンテナンスを担当することになる人たちに向かって、ランニングコストを詳しく説明しても意味がありませんし、その製品の使用によって生産性がどれだけ向上するかに興味を持っている部長さんたちに向かって、技術的なことを詳しく説明しても意味がありません。

　聴衆について事前に調べておくべき情報は次の点です。

1) プレゼンテーションのテーマに対する聴衆の関心の度合

　聴衆となる人たちは、これから説明する製品についてどのぐらい知っているのか？　彼らがプレゼンテーションに参加するのは、すでにその商品に関心を持っているからか、それとも、将来、役立つこともあるかもしれないという程度の関心か？　プレゼンテーションは、彼らの関心をさらに強めるために行うのか、それとも、関心を持ってもらうために行うのか？　彼らは製品に好感を持ちそうか、否定的か、あるいはその中間か？

2) 聴衆の属性

　聴衆はどのような人たちで構成されるのか？　あなたと同じぐらいの年齢か、それとも年長、年少、さまざまな年齢層の混合か？　彼らは会社でどのような地位についているのか？　決定権を持っているのか？　彼らは製品のどのような側面に最も関心を持つのだろうか？　技術面か、操作のしやすさか、サイズや経済性か、生産性か、維持費か？　彼らの国籍は？　英語のネイティブ・スピーカーか、ノン・ネイティブ・スピーカーか？　もしも後者だとすれば、その英語のレベルは？

3) 聴衆がプレゼンテーションに期待しているもの

　聴衆はこのプレゼンテーションから何を得たいと期待しているのか？　一般的な情報か、関心を深めることか、購入するかどうかの判断か？

4) プレゼンテーションを行う場所の規模と席の配置

　聴衆は何人くらいか？　5人か500人か？　聴衆の席はどのような配置になっているのか？　全員の席が前を向いているのか、それともテーブルを囲んで座る形か？　オーバーヘッド・プロジェクターやビデオ画像など、視覚補助資料を用いることにした場合、全員にスクリーンがよく見えるだろうか？　聴衆が多い場合、拡声装置なしでも声が後ろまで届くだろうか？

これらのほとんどは、自社主催のプレゼンテーションや特定の目的で招かれた場合には、簡単に知ることができますが、通商会議やセミナーの場合は、主催者にeメールなどで問い合わせれば、必要な情報を知らせてくれるでしょう。

前ページの情報をしっかり頭に入れたら、プレゼンテーションの計画を立てはじめましょう。まず必要なのは、プレゼンテーションの目的を紙に書き出すことです。ごく短くてかまいませんが、以下のように客観性のある内容にしましょう。

- To introduce a group of potential corporate purchasers (managers) to the overall advantages of installing our security system.
  企業の管理職（部長たち）に、わが社のセキュリティ・システム設置の利点全般について紹介

- To emphasize that the features included in our HDD player cater fully to customer requirements to a non-technical audience (shop keepers and distributors.)
  わが社のHDDプレーヤーの特徴が顧客の要求に十分応えるものであることを、専門的知識のない聴衆（小売店主と卸売業者）に強調

- To explain the new features included in the software upgrade to a technical audience with decision-making power.
  ソフトウェアのアップグレードに含まれる新しい特徴を、決定権を持った専門的知識のある聴衆に説明

次に、プレゼンテーションで伝えたい内容の要点を、個条書きにします。情報の詰め込みすぎは、メッセージ全体の主目的をわかりづらくしてしまうので注意してください。ふつう、要点はふたつから6つぐらいですが、少ないほど望ましいといえるでしょう。とはいえ、この要点はさらに細分化されます。たとえば、上記のひとつめの例の要点がSecurity Features（セキュリティの特徴）、Installation & Maintenance（設置とメンテナンス）、Running Costs（ランニングコスト）だとすれば、それらをさらに3つ（またはそれ以上。ただし、多すぎないように）に分けることができます。

Objective: To introduce a group of potential corporate purchasers (managers) to the overall advantages of installing our security system. 目的：企業の管理職（部長たち）に、わが社のセキュリティ・システム設置の利点全般について紹介	
Security Features セキュリティの特徴	■ 24-hour surveillance cameras　24時間監視カメラ ■ Automatic movement sensors　自動動作感知器 ■ Alarm system linked directly to the Control Center　コントロール・センターに直結した警報システム
Installation & Maintenance 設置とメンテナンス	■ Installed and linked-up in 2 days　2日で設置と接続 ■ Includes automatic diagnostic software　自動診断ソフトウェア ■ Maintenance checks carried out once per month　1カ月に1度の点検
Running Costs ランニングコスト	■ One-time installation fee　設置費用1回払い ■ Monthly fee　月額料金 ■ Monthly fee includes full insurance coverage　月額料金は保険料込み

■ プレゼンテーションの構成

　プレゼンテーションで話す内容の構成は、スピーチの書き方と手紙の書き方を混ぜ合わせたようなものです。
　〈導入部〉〈本体〉〈結論部〉の3部から成るようにし、〈導入部〉と〈結論部〉を力強いものにするよう心がけなければなりません。力のこもった〈導入部〉は冒頭から聴衆を引きつけ、力のこもった〈結論部〉はプレゼンテーションが終わったあと、聴衆に何かを考えさせます。〈結論部〉は手紙と同じように、それまでに話したことをまとめ、聴衆の注意をもう一度そこに向けることにも使われます。

導入部

〈導入部〉は基本的に、聴衆への挨拶、自分の信用証明、プレゼンテーションの内容の説明、聴衆の注意を集めるための言葉の4部に分けられます。挨拶はふつう、以下のように聴衆が出席してくれたことに感謝を述べるだけの簡単なものです。

[聴衆への挨拶でスピーチを切り出す例]

- Good morning (afternoon/evening,) ladies and gentlemen. Thank you for coming today.
  みなさん、おはようございます（こんにちは／こんばんは）。きょうはご出席いただきありがとうございます。

- It's nice to see so many people in the audience. Thank you all for coming.
  大勢お集まりいただき、うれしく思います。みなさん、ご出席ありがとうございます。

- Hi, everybody. It is nice to see such a good turnout for my presentation today. Thank you all for coming.
  みなさん、こんにちは。こんなにたくさん集まってくださったとは、うれしいですね。ご出席ありがとうございます。

「自分の信用証明を述べる」とは、基本的に、自分がこのプレゼンテーションをするにふさわしい者であることを聴衆に伝える短い自己紹介です。人々はある事柄に熟知した人の話なら熱心に聞こうとする傾向がありますから、自分が（たとえそうでなくても）その事柄の権威者らしく話す必要があります。いくつか例をあげておきましょう。

[自分の信用証明を述べる例]

- I am Peter Williams, and I have headed ABC Corp's investment and marketing division for the past seven years.
  わたしはピーター・ウィリアムズと申します。この7年間、ABCコーポレーションで投資・マーケティング部の部長を務めてきました。

- I am Peter Williams, and I am in charge of software development at ABC Corp.
  ピーター・ウィリアムズと申します。ABCコーポレーションのソフトウェア開発に携わっております。

- My name is Peter Williams, and I am the chief technical advisor for ABC Corp's security division.
  ピーター・ウィリアムズと申します。ABCコーポレーション警備部門のチーフ・テクニカル・アドバイザーです。

- I am Peter Williams, the director of research and development at ABC Corp.
  ピーター・ウィリアムズと申します。ABCコーポレーションのリサーチ・開発部門の責任者を務めています。
- My name is Peter Williams, and I have been in charge of the development of this software from the very beginning.
  ピーター・ウィリアムズと申します。このソフトウェアの開発に当初から携わってまいりました。

〈導入部〉の次の部分は、プレゼンテーションの主目的を手短に述べるのに使われます。詳細の説明は必要なく、ごく簡単な概要だけで十分です。

[プレゼンテーションの目的を述べる例]
- I want to speak to you today about the huge opportunities available for expanding into China's IT market.
  本日は、中国のIT市場に事業拡大するための大きなチャンスについて、みなさんにお話ししたいと思います。
- Today's presentation will concentrate on the main features of our newly-developed system diagnostics software.
  きょうのプレゼンテーションでは、私どもがこのたび開発したシステム診断ソフトウェアのおもな特徴を中心にご説明いたします。
- Today I will explain everything you need to know about the advantages of subscribing to our security network.
  本日は、私どものセキュリティ・ネットワークにお申込みいただく利点について、みなさんがお知りになりたいことを何でもご説明いたします。
- Today I will be introducing you to our new HDD recorder, which has been designed with the user in mind.
  本日は、ユーザーを念頭において作られた弊社の新型HDDレコーダーを、みなさんにご紹介いたします。
- During the course of today's presentation I will be explaining why our accounting software is the most popular product on the market.
  きょうのプレゼンテーションでは、私どもの財務会計ソフトがなぜ市場で最大の売れ筋商品となったのかを説明していきたいと思います。

〈導入部〉の最後は、ごく少ない言葉で聴衆の注意を引きつけるのに使われます。つまり、〈本体〉と関連したひとつの情報を、できるだけセンセーショナルに述べるのです。このための最も一般的な方法は、聴衆に質問を投げかけてみることでしょう。もちろん、答えが返ってくるわけではないでしょうが、

聴衆のなかにはうなずく人や、「なるほど」というような顔をしている人がきっといるはずです。以下はこのような質問の例です。

[質問を投げかけて導入部から**本体**へ移行する例]

- Did you know that China's IT market is the fastest-growing in the entire world?
  中国のIT市場は世界で最も急成長していることを、みなさんはご存じでしたか。
- Did you know that twenty billion dollars were lost through computer glitches last year?
  昨年1年間で、コンピュータの故障のために200億ドルが無駄になったことをご存じでしたか。
- Did you know that one out of every five companies located in the city experienced some sort of security breach in the past year?
  過去1年間に、市内の会社の5社に1社が、何らかの形でセキュリティを侵害された経験を持つことをご存じでしたか。
- Did you know that sixty percent of the general public doesn't know how to program a HDD recorder to record a program?
  一般人の60%がHDDレコーダーでの録画の仕方を知らないことを、みなさんはご存じでしたか。
- Did you know that eight percent of the revenue earned by small- to medium-sized companies is spent on accountants to correlate it?
  中小企業の収益の8%は、会計士がそのつじつまを合わせるために費やされていることをご存じでしたか。

〈本体〉の最初の情報を導き出すもうひとつの方法として、「質問＋答え」の形で述べる方法がよく用いられます。まず質問を投げかけ、すぐに自分で答えるのです。答えを言うときはできるだけ短く、そして大げさに人差し指を突き出せば効果絶大でしょう。たとえば上記の例を「質問＋答え」の形にすると、次のようになります。

[「質問＋答え」で導入部から**本体**へ移行する例]

- Do you know what the fastest-growing market in the entire world is? That's right, it's China!
  世界で最も急成長しているのはどこの市場かご存じですか。そう、中国です！
- Do you know how much money was lost through computer glitches last year? Twenty billion dollars!
  コンピュータの故障のために、昨年はいったいいくらのお金が無駄になったか知っていますか。なんと、200億ドルです！

- Do you know how many companies located in the city experienced some sort of security breach in the past year? One out of every five!
  過去1年間に市内の会社のどれだけが、何らかのセキュリティ侵害を経験したかご存じですか。5社に1社です！
- Do you know the percentage of the general public that doesn't know how to program a HDD recorder to record a program? Sixty percent!
  一般人の何パーセントがHDDレコーダーでの録画の仕方を知らないか、ご存じですか。60％です！
- Do you know how much of the revenue earned by small- to medium-sized companies is spent on accountants to correlate it? Eight percent!
  中小企業の収益のどれだけが、会計士がそのつじつまを合わせるために費やされているかご存じですか。8％です！

このような質問には、次のような前置きをつけてもいいでしょう。

[質問に前置きをつける例]
- Let me start of today's talk by asking you a question.
  まず質問からきょうの話を始めましょう。
- Before we start, however, let me ask you a question.
  しかしながら、話を始める前にまず質問をさせてください。
- Before we go any further, I wonder if you know the answer to the following question.
  先に進む前に、みなさんは次のような質問に答えられるでしょうか。

　これで〈導入部〉はおしまいです。短いけれども、プレゼンテーションが始まる前に聴衆が知りたいような情報はみな含まれています。長くてまわりくどい〈導入部〉は避けるようにしましょう。「これは退屈なプレゼンテーションになりそうだ」と、最初から聞く気を失わせてしまいますから。これまでにあげた例文を組み合わせていくつかのモジュールにすると、次のようになります。

[プレゼンテーション導入部のモジュール例 ①]

> Good morning, ladies and gentlemen. Thank you for coming today. I am Peter Williams, and I have headed ABC Corp's investment and marketing division for the past seven years. I want to speak to you today about the huge opportunities available for expanding into China's IT market. Let me start off today's talk by asking you a question. Do you know what the fastest-growing market in the entire world is? That's right, it's China!

【訳】
みなさん、おはようございます。きょうはご出席いただきありがとうございます。わたしはピーター・ウィリアムズと申します。この7年間、ABCコーポレーションで投資・マーケティング部の部長を務めてきました。本日は、中国のIT市場に向けて事業拡大するための大きなチャンスについて、みなさんにお話ししたいと思います。ではまず、質問からきょうの話を始めましょう。世界で最も急成長しているのはどこの市場かご存じですか。そう、中国です！

[プレゼンテーション導入部のモジュール例 ②]

> It's nice to see so many people in the audience. Thank you all for coming. I am Peter Williams, and I am in charge of software development at ABC Corp. Today's presentation will concentrate on the main features of our newly-developed system diagnostics software. Did you know that twenty billion dollars were lost through computer glitches last year?

【訳】
大勢お集まりいただき、うれしく思います。みなさん、ご出席ありがとうございます。わたしはピーター・ウィリアムズと申します。ABCコーポレーションのソフトウェア開発に携わっております。きょうのプレゼンテーションでは、私どもがこのたび開発したシステム診断ソフトウェアのおもな特徴を中心にご説明いたします。昨年1年間で、コンピュータの故障のために200億ドルが無駄になったことをご存じでしたか。

第2部　ジャンル別書き方のテクニック

[プレゼンテーション導入部のモジュール例 ③]

> Hi, everybody. It is nice to see such a good turnout for my presentation today. Thank you all for coming. My name is Peter Williams, and I am the chief technical advisor for ABC Corp's security division. Today I will explain everything you need to know about the advantages of subscribing to our security network. Do you know how many companies located in the city experienced some sort of security breach in the past year? One out of every five!

【訳】
みなさん、こんにちは。こんなにたくさん集まってくださったとは、うれしいですね。ご出席くださってありがとうございます。わたしはピーター・ウィリアムズと申します。ABCコーポレーション警備部門のチーフ・テクニカル・アドバイザーです。本日は、私どものセキュリティ・ネットワークにお申込みいただく利点について、みなさんがお知りになりたいことを何でもご説明いたします。過去1年間に市内の会社のどれだけが、何らかのセキュリティ侵害を経験したかご存じですか。5社に1社です！

[プレゼンテーション導入部のモジュール例 ④]

> Good afternoon, ladies and gentlemen. Thank you for coming today. I am Peter Williams, the director of research and development at ABC Corp. Today I will be introducing you to our new HDD recorder, which has been designed with the user in mind. Before we go any further, I wonder if you know the answer to the following question. Do you know the percentage of the general public that doesn't know how to program a HDD recorder to record a program? Sixty percent!

【訳】
みなさん、こんにちは。きょうはご出席いただきありがとうございます。わたしはピーター・ウィリアムズと申します。ABCコーポレーションのリサーチ・開発部門の責任者を務めています。本日は、ユーザーを念頭においてつくられた弊社の新型HDDレコーダーを、みなさんにご紹介いたします。話を先に進める前に、みなさんは次のような質問に答えられるでしょうか。一般人の何パーセントがHDDレコーダーでの録画の仕方を知らないか、ご存じですか。60％です！

[プレゼンテーション導入部のモジュール例 ⑤]

> It's nice to see so many people in the audience. Thank you all for coming. My name is Peter Williams, and I have been in charge of the development of this software from the very beginning. During the course of today's presentation I will be explaining why our accounting software is the most popular product on the market. Before we start, however, let me ask you a question. Did you know that eight percent of the revenue earned by small- to medium-sized companies is spent on accountants to correlate it?

【訳】
大勢お集まりいただき、うれしく思います。みなさん、ご出席ありがとうございます。ピーター・ウィリアムズと申します。このソフトウェアの開発に当初から携わってまいりました。きょうのプレゼンテーションでは、私どもの財務会計ソフトがなぜ市場で最大の売れ筋商品となったのかを説明していきたいと思います。しかしながら、話を始める前に、ひとつ質問をさせてください。中小企業の収益の8％は、会計士がそのつじつまを合わせるために費やされていることをご存じでしたか。

本 体

〈本体〉を組み立てるとき、どのような順に話を進めるかを決めなければなりません。話の進め方にはおもに4つの型があり、伝えようとしている情報を聴衆に最もわかりやすく伝えることができるのはどの型なのか、検討する必要があります。では、この4つの型を説明しましょう。

1) 一般的な情報から特殊な情報へ

この型では、製品の全体的な説明をしてから、個々の機能の説明に移り、最後は利用についての詳細を述べます。以下はその例です。

Advantages of installing a security system
セキュリティ・システム設置の利点

⬇

Details on each available function
各機能の詳細
(24-hour surveillance cameras)
(24時間監視カメラ)
(Automatic movement sensors)
(自動動作感知器)
(Alarm system linked directly to the Control Center)
(コントロール・センターに直結した警報システム)
(Automatic diagnostic software)
(自動診断ソフトウェア)
(Monthly maintenance)
(月ごとのメンテナンス)

⬇

End product and expected results
完成品と期待される結果
(Inexpensive running costs)
(安いランニングコスト)
(Improved security)
(安全性の強化)
(Peace of mind)
(安心感)

2) 重要度の低い情報から高い情報へ

　この型では、重要度の低い情報から始めて、最後に最も重要な情報が来るようにします。

```
┌─────────────────────────────────────────┐
│      End product and expected results    │
│           完成品と期待される結果          │
│        (Inexpensive running costs)       │
│          （安いランニングコスト）         │
│           (Improved security)            │
│            （安全性の強化）               │
│            (Peace of mind)               │
│              （安心感）                   │
└─────────────────────────────────────────┘
                    ⬇
┌─────────────────────────────────────────┐
│   Advantages of installing a security system   │
│         セキュリティ・システム設置の利点        │
└─────────────────────────────────────────┘
                    ⬇
┌─────────────────────────────────────────┐
│       Details on each available function         │
│              各機能の詳細                        │
│        (24-hour surveillance cameras)            │
│            （24時間監視カメラ）                  │
│        (Automatic movement sensors)              │
│            （自動動作感知器）                    │
│  (Alarm system linked directly to the Control Center)  │
│       （コントロール・センターに直結した警報システム）  │
│        (Automatic diagnostic software)           │
│            （自動診断ソフトウェア）              │
│           (Monthly maintenance)                  │
│            （月ごとのメンテナンス）              │
└─────────────────────────────────────────┘
```

3) 時間的順序

　この型では時間的順序に沿って話を進めます。つまり、この場合なら設置から始めて、期待される効果を最後に述べることになります。

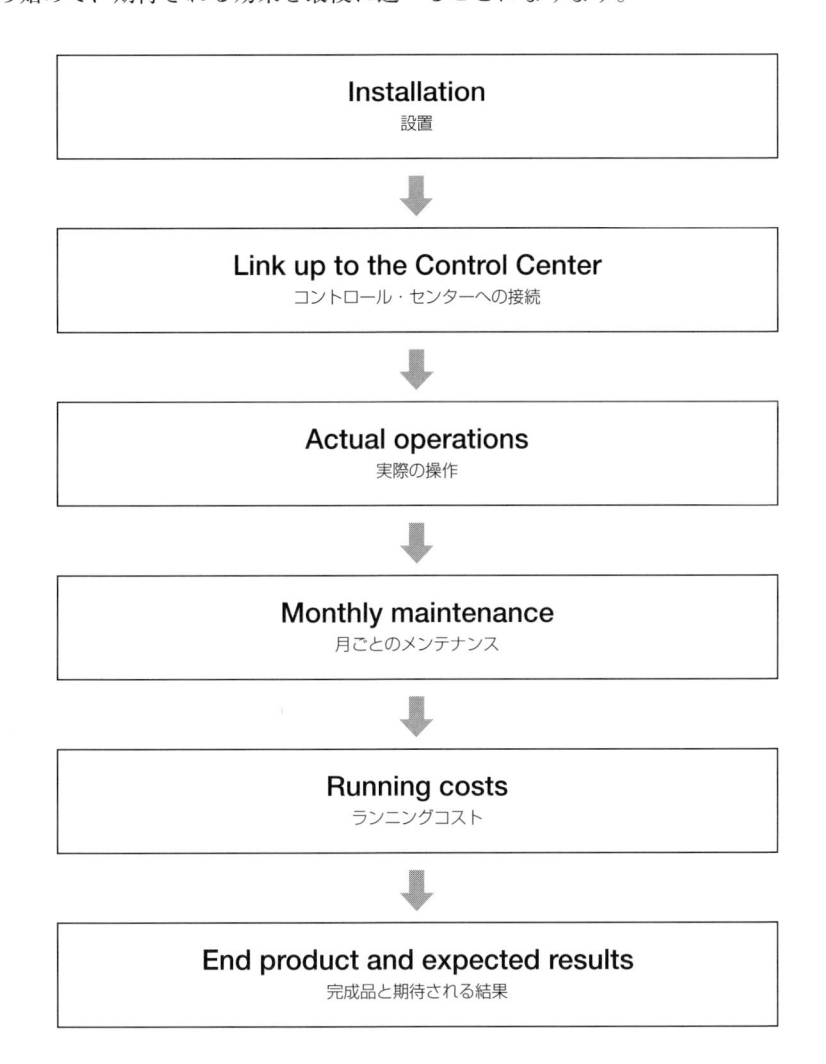

```
┌─────────────────────────────────────────┐
│            Installation                 │
│               設置                       │
└─────────────────────────────────────────┘
                    ⬇
┌─────────────────────────────────────────┐
│     Link up to the Control Center       │
│       コントロール・センターへの接続        │
└─────────────────────────────────────────┘
                    ⬇
┌─────────────────────────────────────────┐
│           Actual operations             │
│             実際の操作                    │
└─────────────────────────────────────────┘
                    ⬇
┌─────────────────────────────────────────┐
│          Monthly maintenance            │
│           月ごとのメンテナンス              │
└─────────────────────────────────────────┘
                    ⬇
┌─────────────────────────────────────────┐
│            Running costs                │
│           ランニングコスト                 │
└─────────────────────────────────────────┘
                    ⬇
┌─────────────────────────────────────────┐
│   End product and expected results      │
│       完成品と期待される結果               │
└─────────────────────────────────────────┘
```

4) 問題と解決策

問題を提示したあとでその解決策を説明するという話の進め方です。

```
┌─────────────────────────────────────────┐
│        Problem: Increased crime         │
│            問題：犯罪の増加              │
└─────────────────────────────────────────┘
                    ↓
┌─────────────────────────────────────────┐
│   Solution: Installing a security system│
│      解決策：セキュリティ・システムの設置 │
│    (Details on each available function) │
│             （各機能の詳細）             │
│    (End product and expected results)   │
│          （完成品と期待される結果）       │
└─────────────────────────────────────────┘
```

　どの型を用いても、含まれる情報は基本的に同じであり、順序が異なるだけです。原稿を書く段階になってもどの順序が適当かわからないときは、それぞれの要素をモジュールとして書き出しておき、あとで適当と思われる順に並べ替えるといいでしょう。各情報をモジュールの形で書き、それからモジュールごとにキューカードを作っておけば、プレゼンテーションをするときにたいへん役立ちます。ひとつの情報ごとにひとつのモジュールを作り、〈導入部〉〈本体〉〈結論部〉の形で書きます。キューカードには、プレゼンテーションをするときにモジュールの内容を思い出させてくれる一連のキーワードを書いておきます。つまりキューカードはモジュールの代用品であり、モジュールを一語一語読まなくてもいいようにするためのものなのです。

　スピーチ・モジュールの書き方については、前章「スピーチの書き方」ですでに説明しましたので、ここには詳しく書きませんが、プレゼンテーションでモジュールを用いることには次の利点があります。

① プレゼンテーション全体について気にせずに、個々の情報を書くことに集中できます。
② ひとつの長いスピーチを覚えるより、短いスピーチをいくつか覚えるほうが簡単です。なかなかうまくいかない部分を練習するときも、スピーチ全体を練習するより、そのモジュールだけを練習するほうがず

っと楽でしょう。
③ モジュールは自由に並べ替えることができます。プレゼンテーションの最中でも、聴衆があることに特別関心を示したなら、話す順番を変えることができるでしょう。

　プレゼンテーションに用いる語彙は、もちろんあなたが選ぶわけですが、話の内容をあなたが完全に掌握しているという印象を聴衆に与えるテクニックがあります。このテクニックをモジュールに盛り込んでおき、プレゼンテーションの適所で用いれば、スピーチはよりインパクトのあるものになるでしょう。
　このテクニックをいくつかの例文とともにあげておきます。

■ プレゼンテーションのテクニック

(1) ひとつの情報から次の情報へ

　プレゼンテーションは、スピーディーなテンポで進めることが大切です。ひとつの情報を説明したら、すぐ次の情報に移りましょう。すでに話したことをしつこく繰り返す必要はありません。ある情報から次の情報に移るときのフレーズには、次のようなものがあります。

---

moving onto… / Right (Okay), let's now turn our attention to… / Right (Okay), let's now discuss… / Right (Okay), let's move onto…

［表現例］
- *Moving onto* system integration, this should be possible sometime in the autumn.
  システム・インテグレーションに話題を移しますが、これは秋に実現されます。
- *Right, let's now turn our attention to* licensing conditions.
  さて、次はライセンスの条件に移りましょう。
- *Okay, let's now discuss* safety backups.
  さてと、次はセイフティ・バックアップについて話しましょう。
- *Right, let's move onto* transitional statistics.
  では、暫定的な統計に移りましょう。

(2) 情報を出すタイミングを工夫する

　事前によく下調べがしてあれば、プレゼンテーションのなかで聴衆がどこに最も興味を示すかわかるはずです。この場合、聴衆の興味をつなぎ留めておくために、プレゼンテーションのところどころでこれらの情報を小出しにしていくといいでしょう。聴衆が聞きたがることを最初にすべて話してしまったなら、聴衆はやがて退屈してしまうでしょうから。とはいえ最初の段階では、あなたがあとでまたその情報について触れるのか触れないのか、聴衆には予測できません。そこで、次のような、あとに続くものを導き出すフレーズを使ってあなたの意図を伝えておき、聴衆の期待感を高めておくといいでしょう。

［表現例］

- *I will be getting to* the costs involved later in the presentation, *but at the moment*...
  コストについてはプレゼンテーションのなかでのちほど説明しますが、いまはまず……

- *I'll go through* the functions available later, *but at first of all*...
  機能についてはあとで説明しますが、まず第一に……

- *I'll be touching on* licensing details later, *but initially*...
  使用許諾の詳細についてはあとで触れますが、まずは……

- *I'll explain details on* compatibility later, *but right now*...
  互換性についての詳細はあとで説明しますが、いまは……

(3) 一般化する

　プレゼンテーションのなかには、明確な事実として述べることができず、一般論として述べなければならないこともあるでしょう。そんなときは、次のようなフレーズを使いましょう。

> in general / as a general rule / generally / generally speaking / on the whole / under normal circumstances

［表現例］

- *In general,* we found that companies preferred 24-hour surveillance.
  一般に、企業は24時間の監視を好むようです。

- *As a general rule,* customers were more apt to choose the cheaper model.

一般に、顧客はより安いモデルを選ぶ傾向があります。

- *Generally,* not more than eight percent return can be expected for this type of investment.
  通常、このタイプの投資では8%以上の利子は望めません。
- *Generally speaking,* market research is an indispensable factor.
  一般的に言って、市場調査は欠くことのできない要素です。
- *On the whole,* sales were much better than we expected.
  全体として、売り上げは期待以上でした。
- *Under normal circumstances,* it would take three weeks to ship a replacement.
  ふつう、交換品の発送には3週間かかります。

(4) 強調する

プレゼンテーションではある発言を強調したいとき、ボディ・ランゲージが有効ですが、言葉の面では以下のようなフレーズを用いて強調するといいでしょう。

I cannot emphasize enough… / I strongly believe that… /
You must understand that… / I strongly recommend that… /
It is important to realize that…

[表現例]

- *I cannot emphasize enough* the amazing performance of this product.
  この製品のすばらしい性能については、どれほど強調してもしすぎることはありません。
- *I strongly believe that* this product will revolutionize the market.
  この製品が市場に大変革をもたらすと、わたしは確信しています。
- *You must understand that* the quality of this product is unprecedented.
  この製品がこれまでにない品質であることをぜひご理解ください。
- *I strongly recommend that* you consider the importance of this.
  このことの重要性をお考えくださるよう強くおすすめします。
- *It is important to realize that* investing in this package will

give you a strong advantage.
このセットに投資なさることがどれほど大きな利益となるかをご理解いただくことは、たいへん重要です。

(5) 例をあげる

プレゼンテーションではふつう、理論上の起こりうる例ではなく、実際に起こった例をあげます。例をあげるときは、次のようなフレーズが使われます。

---

for example / for instance / in addition / moreover

［表現例］

- *For example,* we discovered that fifty-six percent of users had experienced problems with system breakdowns.
  たとえば、ユーザーの56％はシステムの故障を経験していることがわかりました。
- *For instance,* shipment deliveries were late in one out of ten cases.
  たとえば、船便による配送は10件に1件が遅れます。
- *In addition,* engineers were not able to solve the problem.
  そのうえ、エンジニアたちはこの問題を解決することができませんでした。
- *Moreover,* the market was saturated by imitations.
  さらに、市場には偽造品があふれています。

(6) 結果、成りゆきを述べる

ある行動や状況のすぐあとに、それが引き起こした結果やその後の成りゆきを述べるときは、できるだけ短い文にするとインパクトがあります。このときに使われるのは次のような語・フレーズです。

---

so / consequently / thus / owing to this / as a result /
as a direct consequence

［表現例］

- *So,* we added three additional features to this model.
  そこでわたしたちは、このモデルにさらに3つの特徴を持たせることにしました。
- *Consequently,* development costs sky-rocketed.
  その結果、開発費がはね上がってしまいます。

- ***Thus,*** the problem was solved.
  こうして問題が解決されました。
- ***Owing to this,*** we were able to reduce costs.
  これによって、私どもはコストを下げることができたのです。
- ***As a result*** (of this,) processing speed was doubled.
  この結果、処理速度が２倍になりました。
- ***As a direct consequence*** (of this,) we were able to meet our deadline.
  このおかげで、わたしたちは締め切りに間に合わせることができました。

　結果や成りゆきを伝えるもうひとつの方法として、それをできるだけ少ない語にまとめ、次のようなフレーズを使ってセンセーショナルな感じを添える方法があります。

---

to put it simply / in short / in a word / to cut a long story short

---

［表現例］
- ***To put it simply,*** the project was a wonderful success!
  簡単に言えば、プロジェクトは大成功したのです！
- ***In short,*** that company went bankrupt!
  つまり、その会社は破産したのです！
- ***In a word,*** results were amazing!
  ひとことで言えば、結果は驚くべきものでした！
- ***To cut a long story short,*** we succeeded!
  かいつまんで言えば、わたしたちは成功したのです！

(7) 参照する

　前述した重要な内容を聴衆が忘れないように、あとからもう一度ふり返る方法は、聴衆の記憶をよみがえらせるのに効果的です。このときは次のようなフレーズを使います。

---

as I mentioned earlier / as I said before / at the risk of repeating myself / I'd like to reiterate that…

[表現例]

- *As I mentioned earlier,* operations are so simple even a child could handle this equipment.
  先ほど申し上げましたように、操作は非常に簡単ですから、子どもさんでもこの装置を扱うことができます。
- *As I said before,* we cannot afford to overlook this opportunity.
  先ほども言いましたように、この機会を見逃すわけにはいきません。
- *At the risk of repeating myself,* delivery is guaranteed for the following day.
  繰り返しになりますが、翌日には配達できます。
- *I'd like to reiterate that* running costs are practically negligible.
  繰り返しますが、ランニングコストは事実上、かからないも同然です。

(8) 本題からそれる

長いプレゼンテーションでは、聴衆がそわそわしだすことがあるかもしれません。そんなときは気分転換に、本題から離れてみるのもいいでしょう。ただし、余談は決して長すぎてはいけません。また、軽くて楽しい内容にするべきです。脇道にそれるときは、次のようなフレーズを使いましょう。

▶ 脇道へそれる前に言うフレーズ

> moving away from the point for a moment / before continuing / by the way / that reminds me of… / allow me to digress for a moment

[表現例]

- *Moving away from the point for a moment,* did you know that South Korea has the largest percentage of Internet connections per population in the entire world?
  ここでちょっと余談ですが、韓国は人口あたりのインターネット接続率が世界一であることをご存じでしたか？
- *Before continuing,* I'd like to tell you a story about a telephone call our service department received one day.
  先に進む前に、私どものサービス部門がある日受けた電話のことをお話ししたいと思います。
- *By the way,* I wonder how many of you know that this product has been installed in the Whitehouse.

ところで、この製品がホワイトハウスにも設置されていることをご存じの方は、どのぐらいいらっしゃるでしょうか。

- *That reminds me of* an argument I had with a London taxi driver a couple of years ago.
  そのことから、わたしは2、3年前、ロンドンのタクシー運転手と口論になったときのことを思い出しました。
- *Allow me to digress for a moment* while I try to get my coffee cup refilled.
  ここでちょっと中断させてください。コーヒーのお代わりをいただこうと思いますので。

余談が終わったら、次のようなフレーズで本題に戻りましょう。

▶本題に戻るときに言うフレーズ

> anyway / getting back to the point / Right, where were we?

［表現例］
- *Anyway, as I was saying,* cut-over can usually be carried out within three month.
  それはそうと、新システムの導入はふつう3カ月以内で実施されるという話でしたね。
- *Getting back to the point,* all functions are displayed on screen in the form of icons.
  では、本題に戻りましょう。スクリーンにはすべての機能がアイコンの形で表示されています。
- *Right, where were we? Oh, yes, we were discussing* system compatibility.
  さてと、どこまでお話ししたんでしたっけ？　ああ、そうそう。システムの互換性についてでしたね。

結論部

プレゼンテーションの〈本体〉が終わったら、次は〈結論部〉です。〈結論部〉は、聴衆が要点をしっかり頭に入れてその場を離れることができるように、〈本体〉の短いまとめとして使うのでしたね。とはいえ、まとめに入る前に、話すべき情報はみな話し終えたこと、プレゼンテーションが最後の段階に差しかかったことを、聴衆に伝えておくといいでしょう。これとまとめとを合わせた例を、いくつかあげてみます。

[話が最終の段階にきたことを伝えてまとめる例]

- And that just about wraps up today's presentation. To summarize, we have learned that increasing crime rates are leaving many shops and companies open to security breaches. We have learned that motion sensors provide the most efficient method of detecting intruders. And we have learned that being connected to a 24-hour emergency service will ensure that the police will arrive at your premises within four minutes of an intruder being detected.

  本日のプレゼンテーションはこれでおしまいです。これまでお話ししたことを要約すると、次のようになります——犯罪率の高まりとともに、多くの商店や会社がセキュリティを侵害される危機にさらされている。動作感知器は侵入者を見つけ出すのに最も効果がある。そして、侵入者が感知された場合、24時間体制の緊急サービスと接続してあれば、4分以内に警察が到着する、というわけです。

- And that concludes my presentation today. In conclusion, I would like to remind you that China provides the fastest-growing market for IT ventures at the moment, and it has a skilled workforce and low real estate prices.

  本日のプレゼンテーションは以上です。結論として、中国は現在、ITベンチャーが最も急成長を遂げている市場であり、熟練した労働力と安い不動産価格を備えている、ともう一度、繰り返しておきましょう。

- Thank you, ladies and gentlemen. I have enjoyed talking to you today. To summarize the main points of my presentation, all of our systems are carefully tailored to each individual client, but despite this, we can still have your system up and running within a time frame that cannot be beaten by any of our competitors.

みなさん、ありがとうございました。きょうはこうしてみなさんにお話しできたことをうれしく思います。ここで要点をまとめますと、私どもはすべてのシステムを個々のお客様のニーズに合わせて入念にしつらえるにもかかわらず、どんな競合他社にも負けないほどの短期間で導入、稼動させることができる、ということです。

- Thank you for listening to me today. I hope the presentation has given you the information you need to take the next step. As I have already mentioned, the use of optical fibers for high-density media content transmission is not only economical, it is also the path towards the future.

  本日はご清聴ありがとうございました。このプレゼンテーションによって、みなさんが次のステップに進むために必要な情報を提供できたのであればいいのですが。すでに申し上げたとおり、高密度のメディア・コンテンツの伝送に光ファイバーを用いることは、経済的なだけでなく、未来への道を開くことでもあるのです。

さて、要約を述べ終わったら、製品の購入について聴衆に検討してもらえるような力強い言葉で、プレゼンテーションを締めくくりましょう。これは次のように、直接語りかける形にしてもいいし、修辞疑問文（話し手の意図を相手に納得させるための反語的な疑問文）の形にしてもいいでしょう。

[力強い印象を与える締めくくりの文の例]

- And what can be more important in this day and age than foolproof security?

  いま、この時代、絶対確実なセキュリティ以上に重要なものがあるでしょうか？

- If you miss this opportunity, another one of this magnitude may never come along again.

  この機会を逃せば、これほど重大な転機は二度と訪れません。

- Remember, productivity does not rely on your workforce alone: Give them the right tools, and watch your profits grow.

  どうか思い出してください、生産性は労働力だけによるものではありません。彼らに適切な道具を与えれば、利益は増すばかりでしょう。

- **The future will not come to you. You can either go out and grab it yourself, or you can stay in the past.**
  未来があなたのもとにやって来るのではありません。出かけていって自分で未来を手にするか、それとも過去に留まるかのどちらかなのです。

　プレゼンテーションの最後の言葉は、短く"Thank you."とするのがいいでしょう。長々と感謝を述べると、最後の文のインパクトが失われてしまいます。このあと質疑応答に移る場合は、意味深長に聴衆を見渡しながら少し間をおき、最後のメッセージの重要性を聴衆に印象づけましょう。

質問を受ける

(1) その場で質問を受ける場合

絶対に必要というわけではありませんが、プレゼンテーションのあとには質疑応答の時間を設けるのがふつうです。その場所に立ったまま質問に答えるつもりなら、次のように質問を募りましょう。

- Now, I would be very happy to answer any questions you may have.
  さて、何か質問があれば喜んでお答えします。
- Now, does anybody have any questions?
  さて、ご質問がある方は？
- Now, if anybody has any questions, now is the time to ask them.
  さあ、どなたでも何かご質問があればおたずねください。

(2) いったん終了してあとに残って質問に答える場合

プレゼンテーションを終わりにし、あとに残って質問に答えるつもりなら、次のように言いましょう。

- If anybody wants to ask any questions, please come and ask me afterwards.
  質問のある方は、あとでここに来ておたずねください。
- I'll be sitting at that desk over there if anybody has any questions.
  何かご質問のある方がいらっしゃるなら、わたしはあちらのデスクにおります。
- I will be in this room for another thirty minutes if anybody wants to ask me some questions afterwards.
  あとで質問なさりたい方がいらっしゃれば、わたしはあと30分この部屋におります。

その場で質問に答えるつもりがない場合は、次のように言えばいいでしょう。

- If anybody has any questions, please e-mail me at the address you have been provided with.

質問のある方は、お配りしたわたしのアドレスにどうぞeメールをください。

- My e-mail address and other contact information are listed in the information packs you have been given. Please feel free to contact me if you have any questions.

  わたしのeメール・アドレスとその他の連絡先は、お渡しした資料のなかにあります。質問がある方は、どうぞ遠慮なくご連絡ください。

- I can be reached at my office every day if anybody wants to ask any questions.

  わたしは毎日オフィスにおりますので、質問がある方はご連絡ください。

(3) 質問を正しく理解できたかどうかを確認する場合

その場で質問に答える場合は、質問を正しく理解できたかどうか確認するため、答える前に質問を繰り返すといいでしょう。

[例①]
- Q: Are you expecting any problems with acquiring the patent?

  特許を取るために何か問題点はありそうですか。

- A: <u>Problems with acquiring the patent?</u> Well, everything seems to be moving smoothly at the moment, and we don't foresee any problems.

  特許を取るための問題点ですか。そうですね、今のところはすべて順調で、何も問題はなさそうに思えます。

[例②]
- Q: Would it be possible for an intruder to disable the system easily?

  侵入者がシステムを作動させなくしてしまうことは簡単にできますか。

- A: <u>Disable the system?</u> No, all of the wiring is imbedded in the walls, and the sensors will detect any tampering.

  システムを作動させなくする？ いいえ、配線はすべて壁に埋め込みますし、何らかの不正行為があれば、センサーが感知するはずです。

[例③]
- Q: If we decided to go ahead with developing a new system, what would be the first step?

  もしも新しいシステムの導入を決めた場合、第1段階では何をすることになりますか。

A: <u>The first step?</u> Well, we would set up a series of meetings with our group of system designers to work out your exact needs.
第1段階ですか。そうですね、そちら様のニーズを厳密に把握するために、私どものシステム設計者たちが伺って何度か打ち合わせをすることになるでしょう。

(4) 質問の意味がわからない場合

質問の意味がわからないときは、「わからない」とはっきり言いましょう。

- I'm sorry, but I don't quite understand.
  すみません、よくわからないのですが。
- Excuse me, but would you mind repeating that?
  すみません、もう一度繰り返していただけますか。
- I don't quite see what you are asking.
  質問の意味がよくわからないのですが。

(5) 答えがわからない場合

答えがわからないときは、はったりででたらめな答えを言ったりしないように。ただし、「知らない」と答えるのではなく、質問者にあとで連絡すると約束するといいでしょう。

- I'm afraid I don't have those details with me at the moment. If you'll let me have your contact details, I'll get back to you as soon as possible.
  残念ながらいまは詳しいことがわかりません。連絡先を教えていただければ、できるだけすぐにお返事します。
- Would you mind if I answered that by e-mail? I need to check something before I can answer accurately.
  eメールでお答えしてもかまいませんか。正確にお答えするには調べなくてはならないことがありますので。
- If you don't mind, I'll get back to you with the answer for that. Would you leave your contact details before you go?
  差し支えなければ、それについてはあとでお返事します。お帰りになる前に連絡先を教えていただけますか。

(6) 質問が出なかった場合

この段階で質問がひとつも出ないこともよくあります。しかし、だからといって心配することはありません。質問がないかと2、3度繰り返し、それでもなければ、次のように言ってただちに終わりにしましょう。

- Does anybody have any questions? No? No questions at all? Okay, well that ends today's presentation. Thank you very much, everybody.
  ご質問はありませんか？ ない？ 全然ありませんか？ はい、それではきょうのプレゼンテーションを終わりにします。みなさん、ありがとうございました。

- Doesn't anybody have a question? No? Well, that's fine. Thank you very much, everybody. I hope you have enjoyed my talk today.
  質問のある方はいらっしゃいませんか？ いらっしゃらない？ はい、それではみなさん、ありがとうございました。きょうの話を楽しんでいただけたのであればと願っています。

- Questions anybody? Any questions? No? Okay, so let's wrap things up then. Thank you very much for coming today, everybody. I have enjoyed speaking to you.
  どなたかご質問は？ 何かありませんか？ ありませんね？ はい、それでは終わりにしましょう。みなさん、きょうはご出席ありがとうございました。おかげさまでよい時間を過ごさせていただきました。

(7) 質疑応答を終了した後の場合

上記の文は、質問があった場合のプレゼンテーションの締めにも使えます。この場合は、次のようにmoreかanotherという語をつけ加えます。

- Does anybody have any more questions? No? No more questions? Okay, well that ends today's presentation. Thank you very much, everybody.
  ほかにご質問はありませんか？ ない？ ほかには？ はい、それでは、きょうのプレゼンテーションを終わりにします。みなさん、ありがとうございました。

- Doesn't anybody have another question? No? Well, that's fine. Thank you very much, everybody. I hope you have enjoyed my talk today.
  ほかに質問のある方はいらっしゃいませんか？ いらっしゃらない？ はい、それではみなさん、ありがとうございました。きょうの話を楽しんでいただけたのであればと願っています。

- Questions anybody? Any more questions? No? Okay, so let's wrap things up then. Thank you very much for coming today,

everybody. I have enjoyed speaking to you.
どなたかほかにご質問は？　もうありませんか？　ありませんね？　はい、それでは終わりにしましょう。みなさん、きょうはご出席ありがとうございました。おかげさまでよい時間を過ごさせていただきました。

　質疑応答の時間を設けたにもかかわらず、プレゼンテーション終了後、みなが部屋を出ていったあとで、個人的に何か質問する人がいる場合もあります。そういったケースに応じることができるように、出席者の最後のひとりが出ていくまでは部屋にいるようにしましょう。

視覚補助資料を用いる

　視覚補助資料を用いれば、プレゼンテーションはぐっとおもしろくなり、要点を強調するのにも最適です。視覚補助資料には、黒板への板書やフリップボード（大きな紙に書いた資料を何枚も束ねて枠に固定し、1枚ずつめくって聴衆に見せるもの）、オーバーヘッド・プロジェクター、パワーポイントのディスプレー、スライドやビデオなど、さまざまな形態があります。どれを用いるにしろ、まず次の6つの点を考慮しなければなりません。

1) 双眼鏡なしでも全員に資料が見えるか？

　視覚補助資料を使っても、それが聴衆に見えなければ、意味がありません。全員が両眼とも2.0の視力というわけではないのですから、後ろの列の人にもよく見えるように大きな資料にするだけでなく、どこからでも見えるように置く場所も工夫しなければなりません。また、よく見えるようにするための照明の調節も必要です。視覚補助資料を見せるために照明を消す場合は、それらの資料を断続的にではなく、ひと続きに使用するといいでしょう。プレゼンテーションの途中で何度も照明をつけたり消したりすると、聴衆の注意が散漫になってしまいますから。

2) 要点がひと目でわかるか？

　個々の視覚補助資料には情報を盛り込みすぎないようにしましょう。もしも3つのグラフで推移を説明しようとするなら、資料は3つに分けましょう。ひとつの資料に3つのグラフを載せると、小さくて見にくくなってしまいます。また、自分たちが何を見ているのか聴衆にはっきりとわかるように、それぞれの資料には大きな文字でタイトルをつけておくといいでしょう。

3) 色の使い方は適切か？

　プレゼンテーションにおける色彩は、心理学の観点から見て非常に重要です。たとえば赤は攻撃性や敵意を感じさせるので、背景の色に使うべきではありません。一方、青や緑は心を落ち着かせる色なので、プレゼンテーションでよく使われます。また、遠くからは見えにくい色もありますので、その点にも注意しましょう。たとえば黄色や黄緑色や水色は、読みづらいので文字の色に使うべきではありません。また、色の使い方に一貫性を持たせることも大切です。たとえば、要点を強調する色はいつも同じ色にしましょう。聴衆はまもなくそ

れに気づき、どの図表でもその色が使われているときは、自然とそこに注意が向くようになるはずです。

4) 文字が多すぎないか？

視覚補助資料はあくまでも補助的に使うこと、言葉でそれを説明するのはあなた自身なのだということを忘れないように。何かを理解させるために、聴衆にたくさんの文字を読ませてはなりません。たとえば、グラフのタイトルに文字を使うのはかまいませんが、文章を文字で書くのはやめましょう。また、文字全体を大文字で書くのも禁物です。これは大声で叫んでいるようなものですから、悪い印象を与えてしまいます。

5) 図表はシンプルか？

複雑な図表は、一見美しくても、たいへん見にくいものです。図表はシンプルでわかりやすいものにするよう心がけましょう。また、図表に情報を盛り込みすぎないように。たとえば折れ線グラフを使う場合、折れ線は3、4本程度までにしましょう。

6) ポインターは必要か？

静止した視覚補助資料を使う場合は、説明している個所を聴衆に指し示す必要があるかもしれません。このとき、指を使うと一部の聴衆に資料が見えなくなってしまうことがあるので、ポインター（指示棒）を使うといいでしょう。また、ポインターは、聴衆の注意をそれぞれの資料に向けさせるのにも役立ちます。

聴衆の注意を視覚補助資料に向けさせるときは、次のように言うといいでしょう。

[聴衆の注意を視覚補助資料に向けさせるときの表現例]
- Now, as we can see in this slide...
  さて、このスライドからわかるように、……
- If you would take a look at this graph, you will see...
  このグラフを見ればおわかりのように、……
- This chart shows...
  この表によれば、……

- As is clear in this bar chart...
  この棒グラフを見れば明らかなように、……
- I would like to show you a short video now on...
  これから……についての短いビデオをお見せしたいと思います。

視覚補助資料を見せながら説明するときは、次のような文を使います。

［視覚補助資料を見せながら説明するときの表現例］
- In this graph the horizontal axis represents XXXXX, and the vertical axis represents XXXXX.
  このグラフの横軸は○○、縦軸は○○を示します。
- The dotted line represents...
  点線は……を示します。
- The blue line represents...
  青い線は……を示します。
- If you look at the top right-hand corner of this chart you will see...
  この表の右上をご覧いただければ、……がわかりますね。
- As we just saw in the video...
  いまビデオで見たように、……
- This graph clearly shows...
  このグラフには……がはっきり示されています。
- The green shading indicates...
  緑色の部分は……を示しています。

英語で聴衆の興味を引きつけるプレゼンテーションを行うときに必要なことは以上です。本書のテーマは英文ライティングですが、この章では、プレゼンテーションをできるだけプロフェッショナルなものにするために、ライティング以外の要素も盛り込みました。聴衆の注目と敬意を得るためには、プレゼンテーションの原稿を読むだけでは不十分ですから、付加的な情報もみなさんのお役に立てばと願っています。

■ ボディ・ランゲージ

この章を終えるにあたり、ライティングと関係はないものの、プレゼンテーションを成功させるために不可欠な要素をもうひとつあげておきましょう。それはボディ・ランゲージです。

　プレゼンテーションをするとき、聴衆があなたという人物を認識するうえで、ボディ・ランゲージは大きな役割を果たしています。何より大切なのは、あなたの態度を自信に満ちたものに見せることでしょう。演壇やテーブルの端を強く握りしめたり、ペンなどをいじり回したりしてはなりません。また、頻繁に眼鏡の位置を正したり、鼻を掻いたり、髪の毛を払ったりするのも避けるべきですし、聴衆のリアクションを期待して大げさな表情をするのも望ましくありません。これらは緊張感の表れであり、聴衆はすぐに気づいてしまいます。

　神経が高ぶっているのを感じたら、少しだけ歩いてみるといいでしょう。もしもステージの上にいるのなら、話の内容を吟味しているかのように、身体を前に後ろに移動させます。もしもステージがなければ、聴衆の前で少し歩き回ってみるのです。ただし、いつでも聴衆から見える位置にいること、聴衆に背中を向けないこと、声が全員に届くようにすることは忘れずに。

　奇妙に聞こえるかもしれませんが、ポケットに手を突っ込めば、それも余裕ある態度に見えます。あまりたびたびするのは、だらしなく見えるだけなので禁物ですが、時折、ぴったりの言葉を探しているかのようにしてポケットに手を入れるのは、それなりに頼もしげな動作に見えることがあるのです。ただし、ポケットのなかの小銭や鍵を指でもてあそんだりしては台なしです。これもやはり緊張感の表れですから。

　また、前述したように、聴衆とたえず視線を合わせるようにしましょう。そのときには、ゆっくりと頭を動かしながら聴衆を見渡すのです。ぎくしゃくした動きでひとりひとりを順番に見たりすれば、あまりにも不慣れに見えてしまいます。また、特定の人だけを見たり、誰かをじっと見つめたりしてはいけません。聴衆のなかでいちばんきれいな女性にたびたび目を向けたくなるのも、いちばん偉そうな人物に向かって話したくなるのも人情ではありますが、これでは、その他の聴衆は疎外された気分になるでしょうし、見つめられた相手も不愉快になるにちがいありませんから。

著者：クリストファー・ベルトン　Christopher Belton

1955年ロンドンに生まれる。1978年に来日して以来、帰国した4年間を除き、日本在住。
1991年以降は、フリーランスのライターおよび翻訳家として活躍。1997年には処女作、*Crime Sans Frontières*（ブッカー賞ノミネート作品）が、英国で出版され、作家としてのデビューを果たす。テクノスリラー3部作のうち、日本を舞台にした第1作*Isolation*が2003年に、2004年夏には、第2作*Nowhere to Run*を米国で出版。
翻訳家としてもフィクション、ノンフィクションの幅広い分野で多数の作品を手がける。2000年には翻訳家のためのガイドブック『ビジネス翻訳データブック』（DHC）を出版。

そのほか『増補改訂版「ハリー・ポッター」が英語で楽しく読める本』をはじめ、ハリー・ポッター・シリーズのVol.1からVol.6までのそれぞれの巻に対応した『「ハリー・ポッター」Vol.1が英語で楽しく読める本』〜『「ハリー・ポッター」Vol.6が英語で楽しく読める本』、『この英語、日本語ではこういう意味。』、『この日本語、英語ではこう言うの。』（いずれも小社刊）、『イギリス人に学べ！英語のジョーク』（研究社）、『英会話の勉強の仕方』（研究社）、『TOEIC® Test 速効英単語2400』（講談社インターナショナル）などの著書がある。
現在は日本人の妻とビーグル犬と横浜に在住。

訳者：渡辺順子

立教大学文学部英米文学科卒。
主な訳書に『「ハリー・ポッター」が英語で楽しく読める本』シリーズ（Vol.1〜4、6）、『この英語、日本語ではこういう意味。』、『この日本語、英語ではこう言うの。』（いずれも小社刊）、『イギリス人に学べ！英語のジョーク』（研究社）、『はじめてのロンドン イギリス英会話入門』（研究社）ほか。

ライティング・パートナー

2007年3月15日　初版第1刷　発行

著者：クリストファー・ベルトン
訳：渡辺順子

装丁：見留　裕（B.C.）

英文校正：イアン・マーティン

編集協力：相原律子

発行人：坂本由子
発行所：コスモピア株式会社
　　〒151-0053 東京都渋谷区代々木4-36-4　MCビル2F
営業部：TEL: 03-5302-8378　email: mas@cosmopier.com
編集部：TEL: 03-5302-8379　email: editorial@cosmopier.com

http://www.cosmopier.com

印刷：大日本印刷株式会社

©2007　Christopher Belton, Junko Watanabe

出版案内　　　　　　　　　　　　　　　　　　　　　　　　**CosmoPier**

「ハリー・ポッター」が英語で楽しく読める本

J・K・ローリングは「名付けの魔術師」。
辞書を引いてもわからない固有名詞の語源や、ヨーロッパの歴史的・社会的背景まで、
イギリス人の著者が丁寧に解き明かします。

場面ごとに原書のページ数と行数を示しながら、難しい語句の日本語訳を掲載

特に注意したいキーワードを、語源や背景知識から説明

Vol.1～Vol.6

各巻、第1章から最終章まで、原書と並行して活用できるガイドブック。章ごとに「章題」「章の展開」「登場人物」「語彙リスト」「キーワード」で構成され、辞書を引かずに最後まで読み進められます。

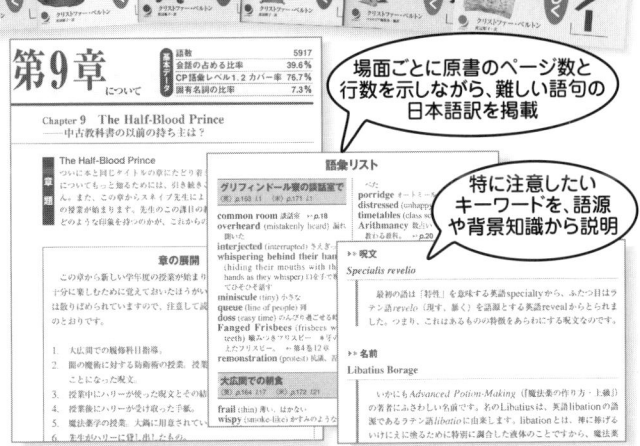

増補改訂版

Vol.1からVol.5の原書を総括し、頻繁に使われる言い回しや、登場人物・呪文などの固有名詞をカテゴリー別にまとめ上げました。シリーズを通して辞書代わりに使えます。

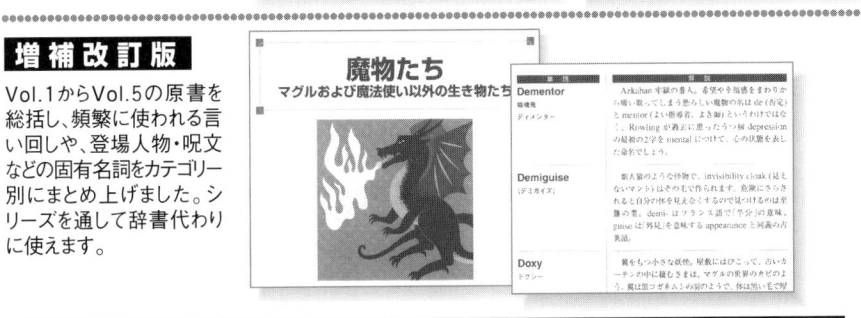

「ハリー・ポッター」Vol.1が英語で楽しく読める本	定価1,365円（本体1,300円＋税）
「ハリー・ポッター」Vol.2が英語で楽しく読める本	定価1,470円（本体1,400円＋税）
「ハリー・ポッター」Vol.3が英語で楽しく読める本	定価1,575円（本体1,500円＋税）
「ハリー・ポッター」Vol.4が英語で楽しく読める本	定価1,680円（本体1,600円＋税）
「ハリー・ポッター」Vol.5が英語で楽しく読める本	定価1,680円（本体1,600円＋税）
「ハリー・ポッター」Vol.6が英語で楽しく読める本	定価1,680円（本体1,600円＋税）
増補改訂版「ハリー・ポッター」が英語で楽しく読める本	定価1,911円（本体1,820円＋税）

A5判書籍　　著者：クリストファー・ベルトン

発行　コスモピア　　　　　　　　　　　　　　　　　www.cosmopier.com

出版案内　　　　　　　　　　　　　　　　　　　　　　　　CosmoPier

決定版
英語シャドーイング〈入門編〉
誰でもできる、すぐに始められる！

英語の耳の開発に大きな効果があるシャドーイング。自分もやってみたいが、もともと英語が得意ではない、やろうとしても実際に口が回らないという人に、〈入門編〉ではゆっくりしたスピードの素材を提供します。スピードは遅くても、中身は興味津々の題材を厳選。たとえばロバート・ケネディのスピーチは、突然飛び込んできたキング牧師暗殺のニュースを、アフリカ系住民を中心とする2,000人の聴衆に即興のスピーチで自ら伝える感銘深いものです。

【収録内容】小学校の「算数」「理科」の模擬授業／『ロミオとジュリエット』『トム・ソーヤの冒険』朗読／VOAスペシャルニュース／リンカーン大統領ゲティスバーグの演説／ロバート・ケネディのスピーチ　ほか

編著：玉井　健（神戸市外国語大学教授）
A5判書籍194ページ＋CD1枚（71分）

定価1,680円（本体1,600円＋税）

決定版　英語シャドーイング
なぜ最強のトレーニングなのかを科学する！

聞き取った英語を即座にマネして口に出し、オリジナルの英語から少し遅れて影のようについていくシャドーイング。リスニングに絶大な効果があるばかりか、英語の総合力を高める「最強のトレーニング」として、いま大きな注目を浴びています。第1部では、なぜそこまで効果があるのか、その理論的根拠をイラストをまじえて明快に解き明かします。第2部の実践編では、初級・中級・上級のレベル別に、バラエティ豊かなトレーニング素材を準備しました。

【収録内容】VOAニュース／朗読『賢者の贈り物』／モノローグ／ダイアログ／フリートーク／作家インタビュー／企業研修ライブ／トム・クルーズとアンジェリーナ・ジョリーのインタビュー　ほか

著者：門田 修平（関西学院大学教授）
　　　玉井　健（神戸市外国語大学教授）
A5判書籍248ページ＋CD1枚（73分）

定価1,890円（本体1,800円＋税）

英語シャドーイング
〈映画スター編〉Vol.1
3段階のCDで、スターの英語をキャッチ！

シャドーイングの練習法を一通りマスターした人に、贅沢なトレーニング素材をたっぷり提供します。役作りについて熱心に語るスターたちのインタビューは、決められたセリフをしゃべるのとは違い、言いよどんだり、早口で一挙にまくし立てたりの連続。そんな手強い英語を攻略するために、オリジナルのインタビューに加えて、スピードを少し落としたもの、特に聞き取りにくい部分をプロのナレーターが吹き替えたものの、3段階の音声を用意しています。

【収録内容】キアヌ・リーブス／ジェニファー・アニストン他『フレンズ』出演者／ケイト・ブランシェット／ダニエル・ラドクリフ＆エマ・ワトソン／デンゼル・ワシントン／シャーリーズ・セロン／ケヴィン・スペイシー

編著：玉井　健（神戸市外国語大学教授）
A5判書籍168ページ＋CD2枚（各74分）

定価1,890円（本体1,800円＋税）

英語シャドーイング
〈映画スター編〉Vol.2
「高速モード」のリスニング力を獲得！

スターたちのインタビューは、ただCDを聞いているだけでは大意をつかむのが精一杯。しかし、シャドーイング＝「スピード強化の筋トレ」をしてみると、細かなニュアンスまではっきりと聞こえてくるようになります。アメリカ東部の英語に、チャキチャキのカリフォルニア英語、NYのストリート系英語、出身地の英国や豪州の特徴を残した英語と、スターたちの人生を反映した多様な英語が聞けることも本書の魅力。CDにはVol.1同様に3段階の音声を収録。

【収録内容】レニー・ゼルウィガー／マット・デイモン／ニコール・キッドマン＆ベット・ミドラー／ジョージ・クルーニー他『オーシャンズ12』出演者／ジェニファー・ロペス／レオナルド・ディカプリオ／VOAニュース

編著：玉井　健（神戸市外国語大学教授）
　　　西村 友美（京都橘大学教授）
A5判書籍168ページ＋CD2枚（72分、46分）

定価1,890円（本体1,800円＋税）

発行　コスモピア　　　　　　　　　　　　　　www.cosmopier.com

出版案内　CosmoPier

英会話1000本ノック
まるでマンツーマンの英会話レッスン！

話せるようになるには「話す練習」が必要。ひとりでできる英会話レッスンを実現した、画期的な本が誕生しました。ソレイシィコーチがCDから次々に繰り出す1000本の質問に、CDのポーズの間にドンドン答えていくことで、英会話の瞬発力と、ことばをつないで会話をはずませる本物のスピーキング力を養成します。

著者：スティーブ・ソレイシィ
A5判書籍237ページ＋CD2枚（各74分）
定価1,890円（本体1,800円＋税）

リーダーの英語
英米のスピーチの達人に学べ！

スピーチやプレゼンのみならず、交渉や会議においても、自分の考えを明確に相手に伝えるスキルは必須です。どうすれば人を説得し、動かすことができるのか。ケネディ、サッチャー、レーガン、ブレア、ヒラリーをはじめとする英米のトップのスピーチには、スピーキングにすぐに応用できるエッセンスが凝縮されています。

著者：鶴田 知佳子／柴田 真一
A5判書籍204ページ＋CD1枚（70分）
定価2,100円（本体2,000円＋税）

VOAスペシャル　やさしいニュース英語トレーナー
「シャドーイング」と「サイトラ」を導入

VOAの中でも、使用単語を1,500に限定し、1分間100語のゆっくりしたスピードで放送される「スペシャル・イングリッシュ」のニュースが素材。シャドーイングで英語の音の壁を乗り越え、サイトラで英語の意味の壁をくずすトレーニングで、はじめての人でも、流れてくるニュースをすっと理解できるようになります。

著者：稲生 衣代／河原 清志
A5判書籍170ページ＋CD1枚（73分）
定価1,680円（本体1,600円＋税）

―全国の書店で好評発売中！―

基礎からの英語eメール仕事術
ビジネスeメールのマナーから実践まで

海外駐在15年の著者が、仕事を成功に導くeメールの書き方を伝授。シンプルな英語で必要事項を簡潔に伝える「ビジネスライク」な英文に「パーソナル・タッチ」を添えて、相手との信頼関係を築くメール作成のコツを学びます。現役ビジネスマンだから書けたナマナマしいケース・スタディが本書の特長です。

著者：柴田 真一
A5判書籍240ページ
定価2,100円（本体2,000円＋税）

決定版 英語エッセイ・ライティング
フローチャートでよくわかる！

英文レポートや小論文作成、TOEFL受験や留学で必要となるエッセイ・ライティングの「ルール」を、わかりやすくフローチャート化して提示。具体的な練習問題を解きながら、全ステップをマスターして行きます。本書1冊で、自分の考えが伝わる英文、明確に構成された説得力のある文章が、誰でも書けるようになります。

著者：門田 修平／氏木 道人／伊藤 佳世子
A5判書籍216ページ
定価2,100円（本体2,000円＋税）

VOAスタンダード　ニュース英語トレーナー
分速160語のニュースを攻略する！

手加減なしの生のVOAニュース「スタンダード・イングリッシュ」の20本のニュースが素材。シャドーイングとサイトラを中心にしたトレーニングで「音の壁」「意味の壁」「速さの壁」「長さの壁」「未知の壁」の5つを次々にくずして行きます。特に未知の壁については、予測と推論のための大特訓を用意しています。

著者：稲生 衣代／河原 清志
A5判書籍200ページ＋CD1枚（60分）
定価1,890円（本体1,800円＋税）

発行　コスモピア　　www.cosmopier.com

出版案内

CosmoPier

100万語多読入門
辞書を捨てれば英語が読める!

リーディングのみならず、リスニング・語彙・文法の総合力が、読書を楽しんでいるうちに身につく多読とは? 本書を読めば、多読の大きな効果とその理由、100万語達成までの道のりのすべてがわかります。レベル別に選定した洋書6冊と朗読CD、簡易版読書記録手帳もついて、すぐに多読をスタートできます。

著者：古川 昭夫／伊藤 晶子
監修：酒井 邦秀
A5判書籍242ページ＋CD1枚（73分）

定価1,890円
（本体1,800円＋税）

ミステリではじめる英語100万語
結末が早く知りたいから、多読に最適!

犯人は？ 手口は？ 犯行動機は？…。読み始めたら、どうしても結末が早く知りたくなるミステリは、100万語多読には最適の素材です。日本ではあまり知られていない、英米の子どもたちに大人気のシリーズから、ジョン・グリシャムやダン・ブラウン等の本格派ペーパーバックまで、多読におすすめのミステリをレベル別に紹介します。

著者：酒井 邦秀／佐藤 まりあ
A5判書籍218ページ

定価1,680円
（本体1,600円＋税）

さっと使える英語表現1100
映画で使われた表現がギッシリ!

人気のメルマガ「映画で英会話TangoTango!!」が本になりました。著者が、自分で実際に見た映画から拾った表現を、映画のタイトルとミニ解説、どの俳優が何の役で、どんな場面で使ったか、簡潔にまとめて収録しています。ネイティブは中学レベルの単語をトコトン使い回して、たくさんのことを表現していることがわかります。

著者：佐藤 砂流
A5判書籍368ページ

定価1,890円
（本体1,800円＋税）

全国の書店で好評発売中!

英語多読完全ブックガイド
本邦初! 洋書1万冊を一挙に紹介

多読におすすめのリーダーズ・児童書・ペーパーバックをレベル別・推薦度別に分類して紹介するほか、英訳されている日本の人気マンガ、良質な絵本と、約1万冊の洋書を収録したブックガイド。日本人にとっての読みやすさという観点から選定し、すべての本に総語数などのデータを表示した、多読必携の1冊です。

編著：古川 昭夫／神田 みなみ ほか
A5変型書籍468ページ

定価2,730円
（本体2,600円＋税）

読書記録手帳
100万語達成のための必須アイテム!

100万語のゴールめざして多読を続けるうえで、この読書記録手帳は心強い伴走役を務めます。読んだ本のタイトルやレベル、総語数、累計語数などを記録していくことで、続ける励みになります。手帳スペースのほかに、推薦洋書の紹介や、リーダーズ系洋書のタイトル別総語数、お薦め度などをレベル別に一挙掲載。

著者：SSS英語学習法研究会
作成：古川 昭夫
ペーパーバックサイズ書籍160ページ

定価630円
（本体600円＋税）

ここまで使える超基本単語50
コアから広がる英単語ネットワーク

CNNなどで現役バリバリの同時通訳者として活躍する著者は、専門用語よりも簡単な単語ほど苦労すると漏らします。goodやbad、makeといった50の基本語がどんなに幅広く使われているか、同時通訳の現から拾った豊富な実例を通して学びます。読み物としても楽しめ、英語の表現がグンと広がる1冊です。

著者：鶴田 知佳子／河原 清志
B6判書籍234ページ

定価1,470円
（本体1,400円＋税）

発行 コスモピア　　　www.cosmopier.com

出版案内 — CosmoPier

新TOEIC®テスト パーフェクト模試200
セクション別に予想スコアが算出できる!

手軽に1回分の模試が受けられます。200問すべてについて、モニターテスト参加者の正答率、各選択肢の誤答率を公開しており、自分のレベルを客観的に把握することができます。CDには米英豪加のナレーターを均等に起用し、巻末には同一ナレーションを各国の発音で順番に収録した、聞き比べエクササイズも準備。

著者:田中 宏昌／
Amy D.Yamashiro ほか
A5判書籍204ページ＋
CD1枚（71分）

定価1,029円（本体980円＋税）

TOEIC®テスト リーディング速効ドリル
新形式のPART7はこう攻めろ!

読む量がグンと増えた新形式の長文読解で、最後の設問までたどり着くにはスピード対策が不可欠。本書のねらいは、「トピック・センテンス」をすばやく見つけて大意を把握、5W1Hに照らして要点を「スキミング」、設問で問われている情報を「スキャニング」するの3つ。114ページを割いたダブル・パッセージ対策も完璧。

著者:細井 京子／
山本 千鶴子
A5判書籍264ページ

定価1,764円（本体1,680円＋税）

TOEIC®テスト対策実況中継
CDを聞くだけでもスコアアップ!

スコアアップ100点超者続出の授業の中身を、ライブレッスンとしてCDに収録した、これまでにない攻略本。両著者の軽妙な掛け合いによる対策講義の中に、よく出る単語やよく出るフレーズ解説も盛り込み、紛らわしい発音もその場で耳でチェックできます。CDには米英豪加の発音を収録。完全模擬試験1回分付き。

著者:高橋 基治／
ロバート・オハラ
B5判書籍200ページ＋
CD2枚（70分、64分）

定価1,995円（本体1,900円＋税）

全国の書店で好評発売中！

新・最強のTOEIC®テスト入門
「見れば」すぐにポイントがわかる!

新形式のTOEICテストに完全対応し、「動作だけを聞いても正解を選べる」「最初の数行に1問目の答えがある」というように、61の出題パターンをズバズバ提示。具体的な例題に沿いながら、解答のフローをページ見開きでわかりやすく示します。初受験で500点獲得、2回目以降の人は150点アップが目標です。

著者:塚田 幸光／
横山 仁税 ほか
A5判書籍260ページ＋
CD1枚（59分）

定価1,890円（本体1,800円＋税）

速断速答の TOEIC®テストリスニング
ディクテーションで5W1Hを攻略

リスニング問題の中でも、5W1Hの疑問詞を含んだ設問に特化し、WhoやWhenに即時に反応する瞬発力を鍛えます。学習のアプローチはディクテーションを採用。実際に書き出してみることで自分の弱点が明確になり、エラーに的を絞った対策を立てることで、確実に効果の上がる学習を実現しました。

著者:吉原 学
A5判書籍228ページ＋
CD1枚（74分）

定価1,890円（本体1,800円＋税）

TOEIC®テスト 出まくりキーフレーズ
直前にフレーズ単位で急速チャージ!

TOEICテストの最頻出フレーズ500を、わずか1時間で耳と目から急速チャージします。フレーズを盛り込んだ例文は、試験対策のプロ集団がじっくり練り上げたもので、例文中のキーフレーズ以外の単語もTOEICテストやビジネスの必須単語ばかり。ひとつの例文が何倍にも威力を発揮する、まさに短期決戦の特効薬です。

著者:英語工房
B6判書籍188ページ＋
CD1枚（57分）

定価1,575円（本体1,500円＋税）

発行　コスモピア

www.cosmopier.com

最短ルートでスコアアップするには通信講座が確実！

これなら続けられる！結果につながる！

スコアアップの要因をレベル別に徹底分析し、最短コースで目標スコアをクリアするプログラムとして、大手企業でも研修用に採用されているコスモピアの通信講座。もともと英語が得意ではない人、長く英語から離れている人でも、無理なく続けられることを最大限に配慮したカリキュラムを準備しています。

●通勤通学時間に学べる

新形式TOEIC®テスト完全対応通信講座

最初にやるべきことは「リスニング」！

新TOEIC®テストスーパー入門コース

まずはリスニング、本物の英語の音に慣れることからスタート。「聞くこと」を通して、英語の基礎固めとTOEICテスト対策の2つを両立させます。

学習時間	1日20分×週4日
スタートレベル	スコア300点前後
目標スコア	400点台
受講期間	3カ月
受講料	14,700円（税込）
教材	・スタートアップガイド　1冊 ・テキスト　3冊 ・テキスト対応CD　3枚 ・CD「チャンツで覚える重要表現100」 1枚 ・テスト　3回

CDには3カ国の発音を収録

カリキュラム
●1カ月目【リスニングPART1対策】
- 第1週　身の回りの英語を聞き取る
- 第2週　いろいろな動詞と目的語を聞き分ける
- 第3週　いろいろな主語を聞き取る
- 第4週　場所を表す表現を聞き取る

●2カ月目【リスニングPART2・3対策】
- 第1週　基本的な疑問文と5W1H疑問文
- 第2週　会話の場所や話し手の職業を特定する
- 第3週　数や時間を聞き取る
- 第4週　話し手の意図や問題点を理解する

●3カ月目【リスニングPART4、リーディングPART7対策】
- 第1週　ニューヨークへのひとり旅①
- 第2週　ニューヨークへのひとり旅②
- 第3週　ニューヨーク出張①
- 第4週　ニューヨーク出張②

「チャンク」と「やり直し英文法」を攻略する！

新TOEIC®テストGET500コース

意味のかたまり＝「チャンク」で英語をキャッチし、聞いた順・読んだ順に、英語のまま理解するトレーニングを積みつつ、英文法の総ざらいをします。

学習時間	1日20分×週4日
スタートレベル	スコア400点前後
目標スコア	500点台
受講期間	3カ月
受講料	20,790円（税込）
教材	・スタートアップガイド　1冊 ・テキスト　3冊 ・テキスト対応CD　6枚 ・CD「チャンツで覚える重要表現」 1枚 ・テスト　3回

CDには4カ国の発音を収録

カリキュラム
●1カ月目【小さなチャンクの攻略】
- 第1週　リスニングの基礎確認
- 第2週　小さなチャンク単位でリスニング
- 第3週　小さなチャンク単位でリーディング
- 第4週　チャンク・リーディング実践練習

●2カ月目【大きなチャンクの攻略】
- 第1週　チャンク・リスニング①
- 第2週　チャンク・リスニング②
- 第3週　チャンク・リーディング①
- 第4週　チャンク・リーディング②

●3カ月目【パート別実戦練習】
- 第1週　リスニングPART1～4対策
- 第2週　リーディングPART5・6対策①
- 第3週　リーディングPART5・6対策②
- 第4週　リーディングPART7対策

TOEIC is a registered trademark of Educational Testing Service (ETS). This product is not endorsed or approved by ETS.

コスモピアの通信講座で学ぶメリット

① 練り上げられたカリキュラムに沿って、確実な積み上げ学習ができる
② 1日20分～30分×週4日の超短時間集中学習だから、忙しい人でも大丈夫
③ リスニングをメインにした学習で、英語の運用能力も身につく
④ 毎月のテストで学習成果・自分の弱点を客観的に把握できる
⑤ わからない個所は個別に質問できる

監修　田中宏昌　明星大学教授
NHK「ビジネス英会話」「英語ビジネスワールド」の講師を4年にわたって担当。教鞭を執る一方、多国籍企業のコンサルティングやトレーニングも担当し、英語教育と国際ビジネスの両方の現場に精通している。

「スピード」と「ボキャブラリー」を徹底強化！
新TOEIC®テストGET600コース

600点を超えるには時間との闘いがカギ。ビジネスの現場でも必須となるスピード対策を強化し、さらに600点レベルに必要な頻出語彙も攻略します。

CDには4カ国の発音を収録

学習時間	1日30分×週4日
スタートレベル	スコア500点前後
目標スコア	600点台
受講期間	4カ月
受講料	29,400円（税込）
教材	・スタートアップガイド　1冊 ・テキスト　4冊 ・テキスト対応CD　8枚 ・語彙集＋対応CD　1セット ・自己採点方式 　模擬テスト　1回 ・テスト　4回

カリキュラム
●1カ月目【基礎確認とチャンクの理解】
- 第1週　ストレス、チャンク把握①
- 第2週　音の同化・連結、チャンク把握②
- 第3週　音の脱落・短縮、チャンク把握③
- 第4週　イントネーション、チャンク把握④

●2カ月目【より大きなチャンクを理解】
- 第1週　チャンク・リスニング、大意把握①
- 第2週　関係代名詞・副詞、大意把握②
- 第3週　接続詞、情報の拾い出し①
- 第4週　チャンキング、情報の拾い出し②

●3カ月目【実戦トレーニング】
- 第1週　WhenとWhyマスター、内容予測①
- 第2週　WhatとWhereマスター、内容予測②
- 第3週　WhoとHowマスター、未知語の推測①
- 第4週　What＋名詞とWhichマスター、未知語の推測②

●4カ月目【総仕上げ】
- 第1週　ことわざ・慣用表現、常識・背景知識利用①
- 第2週　キーワードから推測、常識・背景知識活用②
- 第3週　人間関係から推測、常識・背景知識活用③
- 第4週　一般常識活用、常識・背景知識活用④

ネットで試聴！

各コースの詳細はホームページでご覧いただけます。教材の一部の音声をネットで試聴できるほか、受講申込、無料パンフレット請求もネットからできます。

www.cosmopier.com
ぜひ一度アクセスしてみてください！

まずは詳しいパンフレット（無料）をご請求ください！

- ■ハガキ　本書はさみ込みのハガキをご利用ください。
- ■TEL　03-5302-8378（平日10:00～19:00）
- ■FAX　03-5302-8399
- ■Eメール　mas@cosmopier.com

①お名前（ふりがな）②〒ご住所
③電話番号をご記入のうえ
「TOEICパンフレット472係」
まで送信してください。

●**大手企業で続々と採用されています。**
NEC／NTTグループ／富士通エフ・アイ・ピー／松下電工／本田技研工業／INAX／アサヒ飲料／シチズン電子／京セラ／ゼリア新薬工業／日本総合研究所／JR九州／郵船航空サービス／エイチ・アイ・エス　他(順不同)

●**全国の大学生協でも好評受付中です。**

コスモピア株式会社　〒151-0053　東京都渋谷区代々木4-36-4
TEL03-5302-8378　FAX03-5302-8399

出版案内

発信型

この日本語、英語ではこう言うの。

「もったいない」って、どう言えば通じる？
「うそっ！」って、"Lie!"じゃいけないの？

コミュニケーション・ギャップを埋める！

「お世話になっております」「よろしくお願いします」「がんばって」……。毎日のように、口にするこれらの日本語、実はすんなり英語にはなりません。どうして直訳できないのか、ではどう言えば伝わるのかを、『「ハリー・ポッター」が英語で楽しく読める本』でおなじみのクリストファー・ベルトンが解き明かします。

日本では、会社の電話に出たら「いつもお世話になっております」と言うのが常識ですが、"電話を取った者が会社の代表"という意識がない欧米社会では、そもそもそういう発想がありません。一方、「うそ」と、英語の"lie"の間には大きな溝があり、欧米で相手をウソツキ呼ばわりしてしまったら、大変な侮辱と受け取られてしまいます。こうした、日本と英語圏の文化的・社会的背景の違いを踏まえつつ、橋渡しとなる英語表現をまとめた本書は、異文化間コミュニケーションの読み物としても楽しめます。

著者：クリストファー・ベルトン
翻訳：渡辺 順子
B6判書籍242ページ
定価1,470円（本体1,400円+税）

【本書の内容】
いただきます・ごちそうさま／いってきます・いってらっしゃい・ただいま・お帰り／いらっしゃいませ／うっとうしい／お言葉に甘えて／お疲れさま／キレる／こだわりの／しょうがない／先輩・後輩／ダサい／とんでもない／ノリがいい／ハマる／微妙　ほか

受信型

この英語、日本語ではこういう意味。

"Fish in the sea"って「水を得た魚」じゃない？
"Look at you!"って自分を見るの？

ニュアンスのつかみにくい英語あれこれ！

英語圏で昔から使われ続けているイディオムや比喩表現には、日本人が勘違いしやすいもの、そもそもの由来を知らないと理解できないものが数多くあります。日常的によく使われる表現の中で、辞書を引いてもいまいちピンとこないもの、単語の意味をつなげてもチンプンカンプンのもの、日本語に訳しにくいがために従来の英語テキストには登場しなかったものなどをピックアップし、欧米圏の生活習慣や語源の説明も含めて、わかりやすく解説しています。ユーモラスなイラストも適宜まじえて、言葉のニュアンスを感じ取れるようにしました。次に洋画やTVドラマを見たときに、耳に引っかかってくる表現が確実に増える1冊です。

著者：クリストファー・ベルトン
翻訳：渡辺 順子
B6判書籍194ページ
定価1,365円（本体1,300円+税）

【本書の内容】
イディオム　for good／I've had it.／That'll do.
単語とフレーズ　bigwig／cotton on／peter out
動物を使った比喩表現　as sick as a dog／a bull in a china shop／be a cat
色を使った比喩表現　see pink elephants／silver-tongued
ボディランゲージ　quotation marks／shrug shoulders　ほか

発行　コスモピア　　　　　www.cosmopier.com